1 文明‧風物篇

100年前的中日韓

東亞近代文明新發現

金文學——著

目　錄

作者前言

　　回顧歷史，近代東洋（東亞）的文明發展，是在西方文明的衝擊下開始起步的。中國和韓國、日本立志於西洋的近代化，開始了一場類似於龜兔賽跑的競爭。不幸的是，日本帝國通過明治維新，率先實現了西洋近代化。隨著這一力量的侵入，東洋近代史的格鬥正式展開。

　　近代東亞的文化、思想、社會，在這一幸與不幸的歷史背景下，不可避免地在建構壓制、抵抗及適應的多層版圖的同時，逐漸形成其明暗面。如文明史學家所說，從地緣政治學上講，介於大陸和島國夾縫中的朝鮮半島，是遭受了「城門失火，殃及池魚」般的慘痛，並在一系列變化中立於歷史之中的。

　　「歷史是一面鏡子，也是一種教訓。」這一古訓至今仍有深刻的現實意義。從這一視點出發，通過重新審視、重新揭示亞洲近代的明與暗，重新發現和思考不被我們充分了解的近代史，這對生活於21世紀的我們而言，都是一件極其重要，且具有深遠意義的事情。

　　什麼是歷史呢？歷史正是以堅韌的紐帶，把昨天連接起來的今天。但是，我們今天對於100年前的近代史，持有怎樣的態度呢？對於中國的近代史，我們通過學習教科書中的知識，對其有了一定的認識，可對我們民族自身的近代歷史，我們又了解多少呢？另外，對於具有密切關聯的鄰國——日本的近代史，我們又有多少關注呢？

　　此外，我們透視歷史的角度也存在一定的問題，這一點尤其令我感到焦慮。我認為我們有必要擺脫單純的二分法思維方式的桎梏，而採用一種更為溫和、更為多樣化的視角。巧合的是，所謂歷史，並非是根據某種特定性的目的論、認識論展開的。歷史也是將個人和民族、集團社

會、國家糾纏在一起，在穿越時空的過程中逐漸形成的。

　　所以，在歷史中，我們和他者、此方和彼方，要麼在彼此影響過程中形成和諧關係；要麼與此相反，彼此反目成仇，進而在格鬥過程中形成極其複雜的形態。因此，歷史這一巨型連續劇的主人公，總是由自我和他者構成，是一種複合的形態。那麼，他者成為鏡子，並起到照出我們真實面貌的作用，這本身是否就是歷史的真實面貌呢？

　　「了解他人，才能更好地了解自己。」比較、回顧100年前的中國、韓國、日本，也是反觀我們自己的好方法。

　　筆者在長期比較研究東亞歷史過程中，試圖在該書中以類似於MRI（核磁共振成像）的方法，對中日韓三國近代史中的重大事件、文化、藝術、社會、風俗、民眾的日常生活等方面進行切分，並以特寫鏡頭予以還原。

　　我希望在這本書中，能對我們曾經不太了解的，或者已經隨風而逝的歷史場面，進行再發現、再思考。通過這一過程，我們可以發現已逝的近代史的光明與黑暗，同時也能感受到溫和而又冰冷的近代史的體溫。

　　筆者所希冀的是，擺脫單一國家歷史的視角，並以多國的、多層次的視角，省察我們和我們周邊的歷史環境。

　　本書中文繁體版共分三冊，第一冊《文明‧風物篇》、第二冊《人物‧思想篇》、第三冊《政治‧軍事篇》，由臺灣大地出版社出版。

1. 文明「中心」和「邊緣」的交替

在解讀東亞歷史時，筆者發現，在19世紀末到20世紀初，日本文明對中國文明的生成起到了決定性的影響。

換句話說，東亞的文明中心，從中國轉移到了日本，形成了文明史上的大轉移。進入近代以後，尤其是在嘗到了1894年至1895年中日甲午戰爭失敗的苦酒以後，大清帝國這頭沉睡的雄獅開始甦醒。這是因為大清帝國刻骨銘心地認識到：「日本在文明方面已經超越了我們，必須向他們學習。」不僅是洋務運動的領袖張之洞、李鴻章，就連維新派康有為、梁啟超、章太炎也都異口同聲對日本文明讚歎不止，並大力主張學習明治維新以及西方文化思想。

近代東洋史學方面最博學的大學者內藤湖南（日本近代漢學的重要學者，日本漢學京都學派創始人之一）也認為：無須那聳人聽聞的「東洋文明中心轉移說」推波助瀾，中國近代一流的政治家、思想家、知識份子、教育家等已經陷入「中國已從東洋文明的『中心』地位，沒落到邊緣地帶。」的危機之中。由此發起了洋務運動。時間在1895年中日甲午戰爭以後，到1920年間。我們絕不應輕率地評價當時日本留學熱的歷史事實。所有關於「國民國家」、「近代性」言論和思想，都是在那一時期通過留學日本，被中國吸收的。最近中國年輕學者也不得不公開承認：「近代日本文化，對形成同時代的中國文化起到了決定性作用。」其原因也正在於此。

內藤湖南曾說，「日本文化是中國文化的『鹵水』，所以才像有了『豆腐』那樣誕生了中國文化。」這與中國當代年輕學者的言論一樣，說的都是同樣的狀況。

將漢字作為共同用語，在中國延續了4000多年的漢族的歷史自負感，確有驚人之處。但是，漢族知識份子一時還不願意承認自己已經落

後於一向被他們視為「極東」地區的邊緣小國——日本文化，被迫退居到東亞文化的邊緣地帶。漢族知識份子的自豪感，不會輕易承認這樣的事實。但歷史卻也不可能僅憑這樣的自豪感向前發展。

縱觀中國的悠久歷史，雖然漢族以漢字敘述體系為優勢，構建了高度發達的農耕社會，卻總是被不及漢族人口5%-10%的異族（少數民族）的征服，從而被置於文明邊緣。這種實例不止一二。

最少被漢文明同化的蒙古民族創建的蒙古帝國，並非「只識彎弓射大鵰」。最近，世界蒙古學研究者最近發現，當時，佔領了世界上廣闊領土的蒙古帝國，其實也促進了世界化，同時也曾是世界的中心。因為他們擁有當時世界上最發達的資訊傳遞系統、紙幣、護照等尖端的技術和金融等系統。

漢學者通常言及的是漢文化如何給邊疆民族帶來文化方面的恩澤，但卻絕少提及他們為何要吸收漢文化的事實。關於這一點，他們或者是無視，或者是尚未認識到。這是否也是一種心理上的「鎖閉者」，而且還安於文化邊緣人地位的做法呢？

可是，直到步入近代，日本才作為周邊民族，第一次給中國帶來巨大衝擊，而中國也第一次從鴉片戰爭中感受到了巨大的危機。這一切，都是從日本這一「邊緣」島國的逆襲開始的。

1860年，日本通過明治維新，加速實現了西洋化。但具有諷刺意味的是，「明治」這個辭彙，卻來源於中國古典《易經》中的段落：「聖人南面聽天下，向明而治。」如果沒有中國這一文明「中心」，也不可能會有日本這一「邊緣」，以及明治維新以後的飛躍。

在此，我不得不言及福澤諭吉著名的《脫亞論》。他在這篇論文中，用「亞洲的痼陋」、「古風舊習」、「儒教主義」、「陰陽五行」、「仁義禮智」、「外見之虛飾」等用語來形容日本應該脫離的亞洲（中國和朝鮮）。這雖然是在指當時朝鮮的開化遭遇慘澹挫折的狀

況，但卻明確指出，如果不脫亞入歐，日本也會像朝鮮一樣滅亡。從此以後，日本開始匆匆邁開脫亞入歐的步伐，並在西方式近代化方面獲得了成功。日本就是這樣把中國文明作為一個踏板，實現了自己的飛躍。

「日韓併合」、辛亥革命已經過了100年，但是，縱觀今天的東亞情勢，日本領先，而中國、韓國落後的格局正在發生變化。

一直以來被日本人視為落後的中國，不知何時已然實現了近代化，並重新奪回了失去百年以上的文明中心地位。

歷史是否就像是一座水車，在不停地旋轉交替。由日本領導的亞洲「近代的優越」性，現在正在慢慢土崩瓦解。對於這一現狀，日本當代漢學研究領域的泰斗、東京大學教授溝口雄三（1932-2010，著名漢學家、中國思想史學家。）在其著作《中國的衝擊》中向日本這樣敲響警鐘：「我在此使用『中國的衝擊』這一命題，是以其自鴉片戰爭以來，即『西方的衝擊』為沉默的前提的。」他指出，中日兩國的西方化（近代化）過程，並非是時間上的前後差異，而在於兩者在近代化過程形態上的差異，進而斷言中日間的優劣關係將被顛覆。

東亞文明的「中央」和「邊緣」，在以百年或百年以上的單位進行交替的過程中，超越了文化上的「優劣版圖」概念。其中隱藏著促使我們重新認識亞洲的更為多元、複雜的豐富史詩。

2. 100年前的留學日本熱

甲午戰爭爆發第二年，即1896年農曆3月，13名中國留學生被派往日本。時任清政府駐日公使委託西園寺公望（1849-1940，日本內閣總理大臣。日本在明治到大正時期、戰前的政治元老）代為照顧這13名中國留學生。西園寺公望又將這批留學生交給東京高等師範學校校長嘉

納治五郎，安排入校學習。

這是近代史上中國派出的第一批留日學生，從此開啟了中國人留學日本歷史的新篇章。其實，在1862年前後，在中國留學生先驅者容閎的建議下，清政府曾於1872年向美國派出了120名學童。但在此後的1880年便中止了這一計畫，留學運動也遭到了挫折。

熱情迎接這13名中國留學生的嘉納治五郎是一位著名的教育學家，同時也是一位柔道高手，曾培養了黃興、魯迅、陳獨秀等中國現代史上的巨人。

此後，陸續有中國留學生像洪水般湧入日本。1902年有500名，1904年有1300名，而在1905年廢止了科考制度以後，留學人員急劇增加到7000名。在1906年，則遞增到驚人的7285名（實藤惠秀的《中國人留學日本史》記載為8600名，陳青之的《中國教育史》則統計為12000名）。

這在當時，是世界文明史上空前的大規模留學浪潮。1896年至1906年這十年間，僅東京一處，便有弘文學院、成城學校、東京東文書院等多達20多家專門針對中國留學生開設的日語學校。其中，唯一一所接收中國女留學生的實踐女子學校是由下田歌子創辦的。這一舉措，也翻開了中國女子教育史上嶄新的一頁，值得在此一記。這些留學生在日本不僅能夠學到無法在國內學習的日本語、數學、理科、體操等方面的新知識，同時也學到了經濟學、教育學、自然科學等近代教育體系，進而熟悉了建設「國民國家」所需的「國民教育」觀念。

在日本學習的留學生當中，有無數人成為中國近代史上舉足輕重的偉人、巨匠。不妨簡單羅列一下這些人物名單：陳獨秀、李大釗、蔣介石、周恩來、董必武、魯迅、郭沫若……除此而外，雖沒有在日本留學，卻曾逃亡日本，或者受到日本援助、通過日本的書籍在思想上受到深刻影響，並與日本保持緊密聯繫的人物更是數不勝數。如，孫中山、

康有為、梁啟超……等等。

其中甚至還應算上毛澤東。毛澤東自己曾說過的話，也對此提供了佐證。日本親中知識份子竹內實在其主編的《毛澤東集》（1871年出版）中稱，毛澤東在1960年接見日本文學代表團一行時曾這樣說道：「在傳播馬克思主義方面，日本是領先於中國的。我是從日本購買馬克思主義著作，並用日語學習的。京都帝國大學教授河上肇寫的書，至今還是我們的參考書。」

可是，100年前的中國，為什麼在尋求西歐化道路的同時，卻選擇了並不屬於西歐的日本作為留學目的地呢？這是因為日本在亞洲不僅首先實現了西歐化，此外，另一重要原因是，無論從地理上還是從文化上，日本都是中國的近鄰，所以相對而言，留學的成本更為低廉。

著名教育學家、洋務運動領袖張之洞作為最熱烈提倡留學日本的人物之一，其所著的《勸學篇》完全可以媲美福澤諭吉的同名著作。該書作於1898年3月，僅10天時間內，便第三次印刷，在中國售出了200萬冊，可謂是一本最暢銷的書之一了。

在書中，他這樣寫道：「談到留學，東洋（日本）要勝過西洋。其理由為，距離近，能節省經費，因此可以大量派遣。」「留學一年，相當於讀五年洋書；在外國學堂學一年，要勝於在國內學堂讀三年書。」

清政府和知識份子，在同時思考留學日本的緊迫性和實用性，並將其視為科舉考試，積極實施留學政策。而日本方面，無論是政府還是民間層次，對中國和朝鮮留學生表現出同樣的熱情。之所以如此，是基於這樣一種思考：「如果大清帝國能夠實現近代化，對抗西歐列強，那麼無論是對整個東洋還是日本來說，都是一件值得高興的事情。」

朝鮮留學生到日本留學始於1876年，要早於中國20年。那一年，朝鮮政府派往日本的紳士遊覽團與留學生一同前往日本。與劉大致、魚允中一行同時抵達日本的俞吉濬（25歲）和柳正秀、尹致昊（16歲）

等人作為留學生留在了日本。他們住在福澤諭吉的家裡，並在慶應義塾（也稱慶應大學或慶大，乃日本名思想家福澤諭吉所創建的日本第一所私立大學，仿照英式教育風格，慶應大學以學術自由及校園內蓬勃發展的活動著名）留學。其中，俞吉濬為韓國留學日本的第一號人物。後來，他和金玉均一同成為甲申政變的主角，被後人稱讚為韓國近代史上的大知識份子、政治家以及實業家。

進入1880年代，朝鮮開始正式向日本派遣留學生。這些留日學生，在韓國近代化進程中做出了巨大貢獻。1884年12月，在甲申政變以前，金玉均曾三次前往日本，最多一次曾送去60多名留學生。孫秉熙在逃亡日本之際，也曾帶去數十名留學生；而在朝鮮被日本強佔之前，崔南善也是公費留學生之一。其中成為知識份子、作家、詩人的有李光洙、李仁植、鄭芝溶、吳相淳、尹東浹……這些赫赫有名的人物構成了韓國近代的「日本留學精神史」。日本《外務省記錄》等各種資料表明，韓國留日學生情況如下：1910年併合時為420名，1920年初為2000名，1930年代為5369名。到了1940年代初，則達到了29427名的頂峰。

中國和韓國在近代大量派遣留日學生，對兩國的文化、思想、政治、教育、文學、藝術等多個領域產生了巨大的影響。其本身也是中日韓三國「近代史」的縮影。在過去了100年後的今天，留學日本的熱潮依然如火如荼，當然從品質和權利方面都比百年前有所下降，但具體會帶來怎樣的影響，可能也是一個有趣的課題。

3.「白話文」的誕生

1910年8月16日，「中國號」郵輪從上海起航前往美國。乘坐這艘遊輪的70多名中國年輕留學生當中，有一個伶俐俊秀的小青年，他就

是胡適。

抵達美國後，胡適進入康乃爾大學先讀農科，後改讀文科。1915年，胡適考上哥倫比亞大學研究院，師從世界上著名的哲學家杜威。1917年歸國後，就任北京大學教授。胡適與魯迅不同的是，並沒有在同為漢字文化圈的東洋留學，而是在西洋新生共和國美國的西方文明海洋中，度過了他的青春年華。

魯迅和胡適這兩位在中國近代文化史上做出罕見功績的文化巨匠，無論在性格，或是在思想、人生道路方面都各不相同。但在二者之間，至少在如下兩點上是一致的。第一，他們兩人都是超越了文化範疇的「世界人」；第二，作為中國近代新文化運動的領袖，二人都是近代中國白話文的鼻祖。胡適在美國和美國學生一起接受了西方近代文化教育，發現了中國文言文存在的致命缺陷：無法如實表現事物原貌。胡適認識到，以漢朝以來的古漢語和語法為基礎的文言文，雖然在傳統形式上的修辭、辭藻方面具有很強的表現性，但在大眾傳播意義上的傳達、表現方式以及功能方面，卻十分脆弱。

胡適發現，要想變成一個國民國家，就應該像美國的近代英語體系一樣，需要一種言文一致的口語文。於是，他開始援引歐美的進化論，提倡改變中國的傳統文言文，創造一種新的語言，即新的國語形式。顛覆「士大夫階層＝文言文，平民階層＝白話文（即口語）」這一傳統語言價值結構，使其進化為一種新的口語形式，即國語──這是青年胡適史無前例的大膽構想。

胡適於1916年執筆的《文學改良芻議》，發表於第二年的《新青年》雜誌上。這是宣導文學革命的第一篇文章。此後，1918年5月，魯迅創作的中國近代第一篇白話文小說《狂人日記》發表。從此開始，中國的近代「中國語」（言文一致的白話文體系）正式誕生了。

當然，受到1913年日本的國語改革影響，教育部在廢止了作為文言

文士大夫語言傳統之象徵的科舉制度，隨後召開了讀音統一會議，試圖以北京話為基礎，制定漢語標準。如果沒有胡適和魯迅的理論指導，近代中國語的誕生顯然會大大推遲。

1920年，胡適出版了中國近代文化史上的第一部白話文詩集《嘗試集》，以實踐自己的白話理論。魯迅的白話文實踐，事實上早在日本語的影響下開始了。

所有魯迅研究學者，針對他的日本留學生活，似乎都局限於思想或文學方面，來考察他和日本之間的聯繫。但魯迅和日本語，以及由此引發的魯迅白話文體之間的相互關係，卻多有欠缺，或一概視而不見。根據筆者研究，留學日本時期的魯迅，已經領悟到：相對於中國的文言文，中國應該選擇一種類似於近代日本語的文體，以使大眾更易於理解和接近。

在閱讀魯迅全集的過程中，我們會發現其使用的表現形式、單詞、語法等，存在著大量日本語因素。日本語不僅是魯迅觀察世界的強有力的手段，同時，日本語也成為魯迅文學與思想的血肉。魯迅留下來的藏書當中，日本語書籍佔有很大的比重，這一事實，也可以從側面證實這一點。

魯迅和他的前輩梁啟超，一致認為日本的新小說、文體有很多值得學習的地方，並通過1920年創刊於橫濱的《清議報》反覆提倡。其背景也是因為他們同樣認識日本語。所謂文化交流，本來就不是單向進行的，而是像密集交叉的道路那樣相互流動的。這是文化交流的特徵之一。直到近代以前，一直都是向日本傳授文化的「師徒關係」，發生了逆轉——中國開始接受日本的影響。

透過留學日本，像潮水一樣湧入中國的日語漢字、語言等，在中國至今還在沿用。有一項統計資料表明，在社會學、哲學、科學等領域，這一比例多至70%以上。根據1911年出版的《普通百科新大詞典》、

1915年出版的《盲人瞎馬之新名詞》，以及1958年由高名凱、劉正琰、共同編著的《現代漢語外來詞研究》和王立達著《現代漢語中從日語借用的辭彙》等資料，近代中國語在語言、文字、政治、經濟、科學、教育、法律、風俗、軍事以及日常用語等幾乎所有領域，都受到了日本語的極大影響。歷史、民族、國家、宗教、信用、自然、侵略等辭彙，也都是從日本引進的。

此外，帶有「化」字的組詞方式，如民主化、革命化、近代化、機械化、科學化、世界化等也都是從日本引入的。帶有「性」、「式」、「型」、「觀」、「力」、「界」、「的」等的組詞方式和辭彙，也都是日語形態。中國和韓國曾因為日本的新名詞、新潮語所佔比重過大，甚至將其名之為「倭色語」予以警惕。清朝末期的開化派張之洞，對此曾在一份文件中寫道：「不要使用新名詞。」可是其手下的學者辜鴻銘卻指出，「『不要使用新名詞』中的『名詞』這個用語本身就是新名詞。這是從日本引進的，張大人。」說完兩人相視大笑。

眾所周知，孫中山曾數次發起反清起義。當時他把自己領導的起義稱之為「造反」。有一天，他的部下陳少白看到日本報紙上的一則報導上寫有「支那革命黨孫文」等字樣，便將它拿給孫中山看。孫中山看罷，有感於日文表現的新奇，拍手叫絕：「好啊！從今以後，不叫『造反』，而要叫『革命』！」

在近代韓國語（朝鮮語）的形成過程中，大量日本語中的新名詞、新潮語，同樣成為其血肉，其規模和程度遠遠超過了在中國語中佔有的比例。這一點恐怕尚未廣為人知。

中國的朝鮮族，至今還在沿用「벤또」（餐盒、盒飯）、「리어카」（手推車）、「앗싸리」（乾脆）等日本語。而且在使用過程中完全當作是自己的語言，沒有絲毫的排斥心理。事實上，這些辭彙已經成為朝鮮語的固有語言成分。

當外來語被引進，並成為我們日常用語而固定下來，便意味著它已經成為一種文化和血肉的組成部分。如果說單詞是一種包含著文化內容的象徵物，那麼這些單詞本身同時也和一個民族莊嚴的文化一起，成為規定該民族思考方式和行動方式的精神財富。

4. 西方人眼中的東亞三國人的面孔

在100年前的近代化過程中，西方人是如何認識、描寫中日韓東亞三國人的面孔的呢？經過18-19世紀，西洋繪畫創造了明暗法和遠近法，並將其運用於搜集異民族資料領域。被用於資訊收集領域的繪畫所起到的作用，相當於今天的照片、攝影、航拍等資料。

繪畫的種類繁多，有素描、銅版畫、油畫、水彩畫、漫畫、連環畫等。這些繪畫形式，在很大程度上是一種必須的手段，以將異國事物或人物的表情、輪廓、動作，以及風景、建築物、風俗習慣等形象化，便於他人理解和記憶。

通過產業革命，實現了新的飛躍、並建構了先進國家的西方，開始要求非西方社會也接受自己的文明體系。正如薩伊德曾經尖銳地提出的批評那樣，他們用一種傲慢的「東方式」的目光，輕蔑東洋，並將其對應於自己過去的某個歷史節點，從而視其為某種劣等形象。

13世紀的馬可波羅、16世紀的利瑪竇等人之後，19世紀中後期到20世紀初期踏上東亞土地的西方傳教士們的記錄中，也多有記述相對於當時的西方來說十分落後的中國、日本、朝鮮的形象。

讓我們首先來看看中國在他們眼中是什麼樣的。傳教士阿瑟·史密斯的經典著作《中國人的性格》（又譯《支那人氣質》）中，作者分析、羅列了多達22條中國人的劣根性。有時甚至還將中國人比喻為熊

或者蜘蛛類的動物。「骯髒無知、未開化」的中國人形象隨處可見。與中國人稱西方人為「洋鬼子」、稱日本人為「東洋鬼子」的說法形成對照的是，西方人把中國人視為「豬」。這是當時典型的意識形態格局。他們把清朝國民的辮子鄙視為「豬尾巴」。在西方人的眼中，「清朝人」的典型形象具有這樣一些特徵：他們臉色發黃，細長的眼角上翹，看上去十分狡猾，都有標誌性的齙牙……

我們再來看看西方人眼中的日本人。同時期出現在西方人繪畫中的日本人則有這樣一些特徵：他們都帶著一副眼鏡，細長的眼角上翹，突出的大齙牙，萎縮的身材……這就是千篇一律的日本人面孔。明治維新時期的西方畫家G‧維柯（Georges Ferdinand Bigot）著名作品，就是《模仿猴子的日本人》。一對日本男女（夫妻？）站在文明開化時期名為「鹿鳴館」的武館內一面鏡子前，而他們兩人的面孔，在鏡中則是不折不扣的猴子。

彷彿是為了對這幅畫進行解讀，法國人皮耶‧羅逖（Pierre Loti）在其著作《秋天的日本》中的《江戶的舞會》一文中，寫下了辛辣的評論：「太耀眼，太妖豔。這些無數的、穿著盛裝的日本紳士、大臣、提督和各地官吏們。不知為何，他們總會讓我想起某位曾經以追逐潮流而著稱的將軍。另外，即便是對我們自己來說，燕尾服這種東西也都是俗到極致的，為何他們會穿在身上？況且，他們的體型根本就不合適穿這種衣服。我不知道為什麼，只是覺得他們每個人看起來都是那麼像猴子。」

G‧維柯熱愛日本，以至於跟日本女子結婚生子，但他畢竟還是沒能擺脫西方人在面對「東方」時的優越感。他是為了向西方傳達這樣一種理念繪製這幅作品的：相較於西方，日本仍然是愚昧的、非近代性的。

由於這樣一幅「猴子」作品，不僅是西方，就連同屬東方的國家，至今也都把日本人視為「猿猴」或「東洋的猿猴」。這一觀念根深蒂固。

最後，再讓我們看看西方人眼中的朝鮮人。西方人是從1866年丙寅

洋擾之後，開始觀察朝鮮人，並貼上標誌性標籤的。直到19世紀末期，朝鮮仍然是一個隱秘的「最後的東洋」國家，而不大為世界所認識。從西方人最早描寫的有關朝鮮的繪畫作品——《朝鮮男女》（**法國畫家聖索菲作於1806年，套色版畫**）中，我們可以發現，與其說畫面中的人物是朝鮮人，還不如說是東亞少數民族，其形象之詭異直令人咋舌。

事實上，朝鮮被世界史所認識，是從1894年至1895年的中日甲午戰爭，和1904年至1905年的日俄戰爭時期開始的。由於是世界上著名的兩場戰爭，西方人才開始正式談論和關注朝鮮人。

1888年12月22日，英國的《graphic》雜誌刊登的文章，被加上「剛開始吃果醬和麵包的朝鮮人」這樣一個標題。文章生動地描寫了朝鮮人通過英國的旅行家、傳教士，第一次接觸到西方的果醬、罐頭、麵包、奶油等食物時，帶著滿臉的好奇蜂擁而來的表情。儘管還很陌生，但當時的朝鮮人顯然對這些明顯帶有西方文明痕跡的事物充滿好奇，並視其為一種特別事物而垂涎三尺。這是深刻表現當時朝鮮人和西方文明之間衝突的、歷史記憶中的一頁。

當時，朝鮮人躍入西方人視野中的形象，最重要的因素有兩點：一點是「白衣」，另一點是朝鮮男人頭上戴的「帽子」。白衣民族尤為重視的帽子，確實是能讓朝鮮人成為朝鮮人的獨特的標誌。

「朝鮮人和他們的鄰國大清國人、日本人有著顯著的差異。面部特徵呈現出多種風貌，但著裝卻非常一致，因此看上去十分醒目。此外，眼角跟蒙古人十分相像，都是向上翹起來的……朝鮮人的顴骨普遍突出，前額雖然由於被帽子遮掩，但從暴露在外的部分判斷，都比較寬，看上去充滿智慧。朝鮮人的表情都很從容，偶爾混雜著些許的困惑。從朝鮮人的臉色上，難以觀察到力量或思考力，更多的是一種機敏。實際上，朝鮮人屬於長相美觀的人種，身材也很健壯。無論男女，或者任何一個階層的人，朝鮮人的手腳都比較小，膚色白淨，形容姣好……對

於朝鮮人與生俱來的機敏和較強的理解力,外國的傳教士們也都予以肯定,而且在學習外國語方面,遠比大清國民或日本人更為流暢,說話的時候語音也更加抑揚頓挫。他們具有東洋人的多疑、狡猾、不誠實等惡癖,男人之間多缺乏信任,女人則多蟄居,而且地位極其低下。」英國的女旅行家伊莎貝拉・露西・伯德(Isabella Lucy Bird)於1894年遊覽了朝鮮以後,在1897年寫下了長達600頁的長篇報導《朝鮮紀行》。這段話便是出自該文。

不管怎麼說,100年前西方人描寫的東洋三國人的形象,充滿了西方人的優越意識。在他們看來,東洋三國人都是「不潔、貧困、狡猾、醜惡、貪婪、野蠻、獸性」的。倒也是。因為在當時的東洋人看來,西方人的形象差不多也都與此類似。

5. 日本人蔑視中國人的風潮

中日甲午戰爭進入白熱化階段以後,日本的《東京朝日新聞》於1894年8月24日刊登了這樣一篇報導:《3名支那人遭兒童襲擊》。

8月22日,三名清朝商人在日本東京的赤阪大街上行走,剛好遇到放學回家的日本小學生。於是,日本學生一邊高喊著「哇,豬尾巴來了!他們肯定是從朝鮮的牙山戰役(成歡之戰)中逃走的逃兵」,一邊向他們扔起石頭來。不巧的是,日本小學生扔出的石頭,打在了正走在這三名清朝商人前面的日本禁衛軍第三聯隊的兩名步兵身上。他們回頭一看,發現有三名清朝商人跟在身後,便誤以為是他們所為。於是,日本士兵不問青紅皂白騎到清朝商人身上,開始毆打起他們來。清朝商人大驚失色,急忙辯白「不是我們扔的石頭。」但是,人們從四面八方圍攏過來,引起了騷亂。他們被帶到員警署接受審訊,結果被證實是一群

小孩子引發的惡作劇。負責審訊的警官念在他們三人可憐的份上,把他們送到了築地(*東京地名*)的居住地。這篇報導雖然在一定程度上表現出對清朝商人的同情,但對那些兒童的譴責或批評卻是隻字未提。

這篇字數不多的報導,雖然只是由於兒童的惡作劇引發的一場小小的「意外事件」,但卻暴露出在100年前以中日甲午戰爭為契機,被勝利所陶醉的日本人對中國人的蔑視風潮。

從當時日本的報刊內容中,我們也能發現,日本兒童總是喜歡戰爭遊戲。在遊戲中,孩子們分成「東軍」和「西軍」兩隊,分別代表「清朝軍隊」和「日本軍隊」進行作戰。這是當時日本兒童的遊戲主流。日本孩子們去掉廢舊的燈籠底端,並把一根長長的黑色繩子固定在那裡,以代表豬尾巴──即清軍。這種遊戲的實際內容是:孩子們用繩子捆上在牙山戰役中大敗的「清軍俘虜」,使他們跪在「日軍」面前,然後將他們一一「處死」。孩子們在遊戲過程中,巧妙地模擬出清軍的辮子等相貌特徵。實際上,這應該是被日軍俘虜、羈押到日本的清軍,激發了孩子們的想像力。換句話說,戰爭本身在孩子們的遊戲中得到了再現。

報導內容顯示,戰爭開始以後,滯留在日本的清朝人開始紛紛回國。8月4日的《讀賣新聞》報導內容顯示,在橫濱市自來水投毒的「卑劣的壞支那人」被當場逮捕。

這種大眾傳媒的報導表明,在中日甲午戰爭中,日本舉國上下掀起的熱情,甚至是一種接近狂熱的蔑視中國人的狂潮。日本人因勝利而變得傲慢無比,他們奚落居住在日本的中國人「日本贏了。支那輸了。」有時直接蔑視他們為「羌高人」(*清國人的日語發音*)、「清朝光頭」、「豬尾巴」等。其中,「羌高人」這一蔑稱,成為固定詞語,至今還被用來藐視、謾罵中國人。

但是,並非所有的日本人都是這樣貶低和蔑視中國的。在日本人的中國觀和朝鮮觀中,他們對中國古典文獻的執著研究和好感,幾乎可以

用充滿崇敬和渴望來形容。對於中國古典中的孔孟、四書五經以及三國志，日本人的研究和運用反而更加透徹和徹底。

可是，自中日甲午戰爭以來，日本將文明的導師由中國更換為西方，並開始蔑視、污蔑中國和朝鮮。而且，以中日甲午戰爭為分水嶺，這一潮流急劇向日本民眾擴散。尤其是在經歷中日甲午戰爭以後，「豬尾巴支那人」這一觀念像瘟疫一樣傳染了整個日本社會，由此形成了蔑視中國和朝鮮的風潮。

縱觀近現代日本，日本人的中國觀大致上經歷了五次大的轉變。第一次是到明治維新之前為止，第二次是從1894年到1904年的日俄戰爭10年期間，第三次是從1912年到1945年的日本戰敗之前，第四次是從1970年建交以後到1980年，第五次是1900年到現在的對高速發展的中國的普遍關注。上述文字對應於第二次轉變時期。

日本通過來自西方的衝擊，在發現西方的同時，重新發現了「沉睡的雄獅」。可是，這一重新發現過程，接近更健全、更客觀的中國觀時期並不長，以至於在中日甲午戰爭中發現了中國的「虛弱本質」以後，轉而開始傾向於驚愕和輕蔑中國。

1894年8月22日《東京朝日新聞》曾刊載了一篇題為《支那人的迷執》的文章。文章稱，「支那人無論上下，盲信迷信風水；清國和朝鮮從風水上講，是一種非常緊密的紐帶關係。」進而蔑稱，「都說世上沒有什麼良藥可以治癒傻瓜，而支那人正是這種人。」

此外，《太陽》雜誌總是通過特輯污蔑中國人（包括朝鮮人）。具體歸納起來，有如下幾點：「支那沒有國家觀念」、「仍然實施像古代一樣的整體政治」、「其不潔程度簡直難以用語言形容」、「跟清朝人相比，朝鮮人倒也算乾淨；但跟日本人相比，他們的居所就像豬圈一樣骯髒。潔淨才是日本人唯有的特質」、「支那人性格的惡劣世人皆知。他們過於自尊、保守，而且自私自利、國家意識淡漠；他們狡猾散

漫、吝嗇、固執、愚昧，拘泥於虛情假意的禮儀。還有就是骯髒」、
「因此，今天將由日本人領導支那人，教育這4億人口，並成為他們的
導師。所以，日本應該成為老師，而中國應成為弟弟、弟子。」他們認
為，「國家觀念」、「勤勞觀念」、「清潔觀念」是日本先進於亞洲各
國的特質，並據此鼓吹日本已經實現了近代化。

事實上，如果認真加以思考，日本人污衊中國和韓國，並從其民族
性當中羅列出來的缺點，是否至今仍是日本人眼中中韓兩國的缺陷呢？
日本人的傲慢，是把西方視為「猴子」後形成的「近代」的傲慢，同時
也是把一向被西方所鄙視的目光逆向轉移到了同屬東方的中韓兩國。這
不過是一種「逆向東方觀」而已。

通過中日甲午戰爭所引起的狂熱，日本已經在大清國的身上貼上了
「墮落為非文明的野蠻國家」這一標籤，並以此為對照，標榜自己的
「文明」、「發展的自畫像」。諸如此類有關中國和朝鮮的形象，至今
還隱藏在日本的各個角落。

6. 近代「時間」意識的產生

1910年是韓國和中國在日本之後，形成近代「時間意識」的時期。
現在，韓國語中使用的「時間」這個單詞，和「時計」（鐘錶）也是從
日語中引用的。

西方意義上的近代時間意識、時刻制度，是跟思想和文明一樣的重
要因素。作為韓國人，最早引入「時間」這個詞語的人是俞吉濬。在韓
國歷史上，俞吉濬是留學日本的第一號人物。他以自己在日本留學時
的體驗為基礎，於1895年4月出版了著名的《西遊見聞》，並通過日本
文明，啟蒙韓國國民。這位韓國巨匠式的知識份子，在書中使用「政治

學」、「科學」、「經濟」、「言語」等辭彙的同時,還使用了「時間」這一詞語。但僅在此時,無論是中國還是韓國,都還沒有出現「時間」這個單詞。正如「時辰」這個單詞的字面意思所表達的那樣,在東亞的傳統社會當中,是以太陽的運行為標準,以「辰時」、「未時」等方法大致上劃分時刻的。說明還沒有精確的時間觀念。

1601年,利瑪竇以傳教士的身分到達北京,向明朝神宗皇帝進獻自鳴鐘作為禮物。中國人看到自鳴鐘以後,驚詫不已。此後,通過大清政府,鐘錶也作為禮物轉贈給朝鮮皇室。從當時的記錄中可以看到,朝鮮人同樣也認為自鳴鐘非常神奇,並為之驚歎不已。大清康熙皇帝和乾隆皇帝都非常喜歡鐘錶。他們不僅視其為「奇巧之物」,而且據說還曾親自動手製作鐘錶。可是,鐘錶的使用或調整,也僅限於當時的皇室。而社會從整體上開始產生「時間意識」,卻是在20世紀初期。

事實上, 在「時間觀念」在中國或韓國得到普及的過程中,起到推波助瀾的人,正是日本留學生和曾經去過日本的人。

日本於明治維新後的1872年11月發布了改曆令,從此引入西方的太陽曆,並開始根據「標準時間」概念,在國民中普及時間意識。當時,在日本大城市東京或橫濱,通過「午炮」向市民通報時間的做法很是盛行。

留日學生和一些觀察家在日本看到所有的日本人按照「時間」要求,調整生活節奏和自己的作息,鐵路交通、工廠、學校等也都嚴格遵守近代意義上的時間觀念。從此,有的人也開始模仿日本人,按照西方的日曆、時間順序記日記。從魯迅的日記中,我們也可以發現,他是以時間單位記述日課的事實。

1904年左右,從直隸高等工業學堂的授課情況中,我們可以發現教室中央掛著一隻壁鐘。由此,我們可以得知,在20世紀初,鐘錶在中國的學校也已經開始得到普及的事實。

鐘錶作為「計量時間的裝置」,使那些原本處於緩慢的「時辰」順序

中，在「大致」中享受自由生活的人們，不得不將自己置於可以用數字來標明的時分秒中，並將這種生活日常化。這是近代生活方式的開始。

在中國，1912年（民國元年）1月2日實施了改曆，從此廢止了太農曆制度，開始採用西方的太陽曆。這意味著中國步入了世界的標準時刻制度序列。

事實上，我們今天所說的鐘錶開始得到普及，並從此開始生活於時間觀念中的歷史，也不過百年而已。

不少學者認為：在韓國，時間觀念的正式形成，也是從1910年日韓併合之後開始的。當然，在此之前，隨著「時計」這一單詞一起，鐘錶也在實際生活當中得到應用，但說到近代意義上的時間觀念，似乎從這一時期開始算起更為妥當一些。

從另一方面講，根據日本人或其他外國人的記述，當時的朝鮮人行為傭懶散漫。這也提供了當時的朝鮮人時間觀念淡漠的證據。

1910年4月3日，上海出現了引人矚目的鐘錶廣告。這是當時上海最初的百貨商店「惠羅」公司推出的惠眾鐘錶廣告。《鐘錶文化》記載的內容表明，廣告中涉及的商品是美國製造的，每支鐘錶的單價為2.5萬元。由於其性能卓越，日本也早在20年前就已經開始進口，而且創造了良好的銷售業績。由於被一致公認為是一種廉價的商品，因此鐘錶在市民中迅速得到普及，加上手錶粉墨登場，終於使鐘錶這種商品成為市民日常生活的固定組成部分。這是發生在1910年代中期的事情。

「被時間追逐。」這一日常語也正是誕生於那一時期的。而現代意義上的時間觀念，也正是從那一時期開始形成、普及的。

20世紀初，中國的《新聞畫報》曾刊登這樣一幅漫畫：畫面中，有一隻小狗正在觀望人類一天的生活光景。9點鐘，學生入校；12點，商人匆匆走過，乞丐開始出現；下午4點，人們開始接待客人；下午6點，人們結束一天的工作，開始回家。這幅畫正是通過一隻狗的眼睛觀

察到的中國人當時的生活風貌。作為一幅「狗眼看人」的漫畫，倒也有幾分趣味。這幅畫從另一個側面反映了當時中國人的日常生活已被時間意識所控制的情況。

傳播到東亞的「時間意識」，在形成近代化的過程中，成為可以和思想、文化因素不分伯仲的重大的意識革命。

法國著名學者在其論著《時間的解釋和日本的影響》一文中，對此作了闡述：「以往只是將時間看成周期性、直線性組合的中國人，從未曾把時間跟未來結合起來。」但「透過作為歷史鏡子的時間，開始意識到包括過去在內的未來。」「中國人在日本所看到的標準化時間的意義，並不僅僅局限在過去。現在比過去更為重要——這種時間意識的精神變革，促使中國年輕知識份子重新思考過去，並隔著一定的距離，去思考自己的歷史。」

更為重視「尚古文化」的中國人，通過「進步觀念」，認識到了「進步的思想觀念」，並開闊了眼界。這對中國人來說，是一種巨大的思想革命。

以中國為首的東亞三國近代歷史，在這種意義上講，也可以稱之為是一種「時間」的歷史，或「時間意識」的歷史。

7. 獲得解放的近代的屁股

在中國知識份子當中曾流傳著這樣一句幽默的玩笑話：「在中國數千年的華夏歷史當中，實際上只有兩種人：打別人屁股的人，和被別人打屁股的人。民國的最大好處在於給年輕中國人的屁股帶來了自由。」

由孫中山創立的、亞洲最早的共和國——中華民國（1912年1月1日），廢止了一度成為前近代人權差別標誌的笞刑。而上面那句話，正

是對這大快人心之舉的讚揚。

苔刑作為曾在世界各地廣為流行的刑罰之一，在中日韓三國，主要是用鞭子抽打成年人的屁股，或兒童的小腿肚子，以肉體的痛苦給予懲罰。

在韓國語中，「挨打」、「找打」中的「打」字，原本是指打的行為中所使用的工具。這些工具包括棍杖、木棍、木條、鞭子等。在韓國語中，有關「打」的慣用語或成語很多，這也從另一個側面反映了在當時的現實生活當中，以「打」為主要形式的懲罰相當普遍。

比如說，「不打不成交」、「先挨打為上」、「重打之下豈有壯士」、「只有挨了打才會打起精神」、「挨打的人反而能睡個踏實覺」等等。在中國語中，也有很多有關「打」的成語，這說明在亞洲的近代階段，「打」的刑罰在社會中相當普遍。

在中國四大古典名著之一《水滸傳》中，梁山泊英雄被官衙逮捕以後，在獄中一致露出屁股，接受「杖打一百」的刑罰。何況還要忍「刺配」的屈辱。

這種挨打的場面，絕不僅僅是小說作者的杜撰。從明朝時期開始訪問中國的西方傳教士，在他們所寫的有關中國的記錄中，總會就這種刑罰大書特書。葡萄牙的傳教士加斯帕爾・達・克魯斯（Gaspar da Cruz 1520-1570）在其所著的《中國志》一書中，生動地描寫了監獄裡面的風景。

「審訊期間，執行苔刑者為了打得更加結實，常常事先把竹杖浸泡在一口巨大的水缸裡。審訊進行時，官吏們一邊彼此交談，一邊吃吃喝喝，然後用牙籤剔牙，一片喧鬧。杖責十分殘酷，每次杖責過後，院子裡到處都是血跡。當杖責結束，官吏們就像對待一隻羔羊那樣，冷酷地拉起犯人的一條腿，將他們拖到牢房裡。」

在中國，苔刑這種刑罰俗稱為「打板子」，其歷史淵源起源於漢文帝。在漢朝，苔刑是五大刑罰之一。具體形式是，使用竹棍或棍杖，擊

打罪犯腰部以下的臀部或小腿部位。

延續了數千年歷史的笞刑，在1911年因《大清新刑律》的出台而廢止。到了1912年，孫中山創立中華民國以後，笞刑便被徹底廢除了。

但是，到了1914年夏天，隨著北洋政府發布《徒刑改遣》，笞刑曾一度借屍還魂，後來終於遭到廢止。其中的反覆曲折，至少說明笞刑這一具有悠久歷史傳統的刑罰，不會那麼輕易退出歷史舞台。對中國人而言，廢止笞刑，與廢止女性裹足一樣，是一件具有近代意義的象徵性的事件。

日本的笞刑是隨著律令一起，直接沿用唐朝的笞刑和杖刑的。據推測，這種刑罰，是在「大化改新」以後的天武天皇時期得到完善的。在當時的日本，這種刑罰被稱為「大寶」律令和「養老」律令。即使是在江戶時代，杖責五十，或杖責一百的刑罰在日本也很普遍。這種刑罰在當時並不適用於武士。到了明治維新以後，隨著笞刑、杖刑遭到廢止，相關部門便以「征役刑罰」取而代之了。

那麼，當時的朝鮮又是怎樣的狀況呢？

在朝鮮王朝和大韓帝國時期，政府部門作為體罰的一種，是直接沿用大明法典《大明律》（1397）和《經國大典》（1460年以後改稱為《大典通編》），而採用笞刑的。

到了1905年，朝鮮開始實施具有近代法律意義的刑法大典。但實際上，其實質與大明律並沒有大的差別，笞刑也依然得到了保留。

1910年，朝鮮被日本吞併以後，總督寺內正毅於1912年發布了「笞刑令」。但這種笞刑只適用於朝鮮人。從中也可看出寺內總督的夕毒、野蠻的統治手段。

雖說日本把朝鮮當成自己的殖民地而加以保護，但實際上，在日本人的統治下，朝鮮人的人權和屁股仍然沒有受到保護。

此後，從原來的武斷統治轉變為文化統治，是在齋藤總督於1920年

3月就職，並開始實施新的統治政策以後才出現的變化。笞刑從此遭到廢止。其發布的《朝鮮笞刑廢止令》這樣說道：「……但是，像本刑罰一樣對身體施以直接痛苦的作法，不僅有違現代文明史上的刑罰精神，而且現在的朝鮮人的覺悟也已得到明顯提高，其『民度』已有別於過去，所以對笞刑予以廢止。而採用基本刑罰的徵役或罰金，也是出於在刑罰性質上沒有任何阻礙的考慮。」

在日本帝國主義統治時期，中國多虧形成了「民國」，才開始步入「獨立自主」國家行列。但朝鮮卻不得不繼續悲慘的命運，依然在日本的統治下呻吟。

雖然隨著近代化，朝鮮人的屁股得到了解放，但民族解放卻是在15年以後的1945年8月15日才得以實現的。

8. 近代日本人是如何學習中文的？

近代亞洲文明，從某種意義上講，是一種學習外來文明的歷史。對外來文明的學習，歸根結柢，是從外國書籍的翻譯、學習外國語開始的。這一點不言自喻。

在100年前，日本人非常努力學習英語、德語、法語等西歐語言。這主要是學習對方文化的一種手段。但是，學習中文卻是在遺漏了文化學習的前提下，以實用會話為中心展開的。這是當時的特點。即，把中文視為有關外交或貿易的實用知識，而加以學習的。

在日本人所學的外國語當中，沒有哪一種語言像中文這樣被頻繁變更稱謂的。過去，日本人把中文稱為「唐話」，明治維新時期則稱為「漢語」、「清語」、「清國語」，而在此後，則稱中文為「支那語」、「中國語」。今天，這已經固定為「中國語」。因此「漢語」

這一稱謂已經基本上不再使用了。中文的稱謂之所以如此頻繁地發生變化，其實也意味著中日關係歷史的複雜性。

日本從未在戰前把中文教育設為針對精英階層的正式教育科目。日本是在1946年，才正式把中文確定為大學第一外語或第二外語的。第一個實施這一教育計畫的是當今的東京大學等為數不多的幾所大學。雖然設有「支那文學」專業，但當時的教材是訓讀中國古典文學作品的，因此和中文幾乎沒有什麼關係。

日本最初在正規學校教授中文，是從1871年創建的漢語學所開始的。在這一年，中日簽署了修好條約，清日兩國第一次建立了正式的外交關係。這所由外務省管轄的漢語學校，不是由文部省直接管轄的，其目的只在於培養翻譯人才。

在中日甲午戰爭爆發以後的1896年，日本帝國議會考慮到非常需要中文人才的實際情況，決定創辦語言學校。議會做出了這樣的判斷：「俄羅斯語、支那語（漢語）、韓國語等在將來一定會產生更為緊密的關係，由於現在還沒有一所學校教授這些語言，因此在外交、商業方面也遇到了很大的障礙……因此有必要學習這些語言。」但是，帝國議會始終是在「商業」、「外交」的實用領域對學習這些語言的緊迫性予以強調的。也就是說，日本政府是想把這些外語作為一種實用手段加以應用的。這便是當時的日本人學習中文的主要目的。

中日關係史學家安藤彥太郎教授的研究結果表明，「之所以把中文視為一種特殊的語言，重點言及其實用層面，是因為它與戰前日本進出中國的兩個層面是相互對應的。即，『商務』和『軍事』。」

以中國研究學者聞名的竹內好曾直接了當地道破其中玄機，有「行商支那語」和「兵隊支那語」兩種。

日本人傾向於在「商務」和「軍事」這兩個層面學習中文，其中原因，不外乎是明治維新以來，日本社會仍在流行「脫亞」與「興亞」這

兩種相互矛盾的思潮。

其實，「脫亞」與「興亞」就像是一枚硬幣的兩面一樣。通過「脫亞」進入先進國家行列的日本人，由於遭到來自歐美先進國家的壓力，便試圖團結亞洲勢力以抗衡西歐。由此形成帶有「入亞」意味的「興亞」思想。

「興亞」思想主要在宮崎滔天等在野人士中間形成了市場。由於這種原因，在野的民間私學興起了一股中文教育熱潮。1875年由廣部精創建的日清社便是第一所教授中文的私立學校。日清社後來改名為振亞社，因此也可以據此視其為一個大亞洲主義團體。當時的教材，以廣部精編纂的《支那官話部》（1879年出版）最為著名。在日本中文教育史上起到重要作用的宮島大八的功績也不可忽視。他曾師從中國的桐城派學者張廉卿學習中文。後來，宮島大八在日本創立了善鄰書院，並起到了在日本推廣中文的中堅作用。

此外，近衛篤麿於1898年創立了東亞同文會，開始傳播民權論和國權論。從此，與中國和亞洲相關的團體開始相繼湧現。這一趨勢持續發展，到了1910年，在上海設立了名為東亞同文書院的學校，並於1938年發展為一所大學。日本戰敗以後，這所大學變成私立的愛知大學，在中國研究領域做出了重要貢獻。

100年前在日本編輯出版的中文教材多達數百種，其中比較著名的有《官話指南》（1882）、《華語跬步》（1886）、《急就篇》（1904）等。其中最為普及的是《急就篇》。1933年，《急就篇》出版了修正版。作為戰前日本的中文教育象徵，到1945年為止，一共再版了170多次。以問答的會話形式構成的這一教材，對日本人學習中文產生了巨大的影響。

教材中諸如「這個時候有什麼魚？」「差不多的魚都有。鯉魚、鯽魚、花鯽魚什麼的。」「花鯽魚好釣麼？」「那可得碰巧了。」的一問

一答的會話形式非常實用。

根據《中國語關係書目》（1968）中的記載，從明治維新一直到1945年日本戰敗為止，在日本出版的中文教材累計有1368種。其中有506種出版於1937年中日戰爭（抗日戰爭）以後。不幸的是，以「商業」和「軍事」為目的出版的中文學習，在1932年滿洲國的成立以後，於1930年代演變為「戰爭語言學」。這些教材被細分為《兵要支那語》、《日清會話》、《連戰滿洲語自修》、《兵隊支那語》等。從教材的名稱上也可以看出，它們確確實實變成了戰爭時期的士兵用語。

今天，我們依然能夠從一些抗日題材的影視作品中發現「你的死了死了的」、「你的慢慢的」、「你的什麼的幹活」等令人啼笑皆非的對話，而這些會話正是日本士兵從《兵隊支那語》中學來的。

近代日本人學習中文的情況，其本身也正是中日關係的體現，同時也反映出日本從憧憬到蔑視、壓迫中國的演變歷程。這也是日本國家主義、帝國主義和軍國主義潮流風起雲湧的樣貌。此外，我們也應該記住，在戰爭期間，被用於戰爭的外語學習的樣貌，是多麼醜陋的事實。

9. 豆腐和辛亥革命

這是一個有趣的話題。豆腐與革命——這兩者看上去就像是海裡的章魚和天上的星星一樣，風馬牛不相及。但在中國近代史上，豆腐和革命卻產生過密切的關係。

在中國，人們甚至把豆腐視為傳統「國粹」。有的愛國知識份子甚至認為「豆腐才可以稱得上是中國的第五大發明。」不僅是朝鮮、日本，就連全世界，現在都把豆腐視為一種「植物蛋白之王」。豆腐具有如此偉大的功能和作用，也確實可以稱得上是中國的第五大發明。

相傳，早在漢朝時代，淮南王劉安便發明了豆腐。

豆腐當然不可能成為革命的主人公。在談論中國近代革命之際，談論的主要對象當然是以孫中山、黃興等人為首的革命家，以及以他們為中心的近代精英革命家、知識份子、實業家等。

而透過豆腐，為革命做出貢獻的，則是精英政治家、知識份子、實業家李石曾（1881-1973）。李石曾，名煜瀛，筆名真民，很多中國人未必熟悉李石曾其人。但李石曾不僅是一位近現代政治家，而且還是一位教育家、生物學家、新聞出版工作者，甚至還是一個古董收藏家。

1881年，李石曾出生於河南高陽，其父李鴻藻是清末著名的政治家、學者。從相關資料中可以了解到，李石曾幼年開始學習國學，並於1902年跟隨中國駐法國公使孫寶琦到巴黎留學。剛到法國以後，李石曾首先攻讀農業專業，然後進入巴黎大學學習生物學。在這一時期，李石曾深受進化論和無政府主義思想影響。1906年，他與近代著名人物張靜江意氣相投，創立了「世界社」，並出版周刊《新世紀》，致力於宣傳無政府主義思想。

當年8月，在張靜江的介紹下，李石曾加入「中國同盟會」。對實業界已有所了解的李石曾，於1909年在巴黎創辦第一家生產豆腐的工廠，大力提倡素食主義。就在這一時期，豆腐和革命開始發生聯繫。

1911年辛亥革命時期，李石曾回國，並與黃復生等人在天津組織京津同盟會，並創辦機關報《民意報》。民國成立以後，他與吳稚暉、蔡元培等人一起開展各項活動，而且也與唐紹儀、宋教仁等人組成社會改良會。與此同時，李石曾在北京開展法國勤工儉學運動。

有關李石曾的革命活動暫時就介紹到這裡。下面還是讓我們回到本文主題——豆腐。1907年，李石曾曾用法文出版《大豆研究》，向法國群眾推廣中國的豆腐。當時，引起了法國人的廣泛關注。

植物蛋白比肉蛋白更有利於健康。為了推廣這種理念，他於1909年

創建了生產豆腐的工廠。1946年1月上海出版的《海光》周刊上的相關文章表明，李石曾在回國以後，召集了20多名豆腐工廠員工，交由曾幫助梅蘭芳改革京劇的齊如山帶往法國。

由李石曾主導、齊如山任社長的豆腐廠生意十分火紅，他們也因此掙到了巨額資金。當時，李石曾還沒有見過孫中山。在他的同窗張靜江的介紹下，李石曾開始向孫中山提供援助。張靜江是在1906年旅行途中偶然結識孫中山的。由於兩個人意氣相投，結為好友。此後，每當孫中山的革命活動需要資金時，李石曾便會鼎力相助。在張靜江的斡旋下，李石曾的豆腐工廠向孫中山提供了大量的資金。

中國人民大學歷史學家張鳴教授指出，孫中山一遇到資金緊張的情況，就會給李石曾和張靜江發電報，請求支援。A代表1萬元，B代表2萬元，C代表3萬元；李石曾每次都按照電報中的英文字母提示的數目，把錢匯到孫中山指定帳戶。

即使是在辛亥革命期間，張靜江也一如既往地為孫中山調度資金，並竭盡全力為其提供武器支援。辛亥革命成功以後，孫中山當選為臨時大總統，隨後任命張靜江為財政部部長，也是因為他在這方面做出過卓越的貢獻。但據說，張靜江拒絕了這項任命。

從1914年到1916年，李石曾和蔡元培發起「勤工儉學運動」，鼓勵中國學生到法國留學，在中國近代史上做出了重要貢獻。1917年歸國以後，李石曾受聘成為北京大學生物學教授，並於1919年創建里昂中法大學。

1924年，李石曾當選為中國國民黨第一屆中央監察委員會委員。1928年，北伐戰爭結束以後，李石曾當選為國立北京大學和北京師範大學校長。同年8月，李石曾又當選為故宮博物院負責人，以及國立北平研究院院長。1948年，李石曾被任命為總統府資政。但在兩年以後，即1950年，李石曾移民到烏拉圭，隨後於1953年轉往臺灣，當選

為中國國民黨第7屆中央評議委員。1973年9月，李石曾在台北逝世，享年92歲。

10. 近代的「身體」是怎樣煉成的？

是誰實現了近代？準確的答案是人類。再準確一點講，便可以表述為人類的「思想」、「意識」、「精神」。

然而有趣的是，人類在實現「近代」的過程中，也使其思想的實體——肉體與身體實現了近代化。僅僅只在前近代，人類的身體還存在太多的禁忌。因此，人類的身體是一個喪失了自由的、被束縛的軀體。比如說，裹足、閹割、糾正左撇子等等對身體進行的「加工」，無論是在東方還是西方，都在折磨著人類的自身。

事實上，東亞的身體被教育、鍛鍊為「近代」身體，其歷史不過百年。這一點，從時間上講與近代幾乎是相吻合。

率先在近代化維新上獲得成功的日本，從1890年開始便根據教育敕語（The Imperial Rescript on Education，日本明治天皇頒布的教育文件，其宗旨成為第二次世界大戰前日本教育的主軸）和帝國憲法，完善了國民教育體制，並將力量集中於打造符合近代化「身體」上。這一理念強調國民一致團結，同時也強調集體身體的機敏性。「向前看齊」之類集體行進，或運動會等活動開始盛行。集體統一的身體性史無前例地形成。

中國也由於持續遭到來自西方列強的侵略，也開始認識到強身健體的重要性。1900年，以山東省為中心發起了義和團運動。當時的義和團成員確信，只要通過義和拳和氣功鍛鍊身體，便可以做到強身健體，刀槍不入。

　1898年逃亡到日本的啟蒙思想家梁啟超，有感於日俄戰爭時期日本透過強調「尚武精神」進行愛國主義教育，開始為之大聲疾呼。日本的尚武精神和軍國化愛國主義教育，對中國的體育事業帶來深遠的影響。1905年清政府學部頒布新的教育章程，將「尚武」作為教育方針之一，形成中國近代教育觀念的主流。

　1905年4月，京師大學堂舉辦了第一屆運動大會，並宣布「學校教育一定要把道德教育和體育教育結合在一起。」在此之前，已經接受日本式教育的學者王國維，早在1903年便對教育提出了自己的看法：「在進行智育、美育、德育教育的同時進行體育教育，便可培養出完美的人才。」

　對中國近代「身體」、體育觀念的形成帶來直接影響的，除了日本以外，還有當時在西方租界地舉辦的運動會。當時的中國人在租界地觀看外國人的運動項目時，一時還難以理解。《女界鐘》對此有過描述：

　「以前，中國人看到外國女子爭搶一隻足球的情形，悄悄問自己的馬夫：『這些女子踢球，每天能掙幾個錢，竟然累得滿頭大汗？』」

　但是，西方人的體育競賽，最終促成中國近代體育競技項目的誕生。1890年，在上海聖約翰大學，舉辦了中國最早的田徑運動會。通常，人們把它看成是中國近代最早的運動會。中國人接觸足球的時間，大致是在1902年。而籃球和排球，差不多也是在那一時期在西方人的指導下開始發展起來的。

　《中國體育史》一書的作者認為，中國近代人的身體是出於軍事這一「公家」層面上的目的開始得到訓練的。產生這種憂國意識的原因在於，中國必須抵制西方列強的侵略。於是清政府開始學習西方軍隊理論和訓練方法，並聘請德國和日本的教習給中國士兵上體育課，以作為軍事訓練的一個環節。例如，天津水師學堂作為體育科目，設置了「足球、跨欄、跳遠、游泳、滑冰、平衡木、登山」等項目。

可是，身體作為近代教育對象而在中國得到普及，卻是在1903年清政府發布了《學堂章程》以後。章程中明文規定，各學堂應設置體育課，而體育專科便應運而生了。《中國體育史》中提到：1904年，在日本留學歸國的學生在上海創立了中國體操學校，而民國初期在中國各地創建體育學校的創始人，大都是這所學校的畢業生。日本的軍國主義教育方式，通過當時的體操科目傳播到中國，並成為清政府的一項教育方針。

至今為止，「向前看齊」之類的列隊方式，依然是在承襲日本的教育模式。尤其是朝鮮，通過日本統治時期長達36年的佔領，有無數日本式的教育方式被移植到朝鮮，這些痕跡至今遺留在各個角落。

獲得教育的身體，以另一種形式，在體育、運動會、競技等領域大顯身手，對提升國民體質產生了積極影響。由此昇華為「近代的身體」。1907年，在南京召開了近代首屆運動大會——第一屆聯合運動會。

這次運動會，共有全國80多所學校參加，競技項目有球技、武術、騎馬術、體操、競走等，多達69種。

進入中華民國時期以後，體育作為「國民教育」的一個環節，在全國範圍內得到普及。在1912年以後，浙江體育專門學校、北京師範學校體育專科等近代體育學校與專科相繼出現。到了1915年，除了體育課以外，學校舉辦春、秋季運動會活動得到普及。至今還在進行的學校體育運動會，便是由來於此的。

一提到「身體」，我們往往會錯以為是人類本來的軀體。但實際上，它是由近代文明這一裝置加工、訓練、教育而形成的肉體。這也是所謂「近代身體」的觀念。在近代，人們把身體打造成了一種「意識形態」的實體。在百年以後的今天，人們通過舉辦奧運會、世界盃足球賽等現代體育運動，繼續以國家為單位延續著這樣的淵源。

作為「身體的脫意識形態」，現代人將身體的表現，視為以口號

或標語（slogan）的形式進行的自由表現，而把「身體表現」推向了極致，並將其擴散到現代競技、舞蹈、美術等領域。法國哲學家米歇爾‧傅柯（Michel Foucault，1926-1984，*法國哲學家和「思想系統的歷史學家」*）將此稱為「身體的脫近代性」。

11.「新女性」粉墨登場

在中日韓東亞三國，「新女性」這一詞語粉墨登場，是在百年前的1910年開始的。當時，「日韓併合」、日本的大正時代和中國的民國時代處於同一歷史進程。考慮到這一點，可以說，「新女性」也象徵著「新的近代史的誕生」。為什麼這麼說呢？因為迄今為止，歷史的主人公當然一直都是由男人充當的，而且在男人處於絕對優勢的影響遮蔽下，女性只是一個虛弱矮小的形象。

隨著「新女性」這一概念、意識的形成，「新女性」這個單詞也於1911年在日本創刊的女性雜誌《青鞜》初次出現。

在這一年8月創刊的《青鞜》雜誌上，年輕女性平塚雷鳥這樣大聲宣布道：「起初，女性其實就是太陽，是真正的人……」這本由五名日本女性創辦的雜誌，宣告了近代日本女性的覺悟。她們高舉起女性解放旗幟，反對既成的家族制度，並通過與賢妻良母意識展開對決，追求「自我」與愛、性的自由等。從此，「新女性」正式形成。

當時，被稱為日本最著名作家的坪內逍遙在其題為《所謂新女性》的一篇文章中，使用「新女性」這一單詞，使一直以來被稱為「新夫人」的稱謂，一躍變身為「新女性」。從此開始，「新女性」這一辭彙，被固定為代表「新時代女性」的專用語。

平塚也高聲呐喊「我就是新女性」，並將這種理念和觀點勇敢地付

諸實踐。坪內在評論《玩偶之家》時，把新女性問題看成「是女人的解放，是自由問題，是在待遇、財產、教育、職業等方面希望獲得與男人同等地位的主張。」

於是，「新女性」以其新鮮、衝擊性的樣貌在日本社會粉墨登場。從此，「以近代女性的特徵表現女性的新女性」開始在大範圍內活躍起來。

據說，新女性豪邁的形象，從她們走路的姿態中也有所體現。韓國的一位男性知識份子曾這樣表述，「只要對我國女性進行觀察，便即刻能從她們的步伐判斷出，她是否受到新思想影響的女性。接受新思想影響的女性，她們步伐有力，其態度、姿態也總是給人以豪邁的印象。」

在東亞地區，女性的地位一直以來都很低下。但隨著「新女性」的出現，就像字面上所表達出的意思一樣，是一場「女性革命」，同時也是一場社會革命。

正如韓國眾多學者所指出的那樣，如果韓國的近代作為一種「殖民地式的現代化」，是以接受了日本影響為特徵，那麼作為「日本化了的西歐化」的一個環節，就很難排除女性所接受的日本影響。

1909年4月，有7、800人雲集在慶熙宮，參加在此舉行的「女留學生歡迎大會」。這次歡迎大會，是專門為了從日本和美國結束學業歸國的三名女留學生而召開的。她們是朴・艾斯特、荷蘭史、尹貞苑三位女性。「但是，對於這三位女性精英而言，當時的朝鮮社會背景過於黑暗，還不足以實現她們的遠大抱負。」（《朝鮮日報》2009.12.4）

「新女性」在朝鮮粉墨登場，並日益活躍的時期，也正是民族運動一浪高過一浪的1920年代。朝鮮的留日學生，從日本的新女性身上受到啟發，歸國後將其傳播到了朝鮮。

1910年，自由主義女性解放運動論者金明厚、羅蕙錫開始以朝鮮留學生校友會會刊《學之光》的女子版《女子界》為中心，展開活動，並

成為朝鮮「新女性」的先驅。金一葉從1920年開始發行《新女子》，並大聲疾呼粉碎傳統道德，實現女性自我價值。

他們標榜著「新女子主義」，接受並宣導通過日本吸收來的西歐自由主義、自我主義戀愛觀。實際上，在1920至1930年間，漢城（今首爾）大街上自由漫步的摩登女郎與摩登男孩一起，構成朝鮮殖民地一道新鮮的風景。（申明植《摩登男孩漫步京城》）

「新女性同時也是一種近代社會的象徵。百年前，留學美國和日本的中國女留學生當中，「新女性」第一號人選，應首推金雅梅。1872年，金雅梅隨其義父、美國教授，在日本東京大學和美國學習醫學。隨後，她成為中國第一任北洋婦科醫院院長。

1906年，女子教育已納入清政府教育部的計畫體系。到了1908年，女子學堂急劇增加到500多所。從此，培養了大量「女國民」。

1903年，清末著名革命家金天翮發表《女界鐘》，為中國的女權運動敲響了第一聲振聾發聵的鐘聲。這也是中國提倡女子解放的最初文獻之一。其所列舉的女子急當恢復的基本權利，包括入學、交友、營業、掌握財產、出入自由、婚姻自由六項。他進一步認定，女子不僅僅是妻子或母親，而是一個獨立的人。

提起中國近代「新女性」，我們當然要說到女革命家秋瑾。1877年，秋瑾誕生於浙江，並於1904年東渡日本，開始她的留學生活。她強烈主張廢棄裹足傳統，後於1905年加入孫中山領導的同盟會。在勇敢地與自己的丈夫離婚以後，秋瑾在自己的故鄉紹興創辦了《中國女報》，廣泛宣傳男女平等思想。此後，秋瑾也曾在湖南省領導革命黨，參加起義，投身於革命事業當中。1907年7月，秋瑾被清政府逮捕，15日從容就義於紹興軒亭口。

進入民國時代（1920-1930）以後，在上海出現了大量近代意義上的摩登女郎。她們活躍在社會各層，漸漸在思想、外貌、服裝等方面形

成「新女性」。這在時間上與同時代從屬於日本殖民地的韓國「新女性」相互重疊。這一點也是值得回味的。

百年前的「新女性」，在吸收西歐文明過程中，誕生於近代化歷程。她們與一直以來主導東亞社會的男性一樣，登上了社會舞台，並高聲喊出「自我」的聲音。從此，成為頂起半邊天的主角。這和平塚宣布的「起初，女性其實就是太陽，是真正的人……」不謀而合。

12.「戀愛」的發現

「戀愛」在當今社會，已經像空氣和水一樣成為再自然不過的事物。但這個觀念和詞語，是從近代化過程中由西方引入的。

「戀愛」這個單詞，最早出現在麥都思（Walter Henry Medhurst，1796-1857，英國傳教士，自號墨海老人，漢學家。）編纂的《英漢字典》（1847-1848）。但是，這個單詞被固定沿用卻是在1887年左右從日本開始的。據傳，日式漢語傳入中國和日本，是在20世紀初。

中國上海出身的駐日比較文化學者張京教授認為，「戀愛雖然是隨著西洋的近代化一起被中國和日本吸收的，但正如日本的近代化早於中國一樣，對『戀愛』的吸收，日本也領先於中國。」（《戀愛的中國文明史》，1993）

張教授判斷，中國之所以在吸收「戀愛」過程中慢了半拍，是因為中國以尊重傳統為由，排斥了異文化思維體系的引入。

「在戀愛的吸收過程中，日本於明治20年（1887）出現了二葉亭四迷的《浮雲》等具有嚴謹結構的近代小說，表現出對西方戀愛深刻的理解和吸納的樣貌特徵。但在同時期，中國還沒有出現近代小說。中國最初翻譯的西方小說，也比日本的《浮雲》晚了21年之久。中日兩國

的文化人在接受電和煤氣等文明事物過程中，在人文科學尤其是在文藝方面，針對如何吸收外來文化一事，表現出了決定性的差異性。」

首開日本近代文學先河的《浮雲》，包含了日本近代的時代特徵，從中我們可以看出，當時的日本是鼓勵男女交際、提倡自由戀愛的。1890年代日本的離婚率非常高，這種現象甚至引起外國有識之士的關注。

隨著新女性朝氣蓬勃的登場，日本的近代戀愛，以文化人為中心，將「戀愛結婚」視為一種理想，因此對戀愛結婚充滿憧憬和嚮往的女性與其保守的父母發生衝突的事情也時有發生。

當時，文化人和美人、老師和學生之間的戀愛、結婚風潮，像流行病一樣在日本傳播開來，使日本的「戀愛」革命風起雲湧地展開。

和日本的情況相仿，傳入中國的「戀愛」，首先是出現於文學作品中的情緒表達。另一種表現則是作為西方文化習俗的現實意義上的戀愛。直到20世紀初為止，西方的「戀愛」依舊被視為是一種不可思議的事物，但也開始慢慢予以吸納。

在對西方文明敏感、並追求女性自由與戀愛的日本知識女性、新女性當中，戀愛是吸納西方文明很好的文化現象。

通過日本留學開闊了視野的秋瑾，同樣也是一位吸收了西方自由戀愛觀的中國近代女性。在與自己的丈夫離婚的同時，秋瑾也作為一個新女性，投身於中國女性解放、推翻清政府的運動之中。

可是，晚於日本接受自由戀愛觀的中國，將其視為一種文化習俗則是在進入20世紀以後才開始的。尤其是在知識份子階層和富裕階層，更多的青年男女開始追求女性的自由交際和戀愛自由，並開始反對父母包辦自己的婚姻。中國近代的「戀愛」，與「革命」之間的緊密聯繫，也是一個饒有興味的話題。

孫中山與原配夫人盧慕貞的婚姻也是父母包辦的。他們結婚以後，

也生有子女。但最終,在接受「西方自由戀愛觀洗禮」以後,孫中山還是和他的原配夫人離婚,並與宋慶齡結為伉儷。新文化運動巨匠胡適,同樣也曾在父母包辦下,與一位裹足女性結婚。但在美國留學期間,胡適卻與一位名叫韋蓮司的美國女性自由戀愛。結婚以後,胡適也曾於1921年,與小自己10歲的曹佩聲雙雙墜入情網。結果被妻子江冬秀發現,並以殺死兩個兒子相威脅。胡適只好委曲求全,再不敢提離婚之事。曹佩聲也只好將她與胡適的愛情結晶扼殺在搖籃裡。1962年,鰥居在臺灣的胡適因腦出血逝世。當時,曹佩聲在中國依然獨身一人。

魯迅也在父母包辦下,曾與裹足女子朱安結婚,但卻一次都沒有「同床共枕」。後來,在任職北京女子師範大學講師期間,結識了小自己17歲的學生許廣平,並開始與其戀愛。1927年,魯迅與許廣平在上海開始同居。據說,如果按當時的國民政府法律追究,這些盡情享受這自由戀愛的文豪,都涉嫌犯有重婚罪。(藤井省三)

郭沫若、林語堂、徐志摩、巴金等中國近代文學巨匠紛紛予以實踐的瀟灑的「戀愛」,不僅在中國近代文學史,同時也在中國戀愛史上寫下了濃墨重彩的篇章。

在近代朝鮮,「戀愛」的情況也類似於中國或日本。步入近代以後,最大程度上改變青年男女生活方式的,就是自由戀愛與結婚。當時,廣泛存在於朝鮮社會的早婚制度,阻礙了這種自由戀愛。但是,接受了近代大眾文化洗禮的新女性,不得不走上「娜拉」的道路,或者選擇「第二夫人」的命運(申明植)

朝鮮在1910年,通過吸納殖民地文化,接受了「戀愛觀」,並開始在小範圍內加以實踐。但近代戀愛理論,基本上還是停留在廚川白村等人的理論框架內。隨後,在朝鮮文壇,也開始陸續出現像金東仁一樣的「戀愛達人」。

1920年至1930年,隨著新女性的出現,自由戀愛和自由結婚,在

近代社會變成了一道壯麗的風景。

伴隨著戀愛與結婚文化的變化，應運而生的便是婚姻的商品化。在這一點上，無論是日本還是中國，或者是韓國，情況都大致相仿。隨著資本主義金錢觀的滲透，以金錢關係為媒介而戀愛或結婚的現象也開始普及開來。許貞淑等新女性開始站在社會主義的立場上，對依然被金錢化了的戀愛與婚姻現象展開批評。

即便是在今天，金錢或經濟意識也早已滲透到戀愛、婚姻過程當中。但實際上，100年前的戀愛與婚姻，情況也與之相仿。

由於百年前的自由戀愛與婚姻，前近代的婚姻形勢發生了重大變化。從此，妻子或女人的地位得到提升，並急劇發展為「男女平等」的常識性認識。

百年以後的今天，男女平等已經上升到女權主義層面上，已形成「女子能頂半邊天」的形勢。毛澤東的這句話，已在東亞社會得到普遍認可。從這個事實上看，其根源還是從百年前的「新女性」運動開始的。

13. 百年前日本人到中朝旅行的風潮

日本人對海外的憧憬，尤其是對西方的憧憬，在前近代也非常強烈。當時，日本甚至發明了意味著「前往西洋」的單詞「洋行」。從幕府時代末期開始掀起的西方旅行之風，很好地體現了日本人對西洋的「憧憬之心」。

可是，對於一般人而言，儘管可以從內心憧憬西方，但由於當時的交通條件以及經濟條件所限，旅行並非是一件簡單的事情。於是，到朝鮮和中國旅行，便成為滿足日本人海外旅行的替代品。當時，日本人把朝鮮和中國稱為「東亞旅行圈」。直到19世紀末，相較於西洋旅行

圈，東亞旅行圈仍然是比較落後的狀態。但在日俄戰爭以後，從1906年開始，東亞旅行開始形成潮流。那麼，到中國或朝鮮旅行，為什麼會在一夜之間形成社會風潮呢？

在其原因當中，我們不能忽視日本在日俄戰爭中獲勝的歷史背景。1905年9月，由於日本獲得了日俄戰爭的勝利，便從俄羅斯手中拿到了大清「滿洲南端和關東州的租界權」，以及「東清鐵路大連至長春段的權益」。於是，日本政府作為這一地區保護國，開放了國民到這裡（包括朝鮮）旅行的限制。

還有一個原因是，從1906年開始，隨著朝鮮和滿洲鐵路的開通，日本人經營的旅館業逐漸多了起來。尤其值得一提的是，由於1906年「南滿洲鐵道株式會社」的建立，鐵路沿線區域便與日本人觀光的基礎設施一起日益得到完善。

「走啊走啊，與其到海上，不如到仁川港、大連港。讓我們到還沒去過的地方去看一看。看啊看啊，與其去山上，還不如到滿洲、朝鮮半島。讓我們到還沒見過的山峰看一看。」這是日本詩人湯淺於1906年6月22日發表於《東亞新聞》上的《滿韓迅遊歌》的部分章節。

這一年，日本《朝日新聞》率先企劃了「日清、日俄戰績參觀團體旅行」。於是，日本大眾第一次踏上了到朝鮮、中國旅遊的行程。7月25日，他們坐上遊輪離開橫濱港，到達滿洲。第一批到中國觀光的日本遊客，開始遊覽旅順、奉天戰場，考察撫順煤礦，隨後盡情遊覽滿洲的遼闊土地。

滿洲、朝鮮旅遊的大門打開以後，很快就在日本形成了風潮。以掌握和學習當時滿洲、朝鮮的產業、地理、國土、歷史、交通、民俗、動植物標本等為目的，中朝觀光表現出史無前例的繁榮趨勢。

從1909年9月3日開始，歷時近一個月（到30日止）的「滿韓觀光團」，通過對滿洲和朝鮮的旅行考察，於次年發展為發行《滿韓觀光團

誌》的旅行刊物。

根據當時這本雜誌記載的內容判斷，當時的日本人無論到達滿洲和朝鮮的哪個地區，都受到了國賓級的款待。文章說，他們也跟當地人展開直接對話和交流。觀光團在仁川，尋訪「淺間號」戰艦被擊沉的地方，並參拜附近的「神社」。而在平壤，則參拜了日俄戰爭戰亡者陵墓。

日本實業家和民間人士對滿洲、朝鮮的觀光，在參觀日俄戰爭遺址的同時，開展官民協作，在這些地區開拓殖民地，提升了日本人在中日甲午戰爭和日俄戰爭中獲得勝利的民族自尊心。這也是日本政府為了鼓吹將中國和朝鮮等被他們視為落後國家變成殖民地，所進行的一種政治宣傳。

1910年，吞併韓國以後，到朝鮮半島旅行的日本人急劇增加。從此開始，大量日本人開始出入滿洲，以及北京、上海、天津等地。其中，著名日本文化人是有組織地前往中國和朝鮮旅行的。這一點也值得一記。日本近代著名作家夏目漱石，便是在「南滿洲鐵道株式會社」的邀請下，遊覽滿洲大地，並寫下聞名的《滿韓四處》的。這是為了藉助這些著名文化人之筆，宣傳南滿洲鐵道株式會社。此後，志賀直哉、林芙美子等著名作家，也在滿洲大地留下了他們的足跡。

當時，學生們是出於「修學旅行」目的，前往朝鮮和滿洲旅行的。這也是一件值得關注的事情。在日本的教育體系中，學生的「遠足」是借鑒軍人的「行軍」形式而展開的一項活動。早在1884年7月，就出現了「學生的遠足」。迄今為止，日本學生在臨近畢業之際，都會舉行修學旅行、遠足等活動。這也可以視為一種延續了百年的傳統。

1906年7月，日本文務省和陸軍省共同主辦了「全國中學聯合滿洲行」活動。其目的不外乎是尋訪日俄戰爭遺蹟。這是為了「培養將來從事國民教育事業的人才、未來的教師，並向他們宣傳戰勝國的自尊心，以及使他們親身體驗日本帝國領土的廣闊。」（李良熙）進入1920年

代以後，赴朝鮮觀光人數大幅增加。根據1920年7月出版的《朝鮮》記載，在這年5月一個月間，乘坐火車旅行的觀光客總人數約為21408名，其中，學生人數佔了16900名。

當時，滿洲和朝鮮之所以吸引了日本觀光客的目光，是因為在這些地區可以看到在日本島國無法看到的、廣闊的地平線和自然景觀。當時日本人所寫的滿洲紀行文章，無一例外地會出現「透過車窗看到的滿洲平原」之類的描寫。遼陽、吉林也好，旅順也好，但從日本人當時留下的紀行文章中可以看出，最吸引日本人的旅遊目的地乃是大連、奉天、新京（長春）、哈爾濱四地。因為在這些城市，到處都瀰漫著歐亞雙重文化的氣息。這才是日本人將其視為旅遊首選目的地的根源所在。

在1930年代，滿洲鐵路設施的完善，使世界最高速列車「亞洲號」特別快車得以奔馳在滿洲大地。在市區，則有市內公共汽車在穿梭。由此可見，當時日本人的滿洲旅行已經達到高峰。尤其是在1932年，在「滿洲國」的建立和戰時體制之下，日本軍靴發出的聲音隨之提高。而日本人的滿洲旅行熱情也隨之空前高漲。從1936年開始，隨著廣田弘毅內閣「滿洲移民」政策的確立，有多達32萬日本人定居在以北滿洲為中心的地區。到了1945年，有155萬日本人（軍人和百姓）居住在滿洲。

由此可見，今天日本人的中國東北旅行和韓國旅行，是從百年前「東亞旅行圈」的確定而開始的。從日本人至今尚未降溫的旅行熱中，我們依然能夠發現日本人對「異文化」的憧憬。

14. 所謂「性欲研究」的學問

東洋三國有關性與性愛的傳統，主要是通過小說、詩歌等文學形式

綿延流傳下來，並在近代也留下了數量可觀的作品。但是，催生了《金瓶梅》、《紅樓夢》或《源氏物語》等奇書的東洋，對於性，尤其是對「性欲」的研究，卻是在1910年前後才開始的。

還是讓我們透過中國和日本，了解一下百年前研究「性欲」的時代背景吧。1907年，日本的自然主義文學代表性的小說家田山花袋發表了著名作品《棉被》。這是以作者本人為原型創作的有關性衝動的小說。小說一經發表，便引起了極大轟動。

「《棉被》之所以在日本近代性欲研究史上起到決定性作用，是因為它發現了『性欲』這種被壓抑的欲望。」在此之前，儘管也有所謂的「色情」，但卻沒有「性欲」。日本的人類學家指出，從此開始，人們可以表白性欲，並將其視為內在真理。「性欲研究」在日本正式展開，是從自然主義文學標榜的「性欲滿足主義」在社會普遍遭到揶揄的1910年初開始的。

事實上，日本對性以及性科學的研究，從明治維新以前就已經盛行了，而且積累了頗為壯觀的成績。

其中，尤以1910年代的池田、羽太等著稱。池田在其所著的《性欲論講話》（1912）中這樣指出：「認真研究性欲，因世人也對此抱有極大的熱情。認真了解相關學問，是基本的社會現象。」此外，他也揭示出「性欲研究也是防止性病、亂倫，防止青年男女的墮落與自殺，防止國民因色情導致犯罪」的一項有效措施。將性欲與社會結合起來的《性欲導致的社會犯罪史》（1914）也是非常有趣的著作。

稍後，羽太出版了自己的《一般性欲》（1920）。目錄上羅列了這樣一些標題：「性欲和性欲學、性欲學總論、戀愛論、賣淫論、結婚論、性欲心理論、應用性欲學、性欲教育論」等。而「生殖器」或許是因為還是一個新的「發現」，因此在他的論述中並不多見。輿論界認為，這是一本包羅了當時普通人對性的關心的好書。（石原千亞妃）

　　就研究性欲的原因一事，羽太博士指出：「性欲是生物界的兩性本能，也是兩性之間的情感。」因此，性欲學正是以其為對象展開研究的活動。這也可以說是迄今為止對性秘而不宣，進而採取禁欲主義措施的儒教性壓抑的一種「解放」。

　　《男女研究》、《自然界的兩性秘密》、《男女性的決定論》、《一般性欲學》、《兩性的性欲及其差異》等有關著作紛紛湧現，形成「性欲學」的譜系。這些作品在分析和比較男女性的差異和性欲差異的同時，提出「應該具有什麼樣的性欲觀」的問題，並各自給出自己的答案。

　　這是一個日本人希望建立起規範意識的時代，因此他們自然也希望將性欲納入這一規範之列，對其加以分析和研究。這是當時研究者的基本態度。

　　「男人是主動的，而女人則是被動的。」從這種性差異出發的觀點有，「應適當進行性交，過度的性交有害於健康。」從中我們可以看出，這種認識，在當時也是一種「常識」。

　　1920年代，在學校教育中結合進行性教育的「性教育論」開始在日本盛行，隨後相繼出版了《最新性教育》（1921）、《性教育研究》（1925）等著作。當時的「性教育」實際上指的是「性欲教育」。

　　在這裡，比較有趣的例子是，在1905年，日本的「性欲論」被進入上海的日本人帶入大清，並出於「為了愚昧的清朝的開明」目的，發行了漢文版《男女衛生新論》。有趣的是，書中一邊談論被認為是「有違道德的淫事」的「手淫」、「雞姦」、「獸姦」等內容，一邊指出「過度的手淫將導致男女不孕不育」，企圖將大日本帝國的性道德觀念輸出到中國。

　　在中國，性欲研究和性科學是在1920年正式誕生的。考察中國的色情文化，在清朝以及民國時代，精神禁欲主義滲透到全社會各個階層，形成把性視為一種醜惡的、羞恥的事物的氛圍。

　　在這種情況下，張競生在法國獲得博士學位，於1920年回國，被分配到當時的北京大學，開設了有關性行為、性心理和性欲的講座。對於當時來說，這無異於是一次出格的「性欲研究」。

　　1926年，張競生出版了他的著作《性事》。這是中國近代史上第一本性欲研究報告。在序文中，他這樣寫道：「本來，所謂男女的性器官、性衝動現象，其實是一種科學事物。作為我們體內最重要的器官之一，通過了解性器官的結構，可以解釋眾多有關人體科學的祕密。另外，研究性對人體的影響，也與各種行動原則和優生學等相關。」

　　在本文中，張競生談到了普通人的性體驗，並對其加以點評，給出自己的建言。張競生進一步指出：「在我國，數千年以來一直都很重視舊的道德觀念，因此把男女性器官視為障礙物，從而讓所有人『失去』了性器官。性器官的退化、欣賞性的心態的低下，將直接導致新生兒體力和智慧的低下。」

　　這本書比出版於1948年的美國性科學著作《金賽性學報告》整整早了22年。它以世界上最早的性體驗報告而聞名於世。在日本，已經數次翻譯出版了這本書，因此張競生這個名字，對日本人而言並不陌生。1926年，由於《性事》的出版，張競生被一直固守傳統道德觀念的當時社會處以罰金，而作者本人也被趕出了北京大學。

　　此後，張競生輾轉來到上海，並在上海開辦了一家書店，編輯出版《新文化》雜誌。上面也刊登一些有關性的煩惱、性體驗報告等文章，成為最受歡迎的一本雜誌。其發行量遠遠超過了當時最暢銷的雜誌《生活周刊》。但是，上海官府的目光依然十分嚴厲，加上來自家庭方面的原因，這本雜誌僅維持了兩年便停刊了。

　　中國近代最卓越的性心理學家、教育家張競生，在晚年重新回到故鄉，從事教育研究事業，1970年逝世，享壽82歲。現在，在他的故鄉廣東饒平，人們將其視為性學研究的先驅，為他修建了墓碑，以紀念和

緬懷他的功績。張競生全集也於1998年在廣州出版。

15. 近代公園──殖民地文化的移植空間

　　1910年，隨著日本殖民地統治，在朝鮮誕生了南山公園。作為「向大眾公開的庭園」而出現的「公園」這一詞語，同時也是日本語。在此時期，日本政府正計畫在這附近修建朝鮮神社，所以才修建了南山公園。

　　朝鮮的另一個代表性的公園──昌景苑，也是在殖民地時期（1910年）前後修建而成的。1907年，隨著純宗從德壽宮移駕昌德宮，昌德宮也更名為昌景苑，同時變身為兼具植物園和動物園功能的市民公園。日本政府於1910年將其更名為昌景苑以後，在那裡大量種植了櫻樹，並向普通市民開放。

　　「公園」在現在，可謂是市民的休息、約會場所。但我們可以從這段歷史中發現，它實際上是100年前「殖民地近代化的產物」。始建於1912年的朝鮮神宮就建在南山公園原址，後來在1945年光復以後，政府部門拆除了朝鮮神宮。但不管怎麼說，南山公園依然是一種殖民統治的象徵。後來，韓國政府把安重根義士的紀念館建在南山公園，這也是韓國政府為了抹去殖民地文化記憶所做的努力。

　　在日本的近代公園當中，最為著名的應首推上野公園和日比谷公園。上野公園始建於明治六年（1873），是在寬永寺基礎上擴建而成的。因近代城市規劃而產生的公園，則是日比谷公園。作為城市規劃的一個環節，政府部門在陸軍日比谷聯隊長墓地的基礎上，將其修建為今天的公園。

　　1900年，政府部門在日比谷公園建造了「日式和西洋式兩類庭園，種下四季花草，修建了假山和人工湖、音樂堂等附屬設施，共投入50

萬日圓，經五年時間打造出了今天的日比谷公園。」從1901年開始，日比谷公園開始對外開放。西方式庭園是以德國公園為藍本修建的，因此裡面設有西方式的花壇和噴泉等。

1882年，在東京淺草出現了淺草公園。在銀座形成之前，這裡也是東京最為繁華的地段。淺草公園作為大眾娛樂場所，也是近代日本代表性的公園。但是，在1951年，隨著新城市規劃的確定，淺草公園被拆除了。

原來，公園是一種西方近代文化的產物，因此其淵源也在於西方文化。在19世紀中期，隨著王公貴族的宮殿逐漸向普通民眾開放，「近代公園」得以誕生。

比如英國倫敦的海德公園（Hyde Park），法國的布隆（Boulogne）森林公園、蒙梭公園，德國的 Tier 莊園等。隨著城市環境的改善，資本主義國家認識到綠化的重要性，並為了向市民提供更愉快、舒適的休息環境，開始大舉修建公園。

1868年9月，中國近代意義上的公園第一次在上海的英國租界地工商局內出現。這就是上海的外灘公園。當時，人們把公園稱為「公家花園」。但到了1903年，隨著留日歸國學生在《浙江潮》雜誌上介紹日本的公園，從次年起，中國也開始將其統一改稱為「公園」。（閔杰《中國近代社會文化變遷錄》）

上海既是中國近代的開放都市，也是中國「公園」的發祥地。眾多外國僑民隨著殖民地滲透進程雲集到上海，形成了繁華的「十里洋場」。

1880年到1938年期間，在英國、法國、日本、義大利、俄羅斯等國的租界地，共設有十多座象徵著殖民地國家和文化特色的公園。

緊隨出現於1868年的外灘公園以後，又相繼出現了昆山公園（1895）、虹口公園（1880）、朝日公園、若松公園、新町公園、深山公園等。

　　此外，俄羅斯、日本在滿洲的大連、瀋陽、長春、哈爾濱等大城市，也開始修建公園，將其作為他們自己的「文明」生活方式，移植到了中國各地。

　　比如，大連的西公園、電氣公園，旅順植物園、動物園，長春的吉野公園，哈爾濱的公立公園等。在這些日本人修建的公園內，有西式建築，同時也建有日式涼亭。

　　西方人修建的公園體現了近代的公共性、公眾性、休息性，建有噴泉、西式涼亭和草坪、花園，並植有常綠樹等。

　　西方人在把他們引以為豪的西方文明空間原封不動地移植到中國的同時，也在向中國誇耀他們西方文明的優越性。西方人在租界地修建的公園門口，掛有「華人和狗禁止入內」的牌子。雖然已經過了百年之久，但至今為止，這依然作為一種殖民統治的人種歧視和民族歧視，成為中國人無法抹去的歷史記憶。

　　日本人從本國移來大量象徵著他們國家的櫻樹，將其種植到青島的朝日公園和丹東的錦江山公園，其數量多達千餘株。顯然，他們是想通過公園這種公共設施，把本國文化複製到殖民地空間。

　　不僅如此，日本人還在公園內修建日本神社，並以祭祀戰死沙場的士兵為目的，大舉修建了「忠勳碑」、「紀念碑」等。此外，日本人也修建了人物銅像，並將其視為日本軍國主義精神的支柱。

　　早在1880年，英國便在外灘修建了紀念《中英煙台條約》的紀念碑，並在1907年將這塊紀念碑轉移到外灘公園內。

　　社會學家福柯指出：「空間是所有權力經營的基礎」。他同時指出，「空間位置及建築設計，是特定歷史時代政治策略中的重要角色。」正如福柯指出的那樣，在近代建立與中國土地上的公園空間，作為殖民地文化在當地「空間」的複製，以複製其文化的實物形式強制性地注入當地。給我們帶來痛苦記憶和舒適空間的，便是這些西方人的公園。

　　隨著外來文化的滲透，並在被統治的空間大量複製，所帶來的卻並非都是負面影響。外來文化或文明，通過這種侵略、統治的方式傳播，正是人類歷史上經常存在的重要傳播模式之一。百年以後的今天，我們之所以能夠充分享受公園文化、遊園的樂趣，就是因為我們自主地理解、學習殖民文化遺留下來的外來文化的一種實踐。這一點也是不容忘卻的。

16.「民族」這個單詞的誕生

　　很多人錯以為，我們今天頻繁使用的「中華民族」、「朝鮮民族」、「漢民族」……中的「民族」，似乎有著相當悠久的歷史。但實際上，「民族」一詞的歷史不過百年之久。

　　「民族」這一單詞和概念，同樣都是近代的產物。而作為構成「民族（nation）的韓國人」這種概念，則是在20世紀初出現的。從這種歷史脈絡上看，這似乎可以看成更民主、更具包容形態的政治行為。（《韓國的殖民地近代性》）

　　實際上，「民族」這個單詞，是在近代史上引領近代化進程的日本首先創造出來的新潮語。根據安天浩的考證，是宮崎夢柳於1880年將法語翻譯成日文時最早開始使用「民族」的，而且是到了1890年代，才開始成為具有「種族學意義上的民族」（ethnin nation）概念的。

　　從日本直接引入和接受了「民族」這個單詞及概念的東亞知識份子、政治家，開始廣泛使用和傳播它，並在1910年代在東亞得到普及。

　　「民族」並非是自然生成的。各集團在政治力學作用下，因他人而形成一個民族，並被附以「民族」這樣的稱謂。貝內迪克斯或霍布斯邦等人將其稱為「思想共同體」的原因也正在於此。

　　針對「民族」一詞在日本誕生，日本知識份子這樣解釋道，「將近代日本人打造成一個民族，是在那樣一種壓力之下，日本作為一個主權國家走向世界經濟體系框架的航程。」即，其特徵為：因他人的影響而形成。

　　中國的「民族」概念，同樣也是在鴉片戰爭以後出現的。在遭到西方列強壓迫的中國人面前，「如何凝聚內部力量。團結一致，對抗侵略」的問題，成為歷史的重大綱領。

　　在中國，最早吸納和傳播「民族」的，是流亡日本時期的梁啟超。他在1901年的《國家思想變遷異同論》中，頻繁提到了「民族」、「民族主義」、「民族帝國主義」等詞語。這便是「民族」一詞在中國最早的傳播。

　　當然，中國的古代文獻當中，也有很多類似於民族的詞語，如「民」、「族」、「種」、「部」、「類」，以及「民人」、「民群」、「民種」、「族類」等。

　　方維規、彭英明認為，1837年由西方傳教士編輯的《東西洋考每月統計傳》中，首次出現了「民族」這個單詞。此後，由康有為等人編輯的《強學報》中，也開始使用這個單詞。

　　但是，「民族」在中國被廣泛使用的時期，卻是在20世紀初，而且也與上述的「民族」傳統無關。它是對明治維新時期日本知識份子創造出來的新潮語——「民+族」（nation）這一漢語單詞的繼承。

　　此後，經過孫中山的革命和中華民國，建立了作為一個「多民族國家」的「中華人民共和國」。從此，「民族」成為貫穿中國政治和社會的重要話題。而少數「民族」問題的處理、政策，也成為中國國內政治與學問的一大課題。

　　在日本以一個新潮語的形式誕生的「民族」這個單詞和概念，在被中國和韓國吸納的過程中，逐漸成為一個固定用法。1910年代，在中

日甲午戰爭、日俄戰爭以後，清政府滅亡，中華民國成立，而在變成日本殖民地的朝鮮，「民族」的用法首先固定下來。

在朝鮮，知識份子申采浩，於1908年在其所著的《讀史新論》中，最早聚焦於「民族」主義問題。但「民族」這一概念並不十分突出。

首爾大學教授李英熏認為，民族這一說法，在朝鮮（李朝）時代並不存在。在朝鮮近代的文學、新聞、實業等領域留下鮮明足跡的天才知識份子崔南善，於1919年在他所寫的《3‧1獨立宣言》中，使用了「民族」這一單詞。從此，作為在20世紀初從日本引進的單詞和概念，「民族」在朝鮮廣泛傳播到人民群眾當中。

當然，在朝鮮李朝時代，「同胞」的含義有三種之多：①同母所生的兄弟姐妹；②「國王的同胞」，即，所有的庶民都是國王的下臣，是國王生下的「赤子」；③人類都是上天生下的同胞。李退溪《聖學十圖》中的「人類就是我們的同胞」便是其實例之一。

漢字學者崔鉉培為了對抗「民族」這一來自日語的漢字詞，推出了「겨레」這樣一个韓語詞。但這個從李朝以來開始使用的詞語，更多地表達的是「家族」、「血緣」關係，因此與「民族」的概念有很大的差距。

和「民族」這個單詞一起被吸納的民族意識，在20世紀日本殖民地統治之下，在與這個「他者」對抗過程中，逐漸認識到自己，從而覺悟到：處於日本殖民地壓迫下的朝鮮人才是真正意義上的政治共同體。於是，他們開始產生「民族」集體意識。（李英熏《大韓民國故事》）

李英熏教授還這樣指出：將長白山視為民族聖地，也是發現民族並將其視覺化的一種行為。而最早將長白山神聖化的人，則是崔南善。他指出，只有產生於長白山的「不咸文化」，才是朝鮮文明的根源。為了證明自己的主張，崔南善甚至還在1927年登上長白山。解放以後，南北朝鮮展開激烈競爭，各自致力於長白山的聖地化。其中，包含了濃厚的「民族」意識。

日本在戰爭時期，將「大和民族」神聖化，並認為應把亞洲納入由大和民族引領的「大東亞共榮圈」。這種主張，實際上也不過是把「民族神聖化」的猖獗行為而已。

誕生不過百年的「民族」，這是一個無法把握的、奇異的、複雜的意識體。「民族」確實是一個棘手的存在。

17. 近代亞洲「學知」的熔爐——日本

首先讓我們來了解一下我們還不大常用的「學知」這個單詞。近年來，在日本知識階層和論壇，「學知」這個單詞的使用頻率非常高。詞典的解釋是：學問和知識。這種解釋在現實當中也是通行的。明治維新以後，在開國時期，日本開始大量引入西方的學問、知識。因此，這個單詞可以說是日本人謳歌自己獲得了學問上的思想解放。因為在此之前，一直到前近代為止，日本都是「唯中國學問之馬首是瞻」的。

當然，如果從語源的角度加以考察，「學知」這個詞語應該是來源於《中庸》裡的「學知利行」的。但是，日本近代的「學知」，卻是在炫耀自己切斷了對中國學問的依賴，並超越中國學問，創造出獨立的西方智慧水準的學問、言說體系。以此來顯示他們在亞洲重新確立了日本的學知中心。

明治時代前後的日本國學家，確實是希望「日出的國家」日本盡早擺脫對中國的依賴，變身為亞洲文明的中心。在他們的意識當中，把世界學術文化集結到日本的願望也十分強烈。與此相反，中國在近代卻固守自己的傳統，無法包容天下新的學問，最終墮落為文化的邊緣地帶。

當時，中國的張之洞、李鴻章等洋務派政治家知識階層，或者是康有為、梁啟超等維新派知識階層，以及黃遵憲、嚴復、王維國等重量級

知識階層，也都認為日本超越中國，成為亞洲文化的集結地。並據此提出「向日本學習」，才是學習西方近代化的捷徑。

現代中國的新銳學者們也指出：近代中國被日本超越，未能實現近代國民國家，便淪為殖民地，其原因在於，除了未能像日本那樣通過明治維新實施一系列的改革，同時也因為中國在學問和知識體系中固守傳統，導致在世界知識隊伍中處於落後地位。而這種固陋的知識、思想，又成為改革自身沉重的包袱。

鴉片戰爭以後，清國依然把西方的先進文明視為「奇技淫巧」，並蔑視對西方的學習。與此同時，日本於1868年經過明治維新，誕生了嶄新的明治政府，提出「文明開化」的口號，積極學習西方文化。於是，在1870年代，通過福澤諭吉等一流思想家的努力，催生出英、法、德式的明治思想。而到了1880年代及1890年代，則形成了近代民族主義、平民主義、國民主義思想。1900年代則進一步形成了基督教社會主義、德法式的社會主義思想。這些思想，通過《日本人》、《太陽》等著名雜誌，迅速向社會傳播。在文學領域，也開始大量翻譯介紹西方文學，出現了政治小說、現實主義、浪漫主義、自然主義、半自然主義等各種文學流派，真正進入到「百花齊放」時代。

在學問、學術領域，也形成了獨立的東洋史、日本史、地理學、法學、哲學、醫學、物理學、地震學、天文學、植物學、人類科學、民俗學等體系。於是，日本透過留日學生，對亞洲——尤其是對中國和朝鮮，產生了重大的影響。

中日甲午戰爭和日俄戰爭以後，日本的人文學。社會科學體系，在哲學、邏輯學、歷史學、民俗學、政治學、法學、經濟學等領域，培養出了和辻哲郎、西田幾多郎等世界性的學者，從而成為亞洲之雄。此外，在醫學、金屬學、工學、數學等自然科學領域，日本也積累了龐大的業績，從而成為亞洲的領導者。

　　隨著近代教育體制的確立以及教育的發展，國民的識字率史無前例地提高，大眾文化水準也通過報紙、照片、廣播、印刷、電影等手段，達到了亞洲最高水準，從而在音樂、美術、戲劇、建築等領域，提供了值得亞洲學習的榜樣。

　　近代日本就是這樣超越了中國，壯大了東洋文化的實力，使其成為相對於西方文化的主體存在。日本從此衝出了亞洲以中國為中心的秩序，自立門戶，形成學知文明的熔爐。

　　北京大學中日關係史研究學者王曉秋教授對此這樣說道：「進入近代以後，中日交流的方向發生了逆轉。由於清政府的腐敗和保守，中國淪為帝國主義的半殖民地。與此相反，日本卻在明治維新以後，開始學習西方，通過維新改革，重新成為一個獨立自主的國家。不僅如此，日本還加入了世界資本主義列強之列。中日甲午戰爭以後，進步的中國人在譴責日本的侵略的同時，主張向日本學習，進行維新。」

　　近代中國人的日本留學史，實際上也是透過留學日本，學習西方學問和思想的、當時精神史的一個片段。同時也是朝鮮通過近代留學生，確立知性社會過程不可忽視的影響。在1910年代，僅為500名的留日學生，到了1940年變急劇增加到了3萬餘名。這也為近代朝鮮精神史做出了值得一記的貢獻。

　　當時，正在日本留學的中國近代著名將領蔡鍔如此稱讚日本：如果說中國是「文明的母國」，那麼日本則是東洋世上獨一無二的「從不停止進取的母國」。魯迅也這樣指出留日學習的實質：「所有留學生到日本以後，首先追求的大抵便是新知識。」

　　亡命日本之初，梁啟超學到了很多新的思想，並稱自己變成了一個「甚至更換了腦芯的，在思想、言論上與以往判若兩人的」人。

　　著名青年知識份子、革命家鄒容當時正在東京東文書院留學。他在《革命軍》一文中這樣記述道：「最大限度地享受著文明國家的言論自

由、思想自由、出版自由等，忙於吸收新思想，而將功課學習完全置之
腦後。」

　　近代中國和朝鮮的年輕人，在日本形成的「學知的熔爐」中，吸收
西方文化和思想、知識，並對本國的近代建設做出了決定性的貢獻。實
際上，直到百年後的今天，日本的「學知的熔爐」，依然沒有喪失亞洲
的領導地位，而依然在向亞洲青年展示著知性自豪。

18. 近代國旗設計背後的歷史文化

　　象徵著一個國家的國旗，是近代的產物。亞洲的國旗，同樣是在西
方文明衝擊下，把象徵自己國家的標誌設計到國旗中；國旗是與他國相
區別的、本國身分的象徵。

　　近代日本國旗——太陽旗於1870年誕生。與此相比，韓國一直到
1880年，還沒有自己的國旗。作為近代的國際慣例，一個國家的商船
或軍艦，在駛過另一個國家的領海時，必須懸掛國旗。但在1875年的
江華島事件發生時，朝鮮卻不知道以朝鮮的「開國」為目的，侵入領海
的日軍「雲揚號」懸掛的太陽其究竟為何物。

　　韓國的史學家、聖公會大學教授韓洪九教授在《太極旗真的是民族
象徵嗎？》一文中指出：「朝鮮本來是沒有國旗的。因此，日本無法理
解朝鮮向懸掛著日本國旗的雲揚號開炮的行為。朝鮮自取其辱，被迫開
放門戶。」（《大韓民國史》2003）

　　據說，朝鮮是在1880年身為「修信使」的金弘集從日本歸國時，帶
來了一本黃遵憲的《朝鮮策略》以後，才開始具體議論制定國旗一事
的。在《朝鮮策略》一書中，黃遵憲強調，為了阻擋俄羅斯的侵略，朝
鮮應該和清政府聯合起來。他同時提到了關於朝鮮國旗圖案的內容。為

了彰顯朝鮮是大清國的屬國，他建議使用青龍圖案。此後，李鴻章要求
朝鮮，可以使用大清國的黃龍旗，但只能畫上四隻龍爪。

1882年4月，清政府的馬建忠和金弘集舉行會談。當時記錄下他們
筆談內容的《清國問答》表明，馬建忠根據朝鮮人喜歡的白色，和官服
的藍色，以及國王服裝上的紅色，建議朝鮮設計一面「白底青雲紅龍」
旗。但他的提案沒有被採納。於是，馬建忠又提議，在白底上使用太極
圖案，並在四周畫上八卦圖。

會談七日以後，發生了「壬午軍亂」。根據《濟物浦條約》，朝鮮
向日本派遣高官，以表達「謝罪」之意。朴泳孝的《使和記略》中稱，
在駛往日本的船上，英國駐朝總領事阿斯頓和船長詹姆斯向他建言。
於是朴泳孝根據他們的建議，在八卦中去掉四卦，只留下了乾坤坎離四
卦。於是，韓國的太極旗就這樣在駛往日本的船上誕生了。

8月14日，船進入神戶港口。他們便在自己的駐地掛出了太極旗，
並於22日，將太極旗的制定情況彙報給朝鮮。2004年，人們發現了由
美國航海局於1882年7月出版的《海上國家的旗幟》。書中指出，在朴
泳孝之前，已經出現了太極旗。

無論如何，借用韓洪九教授的話說，「太極旗是以中國人的基本圖
案，於前往日本謝罪的船上，因英國船長催生而誕生的韓國國旗。它還
沒來得及在朝鮮人面前展示，便擁有了多舛的命運。」

韓洪九教授這樣感歎道：「在東亞產生象徵著近代國家的國旗過程
中，不僅有外部勢力的介入，而且其內容也並非出自我們固有的文化或
傳統，而是從中國的《周易》中借來的圖案構成的。」

那麼，近代中國的國旗又是如何誕生的呢？作為中國近代史變遷的
代言人，沒有什麼事物比國旗更具代表性的了。眾所周知，大清國的國
旗，是由「黃底藍龍戲紅珠圖」構成的。

但是，到了1906年，孫中山創建的中國革命同盟會於前一年在東京

誕生，並將其自行設計的青天白日旗確定為中華民國國旗。當時，黃興認為青天白日旗過於類似日本的太陽旗，而且也過於單調，並以此為據予以反對。於是，孫中山參考了劉永福的妻子提出的設計方案，並在此基礎之上把底色設為紅色，完成了青天白日滿地紅。最早想出青天白日的是孫中山的同僚陸皓東，他在革命起義初期犧牲於廣州。

1919年，青天白日旗被確定為國民黨黨旗，並於1925年作為國民革命軍軍旗。1912年中華民國成立以後，孫中山成為臨時大總統，希望將「青天白日滿地紅」定為國旗，但遭到臨時參議院否決，轉而以過去清朝時期的海軍旗為基礎，把五色旗（紅黃藍白黑）確定為國旗。最後，「青天白日滿地紅」被確定為中華民國海軍軍旗。另外，五色旗在1931年滿洲國成立的時候，被採用為其國旗。中國的國旗就這樣經歷了諸多波折。到了1928年的蔣介石南京政府時期，「青天白日滿地紅」被重新確定為中華民國國旗。

1949年10月1日，隨著中華人民共和國的成立，放棄了過去的國旗，並將五星紅旗確定為中國國旗。而在臺灣，依然將蔣介石確定的「青天白日滿地紅」作為國旗。

中國的改朝換代現象在近代也頻繁發生，而每次都是以徹底否定原朝代的易姓革命形式進行的。因此，頻繁變更國旗的現象，便也象徵了當時的時代變遷。

在全世界範圍內，日本的太陽旗是最為簡潔明瞭的標識。白色的底，紅色的太陽。近代以後，在日本侵略亞洲時，這面旗在殖民地和戰場上給亞洲人民留下了極為負面的印象。但是，對於日本人而言，太陽旗卻是他們的國家象徵，同時也是他們的國家主義。

正如聖德太子曾經向隋朝皇帝派遣的使臣說的那樣，日本「是一個太陽升起的國家」，而日本人對於太陽的信仰也是極為虔誠的。西元645年，太陽旗就已經粉墨登場了。到了1635年，太陽旗被日本廣泛使

用。而在1854年《日美和親條約》（神奈川條約）簽訂時，太陽旗已
經被作為日本的標識懸掛在船舶上。這就是日本的國旗。可是西方人卻
認為太陽旗看上去有些類似於他們密封信封時使用的紅色蠟封，因此對
其冷嘲熱諷。1870年2月27日，太陽旗被確定為日本國旗，並將2月27
日確定為「國旗日」。

近代中日韓三國國旗誕生的背景之中，隱含著這三個國家各自的文
化傳統。日本在將太陽旗確定為國旗過程中，幾乎沒有發生過什麼變
化，古代的象徵標識一直得以沿用。而韓國則是在經歷外部勢力影響過
程中，因外部勢力的介入確定了國旗。中國正如其頻繁的改朝換代一
樣，國旗的變更也十分頻繁。

國旗象徵的是某一個國家所走過來的道路。

19. 從「文明開化」開始的日本人的肉食

直到明治維新以前，日本都是把中國視為絕對的文明導師，並予以
全盤吸收的。但步入明治維新時期開始，日本人主動砍掉了三大「痼
疾」：宦官、裹足、科舉制度。這其實也是日本人在吸收外國文明過程
中所自詡的素質——日本人只會專揀那些有利於自己的事物加以吸收。

可是，應該在這三大「痼疾」之外，還應加上一條，日本人自古以
來就忌諱或節制吃肉。他們固執地堅持以植物性食物為主，甚至以「米
食」和「菜食民族」而自居。

古代日本人從中國引入古典中的家畜時，將《荀子》、《周禮》中
記載的牛、馬、羊、豚、犬、雞這六畜中，去掉了羊和豚，轉而加上了
猴子（猿）。於是六畜變成了「五畜」。儘管日本從中國引入了天干地
支，但是其中的「豬」，卻變成了「野豬」。此外，日本花札（類似於

撲克牌的傳統遊戲道具）中，七月紅色胡枝子（花札牌中的一張，可在遊戲中作為七月使用）樹叢下畫著的並非是一頭豬，而是面目猙獰的野豬。雖說日本的《古事記》、《日本書紀》中也有關於天皇如何教導人民飼養豬的文字內容，但據說日本當時並沒有開始吃豬、羊、牛等家畜的肉。直到江戶時代，豬才透過琉球群島傳入薩摩。這也只能是一種推測──薩摩（日本西南部）地區，在養豬的同時，也吃豬肉。

從人類學意義上講，中國人和韓國人在長期的歷史發展過程中，早已變成一個騎馬民族和牧畜業民族的混血民族，因此肉食的歷史十分悠久。所以這兩個民族的人，多少都有在小時候看到殺豬宰羊的經歷。但對於今天的日本人而言，他們看不到宰殺家畜的場面。這是因為即使是在農村，殺牛殺豬的事情也是十分罕見的。也就是說，畜牧文化並非是日本所熟悉的文化。

日本人的肉食，是從吸收西方文明的時候才開始的。換句話說，日本人認為，西方人偉岸的身材和堅強的鬥志，都起因於他們的肉食（牛肉）習慣。

1872年，牛肉被進獻到宮廷，成為引領宮廷肉食文化的新星。大塚滋博士認為，1862年，一個名叫伊勢的男人經營的一家酒館，開始經營起牛肉平鍋湯餐廳，從而成為日本「肉食」文化首開先渠者。

福澤諭吉在年輕的時候，曾經是大阪「緒方洪庵」的書生。他後來回憶道，牛肉平鍋湯餐廳老闆殺豬時，他便過去幫忙按住豬的後腿，一度成為趣聞。

當時，日本人當中，存在著這樣一種思維：殺死家畜是一種殘忍的行為，而且殺死了家畜，就會弄髒土地。但牛肉卻是文明的「良藥」。當時甚至流行這樣一種說法：「吃飽治百病的藥，不如吃上一碗牛肉湯。」

後來，在長崎地區，豬肉也和牛肉一樣開始流行起來。

　　從此，人們形成了這樣一種固定的觀點：肉食即文明開化的象徵。1877年，在日本新的首都東京，「吃牛肉成為上起天子，下至黎民百姓的風潮。東京人以牛肉為珍貴食品，而吃牛肉也變成了一種流行。」（《魯文珍報》）

　　當時，流行於宮廷和日本社會各階層的肉食，並非是今天的牛肉大餐，而是牛肉平鍋湯。而當時的牛肉平鍋湯，與日本今天的烤肉性質差不多。

　　《東京繁昌記》中這樣記載了日本人一夜之間開始喜歡吃牛肉，並將吃牛肉視為一種文明予以吸納的現象：「對人來說，牛肉是一種有益於開化的良方，是文明的良藥。它能培養我們的精神，強健我們的胃臟、疏通我們的血脈、肥沃我們的皮肉……」

　　從明治末期開始，一直到大正初年（1911-1915），普通日本人的平均肉食消費量為3.6克/日。當時，在「富國強兵」的口號下，陸軍的人均肉食消費量達到了50克/日，海軍則作為副食，日消費肉食高達160克（鯖田豐之）。由此推測，當時的肉食消費量算不上很多。另外，日本的肉食也不是西方式的作法，而是以類似於「亂燉」的牛肉平鍋湯為主的。

　　從營養學角度上講，肉食真正給日本人帶來營養供給，則是在第二次世界大戰以後。進入經濟復興期和經濟高度成長期的1970年代，隨著西洋化的大力推進，肉食風潮進一步在日本盛行。到了1980年代，肉食變成日本人營養過剩的原因之一。現在，日本人的平均身高已經超越了中國和韓國，再也不是過去的「小日本」了。

　　隨著以牛肉為主的肉食文化的普及，牛奶也成為日本文明開化的另一個內容。1853年，哈里斯以美國總領事的身分來到日本，驚奇地發現了這樣一個事實：「日本還沒有喝牛奶的習慣，牛基本上是用於農耕或運輸工具的。」1863年，美國的貿易事務官賴斯在北海道教日本人

如何用牛奶榨油。

　　1870年，山縣有朋等政府高層官員在東京開始推行牧場經營和牛奶榨油法，並於1873年頒布了《牛奶榨取妊娠等規則》，規定運輸牛奶的工具，統一使用鍍錫的鐵桶等。1882年，日本成功生產出混合了糖分的牛奶，從此牛奶消費量急劇上升，並很快在日本全境得到普及。1900年，在日本各地，出現了大量專營牛奶飲品的「牛奶館」。從此，日本人可以像喝咖啡一樣方便地大量消費牛奶了。

　　日本政府在文明開化方面是個急先鋒。作為吸收西方文明的窗口，日本政府不僅鼓勵民眾消費肉食，也宣導民眾從肉食中攝取更多的營養。這在日本人的西方化過程中起到了快馬加鞭的作用。

　　日本人的肉食受到了政治形勢的左右，而民眾積極回應政府的號召。「文明開化」的近代政策給日本人帶來飲食文化的恩澤，便是把肉食和牛奶變成了他們的日常消費品。

20. 近代中日研究領域巔峰之作

　　近代中國對日本的研究，與政治傾向有著很緊密的關聯。相較於近代日本人對中國的研究，中國對日本的研究並不算多。但是，與日本人嚴謹細緻的中國研究相比，中國人對日本的研究，往往在一個大的框架下，顯示出籠統的特點。而且其中多為抽象的陳述。

　　但是，在近代日本研究史上，出現了一個獨特的現象。這就是黃遵憲（1848-1905）的《日本國志》。

　　《日本國志》共四十卷，50多萬字，於1895年木刻出版。當時，這本書被稱為數百年來罕見的奇作。這本書可以說是近代中國最早系統地研究日本的鴻篇巨製，有的學者紳士稱其為中國近代日本研究領域的

巔峰之作（王曉秋《近代中日關係史研究》）

　　1877年11月，被第一任駐日公使何如璋提拔為文化參贊以後，黃遵憲作為何如璋的隨行人員，與他一同來到日本。當時，日本開始明治維新不過十年，卻處於急速向亞洲最先進的西方式近代國家發展的過程。黃遵憲在這裡受到了巨大的衝擊。他認識到，迄今為止中國對日本實在是缺乏了解，而且一直對日本持有偏見，對其充滿了歧視。他深刻地認識到這是中國所犯的錯誤，因此當務之急必須向日本學習，進行改革。

　　於是，黃遵憲決定認真觀察日本，並對其進行詳細的分析研究。在滯留日本的五年當中，黃遵憲和日本各階層人員頻繁交流，與他們建立親密的友誼關係，以此為基礎，接觸到了數量龐大的日本文獻資料。不僅如此，他還不辭辛勞，來往於日本各地，親身體驗和觀察日本。

　　日本知識份子對黃遵憲也給予了肯定的評價。「黃遵憲作為一個中國人，是第一個認真了解明治維新的觀察家，同時也是提倡中日在文化上是同種的人。」（上垣外憲一）

　　在《日本國志》之前，黃遵憲早在1879年便出版了反應日本政治、文化、經濟、風俗、景物的《日本雜事詩》。他既是一個詩人，同時也是一個具有真知灼見的改革家。在日本期間，他的這些才能得到了充分發揮。

　　他以自己深厚的詩學造詣及在中國詩壇以往所沒有的清新內容，向中國讀者獻上了《日本雜事詩》。這對中國文學改革，也帶產生了積極的影響。另外，在1942年，在他的個人詩集出版之前，他已經在日本廣為人知了。而他的詩作，也給日本詩歌帶來了極大影響。（吉林大學教授 趙樂甡）

　　黃遵憲在《日本國志》的序言中這樣開誠布公地談到：「根據我的觀察，日本知識份子非常了解中國的書籍和中國發生的事情。但是，中國的士大夫卻熱衷於談古，而對外界一無所知。」因此，寫作這本書的

目的，在於宣傳日本的明治維新，也在於「讓當世的士大夫了解到世界的潮流。」

他從1878年開始著手收集資料，其間經歷了諸多艱難困苦，終於在1882年完成了初稿。但是由於當年他被任命為駐美國舊金山領事，而不得不中斷自己的寫作。後來於1887年入夏以前，全書終於定稿。他把自己的著作比為明末清初著名思想家王夫之的《黃書》，並將其視為清朝改革派的一面鏡子。

據說，黃遵憲親手抄錄了四份原稿。一份自留手中，其他三份則分別寄給了李鴻章、張之洞和總理衙門。然而，這本書正式出版，卻是在1895年。從最終定稿到付梓，整整經過了八年時間。1898年再版時，梁啟超為其作序，後來於1901年與上海出版了石印本。

王曉秋認為，《日本國志》的內容貫穿了歷史、天文、地理、官職、飲食文化、軍事、刑法、學術、風俗習慣、物產、工藝等諸多領域。這本書系統地分析研究了日本的歷史、社會、文化現象，尤其在明治維新以後施行的各項制度的研究上成績斐然。

黃遵憲通過這本書反覆提出了如下重要性：①要想在政治思想上有所變革，就必須以日本為楷模，變法自強；②在經濟思想層面上，既要學習西方和日本，同時也要學習資本主義的產業，促進和保護民族工商業發展；③在文化層面上，向已經學習了西方思想的日本經驗學習；④宣導和發展資產階級文化教育事業，使人們很好地掌握國內外形勢，啟蒙人們的智慧。

充滿這種思想認識的《日本國志》，在中日兩國引起了廣泛的關注。黃遵憲丟掉了至今為止中國知識份子一直固守的「中國中心主義、優越主義的天朝上國」傲慢觀點，以平視的目光觀察日本和日本人。與一直以來籠統的、抽象的記述相反，黃遵憲在書中體現了他縝密的觀察、記述、認識方法，同時兼顧對古今的陳述。通過細緻的觀察分析，

黃遵憲也對日本，以及中國還沒來得及了解的日本歷史、地理、政治、文化、產業、教育、風俗等各領域進行了詳實的介紹和描述，並將其與中國進行比較。這種著述風格也讓國人耳目一新。

這本書的出現，改變了千百年來中國對日本的認識，同時也改變了兩國之間的交流狀態。從此，中國在學習西方的道路上，首先邁開了學習日本的步伐。僅此一項，黃遵憲也可以被視為改變了中日近代交流史流向的偉大人物。

21. 百年前中國人發現的「日本文明」

阿諾德‧約瑟夫‧湯恩比、塞繆爾‧菲利普斯‧亨廷頓等20世紀代表性的文明史學家甚至把日本稱讚為「由一個國家形成一個文明圈」，並各自展開獨特的日本論。

儘管日本是中國周邊一個小國，卻具有無法將其歸屬於中國的異質性、獨特性。他們將其歸結為「日本文明圈」。1990年代初，在《文明的衝突》一書中，塞繆爾‧菲利普斯‧亨廷頓把世界分為八大文明圈。他並沒有把日本歸為中國式的儒教文明圈，而是將其視為一個獨立的「日本文明圈」。

日本人認為，在堅持認為僅憑日本一個國家就構築起一個文明圈的學者隊伍當中，還有奧斯瓦爾德‧斯賓格勒（Oswald Spengler），以及早在百年前就埋骨日本的拉夫卡迪奧‧赫恩（Lafcadio Hearn，即小泉八雲）等學界巨頭。

拉夫卡迪奧‧赫恩就任日本東京大學英語教授以後，完全融合到日本社會，並於20世紀初與一位日本女子結婚成家，素有日本通之稱。拉夫卡迪奧‧赫恩通過《日本與日本人》、《心》（1904）等作品，

向世界介紹日本人的內心世界、日本人的審美觀點，以及「日本文明的真髓」。

與同一時期西方人所看到的日本文明不同，中國人則是通過留學生在日本的所見所聞，發現了日本的另外一種形象。

與西方知識份子發現的、日本不同於中國文明的獨特性相反，當時的中國知識份子，卻是從它與中國文明的聯繫性方面，發現了日本與中國的「同質性」。

魯迅這樣回憶道：「那時的留學生中，很有一部分抱著革命的思想，而所謂革命者，其實是種族革命，要將土地從異族的手裡取得，歸還舊主人。除實行的之外，有些人是辦報，有些人是抄舊書。所抄的大抵是中國所沒有的禁書，所講的大概是明末清初的情形，可以使青年猛省的。」（《略談香港》）

在日本這個「同文」的鄰國，充分感受到「擼懷舊之蓄念，發思古之幽情，光祖宗之玄靈，振大漢之天聲。」的自由。

他的弟弟周作人乾脆認為，日本就是活生生的古代中國。在《日本之再認識》一文中，周作人這樣談到：「日本給我的感受，一半是異域，一半是古昔。而這一半古昔並不在我們國家，而是在異域。」

周作人回憶說，同鄉前輩在東京街道上漫步的時候，總會在日本的房屋或店鋪的牌匾上的字體中，感受到「唐朝遺風的存在」。

百年前中國知識份子在日本「發現」的是中國古代的「唐朝遺風」，也發現唐朝時期中國人的衣著習慣在這裡依然保存下來。

可是，更為重要的不僅僅是日本保存了可視的中國風俗習慣，而且也大量保存了中國的古典文獻、資料、史料等。中國早期的知識份子從這裡受到了巨大刺激。

在大清國早已銷聲匿跡的禁書、奇書、稀有書籍等古代經典，卻在日本得到了很好的保存。自日本向中國派遣遣唐使以來，被日本人帶回

國的古典書籍，完整地得以保留。

在中國，因歷代王朝的政治需要，經常發生禁書、焚書的事情，因此很多書籍在意識形態下，遭到滅頂之災。秦始皇的「焚書坑儒」或是隋煬帝的焚書等便是這種行為。甚至是在清朝時期編撰集中國古典文獻大成的《四庫全書》時，也燒毀了大量含有反清色彩的書籍，數量多達3067萬卷之多。此外，因戰亂和自然災害之故，書籍的消失、遺失、破損情況也十分嚴重。還有因遭賊而丟失的書籍、被西方聯軍焚毀的書籍也不在少數。

然而，日本卻把從中國帶回來的漢文書籍妥善地保管起來，有些甚至還另外抄寫下來予以保存。日本的戰亂少於中國，這也是大量中國古籍得以保存下來的原因之一。

不管怎麼說，日本人是帶著對中國書籍的恭敬之心妥善保管的，尤其是將它們保管於人跡罕至的寺廟。日本人可謂是保管古籍的天才。在抄寫中國古籍時，他們選擇使用了日本最好的宣紙，然後將手抄本存放於用竹子和黃土建成的庫房。而這種庫房，有利於防止火災、水災，也有利於抵禦潮氣。

1880年代至1890年代，中國的知識份子為了尋找中國古籍，大量湧入日本。隨同何如璋來到日本，成為中國公使的黃遵憲，發現日本乃是中國古典的寶藏以後欣喜不已，立刻開始著手發掘、收集。

第二任日本公使黎庶昌命令自己的手下楊守敬，使其在任內盡力發掘、收集分散在日本各地的中國古籍。楊守敬把收集到的中國古籍分門別類加以整理，列出了《古逸叢書》書目。在四年時間內，楊守敬共收集到唐宋時期珍本、文獻資料三萬卷以上。

著名知識份子董康（1867-1947）的日本「訪書之行」碩果累累。作為一個政府官員、政治家和法學家，他曾經和梁啟超一起經營《時務報》。董康同時也是一個維新思想家，是一個嗜書如命的人。董康在

1902年到1936年期間八次訪問日本，以收集、購買中國古籍。期間與日本著名學者內藤湖南等人展開交流活動，為古籍目錄學的奠定做出了貢獻。

中國現代社會學家們認為，近代中國人發掘、收集古籍這件事，對「文獻普及、文物複製、學術聯誼」具有重大意義。（趙樂甡）

還有一件事情值得一提：隨著日本思想和書籍被翻譯成中文，日本發起的「學知」輸入中國，成為中國的「新學」，並對中國近代了解西方文明進程起到了重要作用。

吸收日本的「學知」，在形成中國近代文明過程中所起到的作用，無論如何強調也都不為過。雖然我們對它缺乏足夠的認識，卻也不能依靠民族情緒，簡單地抹殺它給中國帶來的積極影響。正如古代中國對日本的影響一樣，近代中國和朝鮮的近代化也受到了日本的影響。

22. 女人的腳──裹足及「天足」

由於中日甲午戰爭的影響，在大清國於1898年發起了由康有為、梁啟超等人領導的戊戌變法運動。而解除婦女裹足陋習的女子教育運動率先發展起來。大清朝最高統治者慈禧太后，於1902年下令實施維新變法派宣導的一系列教育路線，並允許滿族和漢族通婚，同時禁止對婦女實施裹足。沿襲了數百年之久的「奇習」，終於畫上了句號。

但是，禁止裹足令頒發以後，裹足現象並沒有立刻銷聲匿跡，而是繼續延續到中華民國時代。中華民國（1912年）改風易俗的事例，當首推剪掉男人的辮子。另外一個革命性的舉措，便是解放了婦女的裹足，使其自然長成「天足」。

資料表明，一直到1913年，陝西省、湖北省的部分地區，還保留著

裹足奇習。我們從中可以看出，傳統中也存在如此固執的暗流。

裹足作為前近代的一種風俗，是一種「身體加工」的習俗。在人類歷史上，我們從任何一個別的國家都難以看到裹足這種陋習。可以說，這是一種空前絕後的「人體改造術」。

那麼，所謂裹足，究竟指的是什麼呢？日本的中國學學者岡本隆三在他的《裹足故事》中說，幼女在長到三四歲的時候，她們的雙腳就會被用布帛纏起來，使其僅長到10公分左右便停止繼續發育。他這樣描述這種奇怪的方法：「拉扯除母趾以外的四趾，使其發出吧嗒吧嗒的聲音，然後讓女孩坐在矮凳子上，盛熱水在腳盆裡，將雙腳洗乾淨，乘腳尚溫熱，將大拇趾外的其他四趾盡量朝腳心拗扭。纏的時候預先纏第二、第五兩個足趾，纏得向腳下蜷曲，連帶的第三、第四兩個趾頭也就跟著向腳下蜷曲。……」

這是一種非常複雜的技巧，同時也是中國殘酷的人工術。簡單說來，就是把小女孩的腳趾向內彎曲，再用長長的布帶一層層纏繞起來，使其停止發育。然後給小女孩穿上一雙小鞋，人為地使其長成一雙畸形的小腳。

據說，楊貴妃和趙飛燕的鞋，尚不足10公分，可見中國女性為了打造一雙小腳，遭受了多少痛苦。曾在中國民間流行的一句話中，我們可以略微感受到這種痛苦：「小足一雙，眼淚一缸。」

有關裹足起源的說法有很多種。有人認為裹足始於五代，也有人認為是始於北宋初期。始於北宋初期說認為，裹足首先是在藝妓中開始，然後慢慢在上流階層流行起來，並在進入南宋時期以後，被廣大庶民接受，形成一種習俗。

那麼，這種殘忍的方法，為什麼會在漫長的歷史時期，在中國婦女中間流行起來呢？

宋代的儒學是鼓勵女性的貞潔意識的。這是這一習俗形成的思想背

景。把中國女性身體的一部分打造成畸形的「三寸金蓮」並對其推崇有加，在其背後其實還隱藏著另外一個重要原因。即，這與中國男人的好色文化息息相關。比如說，女人的裹足，一直以來被視為有助於激發男人的性欲，並被用於開發男人的性能力。也就是說，裹足變成了男人的一種性工具。

有人指出，中國古代社會人為地把女人打造成可以喚起男人性欲的形態，以滿足男人的性欲。對中國古代男人而言，女人的裹足與女人的特徵是直接聯繫在一起的。小巧的腳底深深的凹陷，看上去類似於女人的生殖器。據說，甚至有男人在這個位置上行淫。

《劍津玩蓮記》中更指出，一雙纖足集中了女性全身之美，「如肌膚白膩，眉兒之彎秀，玉指之尖，乳峰之圓，口角之小，唇色之紅，私處之秘，兼而有之，而氣息亦勝腋下胯下及汗腺香潔。」

裹足上再穿上一雙高底鞋，就好像芭蕾舞演員穿上了一雙芭蕾舞鞋，能使女人大腿內側肌肉進一步發達，極大地提高了局部肌肉的伸縮性，因此可以增強男人在性交過程中的快感。據說，由於這種「美妙」的原因，不僅是從生理上，而且也能從心理上催生男女的神秘感，並提升女人性感的魅力。

裹足又被中國文人稱為「三寸金蓮」。清朝人方絢所著的《金蓮品藻》中，對金蓮做出了「五式九品」的評價，並認為在如下九種場所最能體會到「金蓮」之妙：掌上、肩上、秋千板上、被中、燈下、雪地中、簾下、屏下、籬下。

有趣的是，裹足女人也曾把自己的「三寸金蓮」當成誘惑男人的工具。中國古代女人為了引誘自己思慕的男子，有時會故意向其送出或者搖晃自己的三寸金蓮。據說，一雙纖巧的三寸金蓮的魅力，要遠比暗送秋波更具誘惑力。

這些內容經常作為性的描寫出現在中國古代小說中。比如說《金瓶

梅》、《水滸傳》等古典作品，也多有關於三寸金蓮的描寫。在這些場面中，三寸金蓮要麼成為一段姻緣的媒介，要麼被用來提升性的快感。

裹足在幾世紀以來一直受到中國男女的推崇，其中除了男尊女卑的思想在作怪以外，也隱藏著色情開發的隱情。

澳大利亞的專欄作家伯切特，在新中國成立以後出版了一本名為《從裹足得到解放的中國》的書。如書名所揭示的那樣，新中國成立以後，中國婦女無論是從思想上還是雙腳上，都獲得了解放。

在100年前，崇尚流行的新女性和妓女開始拒絕裹足。於是，裹足現象逐漸消失。但是，又有一個被稱為「高跟鞋」的「近代裹足」，在等待著新時代的婦女們。

23. 東亞近代美女的誕生

19世紀末到20世紀初，婦女解放運動在清朝末期，以一種新的社會形象出現在中國社會。婦女解放運動的發展水準，也經常被視為是一種表現文化進步的標準。

數千年以來，在「男尊女卑」或「扶陽抑陰」的社會結構中形成的傳統，禁錮了婦女的身心。這種傳統在虐待婦女身體的同時，也在思想上剝奪了婦女接受教育的權利，當然也不允許婦女進入社會進行社會活動。

進入清末以後，隨著反對裹足運動的開展，婦女重新開始追求健康的身體。此外，學校的創建和女子國民意識的覺醒也被大力提倡，因此婦女作為具有自尊自立人格的人，而受到社會的尊重。開始有更多的人為了婦女獲得政治權利而付出努力。

中國廣大婦女群眾終於迎來「改天換地」的婦女解放時期。

通過向當時的「近代大熔爐」日本學習，給中國婦女帶來了極大的

變化，這一點也是眾所周知的。北京大學教授夏曉紅這樣指出：

中國貴族階級、士大夫階級把女人的美貌視為一種美德，因此在他們中間，愛美思想非常突出。

另外，就像「紅顏薄命」、「紅顏薄倖」等詞語所指出的那樣，以中國為首的東亞社會的價值觀中，經常從否定的角度對待女性，把女人視為一種「凶」和「惡」的象徵。「傾城美貌」導致一個國家滅亡的歷史，至今還在頻繁地重複上演。在這條延長線上，亞洲社會在禮讚、追求美人的同時，基本上也對美人形成這樣一種固定的看法：「美人多是性格敗壞的」、「美人缺德」、「外表美不是美人，心靈美才是美人」，等等。

「排斥美女」、「鼓勵醜女」的論調開始興起。這是日本在進入明治維新時期發生的事情。當時的修身教科書這樣說道：「美女往往趾高氣揚，而且缺乏德行。」這些內容冠冕堂皇地出現在《中等教科明治女大學》中。國家主義極度膨脹的明治時期（1868-1911），在道德教育現場，女性的容貌被當作是一個重要課題被人們談論。同時盛行這樣一種「醜女論」──即使長相醜陋，只要善良便是一個好女人。（井上章一《美人論》）

駐日比較文化研究學者張競教授研究發現，從《史記》開始，中國便圍繞著美人、美貌等問題，展開了「美人禮讚」和「美人不吉」的爭論調。而在《列女傳》中，《醜女禮讚》則達到了氾濫的程度。「醜女高貴」和「紅顏薄命」的論調，貫穿了中國和亞洲社會。而這種論調也不時出現在東亞文學作品中。

先讓我們來看看東亞中日韓三國的「傳統美女」形象都有哪些特點吧。

從人類學角度上講，中國人、韓國人、日本人同為蒙古人種、黃色人種。另外，這三個國家同屬於一個漢字文化圈，也在文化上保持著密

切聯繫。這一點也是被大家所認可的。可是，一直到近代，這三個國家對美人的看法都是不盡相同的。研究表明，清朝末期中國的美人，和明治時代的日本美人，以及朝鮮時期的美人都各不相同。清朝時期，作為中國的美人，首先要求她是裹足的。與此相反，在日本則把「齒黑」（黑色牙齒）視為美人的標準。朝鮮的情況稍微複雜一些，有些地區視裹足為美，而有些地區，則是把乳房外露視為庶民女性之美。

即便如此，我們也無法否定這樣一個事實：東亞傳統美人的形象標準，是在中國的漢字文明影響下，傳播、固定下來的。

提到美貌，首先可以用漢字表現為「明眸皓齒」、「蛾眉」、「柳腰」。就是說，要在「五官端正的基礎上，有一個楊柳細腰」，才是美人的標準。

在古代的中日韓三國，雙眼皮並非是美女的標準。當時的人們是把擁有狹長單眼皮眼睛的女人視為美女的。當時的人們重視的不是眼睛的大小，而是眼睛的明亮。「明眸」便是這一標準的尺度。「細眉」、「白齒」、「赤唇」，再加上白色的皮膚，便是中日韓三國古典文學作品中表現出來的美人、美貌的先決條件。

在中國，楊貴妃式的肥胖美人和趙飛燕式的消瘦美人概念曾一度並行。但到了前近代階段，更多的人把消瘦視為美人的標準，並逐漸將其固定下來。日本和韓國，在吸納中國漢字的同時，也接受了中國美人的標準。在這一過程中，形成了類似於中國的美人觀。

但到了百年前，通過從西方文明中吸收新的審美意識，亞洲的傳統美人觀和美貌觀，逐漸向西方傾斜。中日韓三國傳統上曾把「擁有一雙大眼睛的女人視為性格悍婦」，並認為「柳眉杏眼」的女人才是好女人。但是，進入近代以後，他們迅速轉而喜歡上了「熱情似火的雙眼皮大眼睛」。

另外，也表現出強調女人的身材、身段的傾向。人們越來越傾向於

強調女人的乳峰和臀部曲線。在1907年舉辦的第一屆日本小姐美女選拔賽獲獎者照片中，雙眼皮小姐佔據了絕對優勢。而獲得冠軍的末廣博子，也是一個擁有黑白分明的雙眼皮大眼睛的、西方式的美女。出現於文學、美術、繪畫或廣告中的中日韓三國摩登女郎，都強調了S形身材。出現於中國近代繪畫或廣告作品中的美女，其曲線美也得到了進一步強調。甚至以「八頭身」、「十頭身」、「十二頭身」的形式，強調一個女人的腿長。從1920年代的廣告畫中我們可以看到，畫面上的女人雙腿頎長，都是長著一副凹凸分明的西洋臉，只是穿著一身旗袍而已。儘管她們穿的是一身中國傳統服裝，身材卻是地地道道符合西方審美觀念的。1920到1930年代，在漢城出版的報刊上的貌美新女性，表現出同樣的特點。1910年代帶有西方特徵的東方美女形象大幅出現在繪畫、廣告、文學作品當中，以其性感、活潑、明朗的美感，帶給當時的人們無窮的快樂。東亞誕生於19世紀末到20世紀初的、「西方化的」美人徵象，就是在這種近代潮流中的形成的。

24. 席捲西方的「日本浪潮」

我們可以這樣用一句話闡明中日韓三國在文化上的特點。「中國是一個文章的大國，一個詩歌的大國；韓國則是一個歌舞的故鄉、歌曲的國家；而日本則是一個具有縝密美感的國家，是一個美的國家。」

即使是在今天，日本人縝密、優雅、漂亮的設計、服裝等，都表現出了他們獨有的審美意識，以至於他人難以望其項背。日本人製造的產品，除了優良的性能之外，也以它們的形狀、形式的設計，受到世人矚目和偏好。應該說，支撐日本產業的，正是其文化中的美感。

閱讀百年前西方人所寫的有關日本的著作，或者是日本紀行文章，

我們都會從中發現日本人有別於中國或朝鮮人的、卓越的美感和溫和的審美意識。在這些文章中，會經常出現高看日本人的題目和內容。

實際上，我們也許還不大清楚，但在100年前，西方卻因日本的浮世繪工藝而受到極大的震動，並掀起了空前絕後的日本浪潮（japonisme）。日本浪潮又稱為日本主義或日本趣味（japonaiserie）。這種日本文化浪潮，席捲歐洲和美國大地，並引起了西方文化的改觀。

早在17世紀，歐洲就已經開始關注中國的傳統工藝品，因此中國趣味在18世紀中期，就開始在歐洲流行起來。1667年文藝復興時期，歐洲就出版了《支那圖說》，通過介紹東亞神秘的版畫，興起了歐洲人的支那學熱。

日本文化當時已經混雜在中國趣味之中，因此也引起了西方人的興趣。因為能夠表現當時中國趣味的工藝美術品種，已經包含了諸多日本獨特的工藝。

但是，歐洲正式興起日本文化熱或日本浪潮，卻是從19世界末開始的。日本開國以後正式參加的國際博覽會，是1889年的第四屆巴黎世界博覽會。在此之前，1885年的第三屆巴黎世界博覽會上已經介紹了日本物產和工藝品。

1858年，第一任日本駐英總領事到處介紹日本的美術和文化，並於1862年參加倫敦博覽會，展出了自己收集到的600多件日本美術品，引起巨大迴響。

日本在正式參加的第四屆巴黎世界博覽會上，展出了大量陶瓷、工藝美術品、生活器具、書籍、浮世繪版畫和紙等，引起了歐洲巨大的迴響。博覽會閉幕時，所帶去的參展品幾乎售罄。

博覽會展期共為六個月，當時前來觀展的共有160多萬人。由日本幕府政府帶去的浮世繪版畫，和喜多川歌麿、葛飾北齋、歌川廣重、鈴木春信等日本代表性的民間畫家版畫作品，尤其受到了歐洲人的追捧。

19世紀末西方世界的日本浪潮，由此拉開了序幕。

西方人從來沒見過如此通俗易懂地表現出來的美感，因此紛紛拜倒在日本文化的「石榴裙」下。萬國博覽會在這一過程中起到了推波助瀾的作用。倫敦美術館收購了自1862年以來由貴族階層或收藏家珍藏的日本美術品以後，並在一般美術館和博物館展出。

每次參加法國、美國、西班牙等西方國家舉辦的萬國博覽會時，以日本美術工藝品為主的日本文化精髓，都在當地造成轟動，從而形成了日本浪潮，並在19世紀末催生了一種新藝術。

當時，歐洲人和美國人大量購買日本惹人喜愛的工藝品、古董、浮世繪、陶瓷、家具、樂器、漆器等參展作品予以珍藏，並展開研究活動。

在歐洲之所以能引起這種日本熱，原因就在於日本美術工藝品所具有的獨特的美感。何況隨著明治政府的開國方針，日本實施了積極進軍世界先進國家資本主義市場的政策。政府部門為了宣傳日本和日本文化，在日本傳統工藝品中傾注了全部力量。

從這個意義上看，19世紀末到20世紀初西方國家掀起的日本浪潮，可以說是西方人和日本人共同合作的結果。

日本文化熱在西方紮下根來，並在歐洲的設計、美術文化領域催生了新的藝術形式。日本文化的魅力究竟何在？

簡單說來，那就是日本式的、獨特的美感。日本人通過表裡如一的統一手段，表現出自己對自然和人類的感情。這正是日本獨有的美感特徵。

日本人最喜歡的動物有鳥、鯉魚、青蛙、蜻蜓、螃蟹、蝴蝶等；植物則有牽牛花、藤蘿、菖蒲、櫻花、野草、松、竹、梅、蘭等。這些主旋律，是西方所沒有的。構成中國趣味的松鶴、鯉魚、松、竹、梅、蘭、菊、牡丹、芍藥等也出現在了日本的陶瓷作品中。

此外，禮讚日本文化、介紹日本的書籍也陸續在西方出現，並深深吸引了印象派畫家。在日本美術的影響下，西方新藝術形式在世紀末開

始形成。

　　其中，值得關注的是，這些浮世繪等日本文化元素，對藝術家和收藏家產生了巨大衝擊，並促使印象派畫家積極吸收浮世繪藝術中的精華。著名印象派繪畫大師莫內、梵谷、高更等人都曾直接收藏大量浮世繪作品，並從中吸收養分。這對他們日後的創作產生了積極的影響。一直以來佔據著西方美術史絕對統治地位的對稱原則、黃金比例原則，在浮世繪的影響下分崩離析。

　　日本繪畫結構的秘訣在於非對稱性，而這種審美觀念滲透到西方繪畫過程，左右了西方畫家的美術運動。「以非對稱性原則結構畫面的構圖、平面描寫和鮮明的色彩渲染的空間感、充滿活力的創造性」等，正是日本美術的特徵。可以說，這是日本人植根於自然主義的日常性，在藝術中得到了昇華。（三井秀樹）

　　「日本浪潮」引起了西方藝術的革命。即使是在經過了百年以後的今天，日本獨特的審美意識，同樣催生了世所矚目的日本裝潢。日本的審美意識，與它所產生的美麗作品一起，深深吸引了世界。

25. 100年前西方人所寫的中國國民性論著

　　魯迅在生前曾四度談起幾本外國人寫的書，一直希望把它們翻譯成中文，介紹給中國讀者。1936年，在臨逝世（10月19日）前的10月5日，魯迅發表了題為《立此存照》的文章，這樣呼籲道：「我至今還在希望有人翻出史密斯的《中國人的性格》（《支那人氣質》）來。看了這些而自省、分析，明白哪幾點說的對，變革、掙扎、自做工夫，卻不求別人的原諒和稱讚，來證明究竟怎樣的是中國人。」

　　1926年7月2日，在《馬上支日記》中，魯迅也提到史密斯的《支

那人氣質》一書，強調應該予以重視。魯迅在1933年10月27日寫給陶亢德的信中，在提到日本人寫的有關中國人的論著時，又談到了《支那人氣質》這本書，並再次強調應該翻譯成中文。

美國的近現代中國研究學者費正清教授曾這樣高度評價道：「史密斯的《支那人氣質》雖然也有缺陷，但卻是一座中國人研究新的里程碑，他將成為後世社會分析的基礎。」

林語堂的名著《中國人》，也是在史密斯的影響下寫作而成的。自馬可‧波羅的《東方見聞錄》發表以來的數百年間，無數西方傳教士、探險家、旅行家、商人、水手、學者、政治家等，寫下了形形色色的中國訪問記、歷險記、中國人論等著作。其中，在論及中國社會、中國國民性方面最值得關注的，就是史密斯的《支那人氣質》。

亞瑟‧史密斯（Arthur Henderson Smith，1845-1932）的中文名為明恩溥，是一位美國開明的傳教士，在中國先後居住了50多年。在他所寫的有關中國體驗記作品中，屬《Chinese Characteristics》最為著名。這本書在被日本人涉江保翻譯到日本時，被譯成了《支那人氣質》（1896）。後來日本人白神徹將其翻譯為《支那的性格》（1904）。現在，中國翻譯出版的版本有《中國人氣質》（1995，敦煌文藝出版社），和《中國人的素質》（2001，學林出版社）等共十多種。

史密斯以他居住在中國的社會背景為基礎，寫成了這本書，並於1890年在上海的英文報紙《華北每日新聞》上連載了書中的部分內容。因迴響熱烈，美國的弗萊明出版社於1894年予以公開出版。出版當時，這本書便登上了暢銷書排行榜。

在書中，史密斯共分27章分析和歸納了中國人的國民性：保全面子；省吃儉用；勤勞致富；恪守禮節；漠視時間；漠視精確；容易誤解；拐彎抹角；柔順固執；智力混亂；神經麻木；輕蔑外族；缺乏公心；因循守舊；漠視舒適；生命力強；遇事堅忍；知足常樂；孝悌為

先；仁慈行善；缺乏同情；社會糾紛；共責守法；互相猜疑；缺乏誠信；多元信仰；中國的現實與時務。

從書中可以看出作者希望站在客觀、公正的立場上，全面闡述中國人性格特徵的努力。通過自己透徹的觀察，史密斯分析了中國人的多面性格，並對其本質的劣根性提出了尖銳的批評。

史密斯總是站在公正的角度衡量中國人的優缺點，並立體地剖析中國人的內在性格。這裡引述一段原文：「中國人對屬於『公共』的東西不僅不當一回事，或不加愛護，或佔用，甚至還偷盜。鋪路用的石子被人拿去用了，城牆上的方磚日漸減少。在中國的某個港口城市，外國人墓地的圍牆被弄得一塊磚也不剩下，據說是因為那個地方並不特別屬於什麼人。不久前，北京紫禁城裡發現某些建築物屋頂的銅飾物被盜，在皇宮裡引起了一場非常大的轟動……」

這段文字好像就是在指責今天在中國經常發生的偷竊現象，令我們感到臉紅。即使是在經過了100年之後的今天閱讀此書，仍然能夠感受到史密斯在很多地方都準確地點出了中國的現實，以及中國人的國民性。

他的書，行文通俗易懂，也很直接生動。當然，在他的文字當中，也會時時出現西方式的偏見，但我們也不能因這樣的缺陷而貶低這本書的價值。

《中國人的性格》可以說是百年來西方人了解中國人的入門書、教科書，從而對西方人產生了深遠的影響。不僅如此，這本書也對日本人的中國觀、中國人觀產生了極大影響。魯迅曾提到的安岡正篤的《從小說中發現的支那人的思考方式》，也是繼承了史密斯觀點的一本書。

不僅如此，在20世紀以來的中國人對國民性的反省、改造國民性的認識上，史密斯的著作也都在正反兩面產生了極大的影響。魯迅在後來猛烈抨擊中國國民性過程中表現出來的敏銳目光，也是因為在早年留學日本期間，閱讀了史密斯的《支那人氣質》，從中受到極大衝擊後開

始形成的。魯迅在臨逝世以前還懇切希望翻譯這本書，就已經很好地說明了這本書的價值。我們盡可以對史密斯這本著作中存在的不足之處展開猛烈批判，但卻無法否認他從一個異文化角度所指出的中國國民性弱點。名作之所以能成其為名作，就是因為其中具有某種不朽的價值。對我們而言，必要的是反省我們國民性的態度。

26. 中日韓三國火車的命運

鐵路作為文明社會一個可視的象徵，是一個社會集結能力，和提高人力物力效率不可或缺的因素之一。馬克思稱，19世紀人類的兩大事件便是火車的發明，和美國的淘金產業熱。其原因也正在於火車是人類社會重要的物流手段之一。

100年前，火車發出長長的汽笛聲在亞洲粉墨登場。作為一個重要產業項目的火車、鐵路，在中國和日本遭遇的命運，卻是天壤之別的。

接受火車這一新生事物的過程，也如實地反映出中日兩國在吸收西方文明時表現出來的不同特徵。回顧和比較百年前火車在中日兩國遭遇的不同命運，也對今天有著重要的啟示意義。

火車在日本是於1854年首次出現的。這是佩里提督率領的「黑船」（東印度艦隊）撬開日本門戶以後的第二年發生的事情。但當時展示在日本人面前的蒸汽機關車，只是相當於實物四分之一的模型，是佩里提督為了簽署日美和親條約，在第二次訪問日本的時候贈送給幕府將軍的禮物。

這輛蒸汽機關車，在設置於橫濱接待所後街上的軌道上，噴吐著白色雲朵一樣的煙霧，飛速奔跑起來。幕府官員看到這個情形，不禁一個個瞪大了眼睛。

對這種被稱為火車的西方產品，日本人表現出了極大的好奇，因此寫實表現火車的繪畫作品，一時間在日本各地成為搶手貨。日本允許美國在東京和橫濱之間設置鐵路。儘管運行情況不盡如人意，但日本隨後從英國政府借貸了鋪設鐵路的資金，並接受了他們的技術指導。於是，新橋市和橫濱之間的鐵路建了起來。1972年，這條鐵路開通剪綵儀式，在盛況空前的熱烈氛圍中正式開幕。《郵便報知新聞》稱，在2萬多圍觀民眾的狂熱歡呼聲中，天皇身穿禮服，率領同樣身穿禮服的政府高層官員，登上了火車。過了大約一個多小時，從新橋市出發的火車到達橫濱。

當時，日本根據「蒸汽船」的稱謂，把火車稱為「蒸汽車」。日本群眾對這頭奔馳的鐵馬表現出前所未有的狂熱。作為文明開化的象徵，火車受到了人們熱烈的歡迎。

當時，鋪設一條鐵路需要花費數量龐大的資金，因此對政府財政產生了很大的壓力。於是民間力量躍躍欲試，終於在1881年11月成立了日本鐵道公司。1891年9月，從上野到青森之間的鐵路全線開通。

鐵路和火車作為文明的象徵引起日本人極大的熱情。與此相比，中國當時又是什麼樣的情況呢？

事實上，火車出現在大清的時間，還要早於日本。居住在北京的英國商人，向清政府力陳鋪設鐵路的好處，並於1865年，在北京的宣武門外鋪設了一公里的軌道，以實物展示火車的魅力。

但是，清政府卻對西方人促進的近代化抱有負面看法，將其視為是一種「惡」的象徵。認為西方商人是想通過鋪設鐵路控制大清朝，掠奪大清的資源。在他們看來，這是一種「險惡的貪欲」，因此斷然否決了大規模鋪設鐵路的提議。日本人是從一種溫和的角度出發，接受火車這種新生事物的。而中國人卻在吸納西方文明過程中表現出了僵化的價值觀。一概從對立的、敵對的角度出發去認識世界的思維模式，至今還存

在於中國人的思考方式之中。

　經過了諸多的挫折，1876年，中國第一條用於運輸的鐵路終於在上海誕生。當然，這條鐵路也並非是中國獨立自主鋪設而成，這條上海至吳淞之間全長為十五公里的鐵路，也是由英國商會主導鋪設的。可不幸的是，清政府卻藉口沒有獲得正式認可，回收並破壞了這條鐵路。

　1881年，在北洋大臣李鴻章的主導下，唐山至胥各莊的鐵路鋪設建成。只是這條鐵路並沒能受到像在日本那樣的歡迎，反而引起平民百姓的強烈反對。老百姓認為，鐵路的鋪設破壞了風水、地氣等。開明的李鴻章長吁短歎，自己無論如何也比不上日本的伊藤博文。

　在民眾的堅決反對下，政府部門只得撤掉蒸汽機關車，代之以騾馬牽引車廂。這不能不說是近代中國上演的一齣非近代戲劇。近代文明象徵的火車，被騾馬趕下了歷史舞台。借用中國知識份子的一句話說：這種具有諷刺意味的畫面，使中國重新回到「緩慢前進的中世紀」。

　此後，日本在開始鋪設鐵路10多年以後，變身為亞洲最先進的國家，並在1895年的中日甲午戰爭中，宣示了日本文明的勝利。

　朝鮮在日本統治下，總算順利鋪設了鐵路。《東亞百科辭典》中說，1896年，美國人莫爾斯獲得了漢城至仁川的鐵路鋪設權。但由於未能如期找到投資商，莫爾斯於1899年將自己的開發權轉讓給了日本人。這年9月，京仁鐵路會社成立，並建成了從濟物浦到鷺梁津區間全長為33.2公里的鐵路。這是韓國出現的第一條鐵路。

　朝鮮的鐵路網，從一開始就是在日本人的控制下建成並營運的。正如鐵路是近代的象徵一樣，朝鮮的近代化，「實際上是經日本過濾以後，在朝鮮建設的過程。」

　鐵路在中日韓三國的命運，也正是這三個國家的近代命運的象徵。中國近代史研究領域的中堅學者、中國社會科學院歷史研究所雷頤曾這樣一針見血的指出：「鐵路這種新的交通方式，在近代中國數十年歷史

當中的發展可謂多災多難。鐵路的建設，圍繞著政府部門的明爭暗鬥，表現出新生事物在中國被吸納過程的艱難曲折。在這一過程中，新舊觀念之間進行了激烈的交鋒。它變成了各種政治力量的對立、國家與宮廷以及地方官吏之間的搏鬥、各派別之間的爭鬥及派別內部的內訌與利益之爭……真可謂是中國社會和官僚社會的一個『縮影』。」

27. 中日韓三國「文人」和「武士」的行為方式

　　回顧100多年前中日韓三國近代史軌跡，我們可以清晰地看到這三個國家在近代化道路上成功或失敗的路線。中國和韓國，正如兩國所自誇的那樣，長期以來一直是一個「文」的國家。而日本則與此相反，是一個「武」的國家。這種區別是一目了然的。中韓兩國都是以傳統儒教思想為核心構成的「文人」治理下的文治社會；日本則是一個以傳統尚武精神為核心構成的武治社會。這兩種社會形成鮮明的對比，其社會及文化模式、價值觀、行為方式等，也表現出鮮明的異質性。

　　筆者在研究過程中，吃驚地認識到的是：針對中日韓三國對比鮮明的文、武世界，中韓兩國在依然高看自己的「文治」的同時，卻認為日本的「武治」文化是「野蠻的」、「暴力的」。從而傲慢地認為，中韓兩國在近代只是暫時被日本這個「武士」打敗。如此一來，便疏於細究「文治」文化為何被「武治」文化打敗的原因。自我反省更是被忘得一乾二淨。

　　日本尚武的「武士」行為方式、價值觀究竟是什麼呢？對歷史上表現出來的樣貌加以整理，我們可以將其歸納為「實務性」和「革命性」。與此形成鮮明對照的，是中國和韓國以儒教文化為基礎建立起來的讀書人、知識份子的文人文化的「空論」和「文弱」體系，以及在此

之上形成的行為方式和價值觀。換句話說，中韓兩國的知識份子階層經常坐而論道，沉浸在「非生產性」的幻想中。日本武士總是佩帶著長刀，活動於生活現場，表現出行動的特點。而中韓兩國的儒教紳士、先賢卻總是握著一支毛筆寫寫畫畫，喜歡坐在一起爭論探討，卻回避在生命現場的直接行動與實踐。中韓兩國的人文經常耽於空想而疏於行動，即，缺乏行動能力和革命能力。

相對而言，日本的武士階級在思考過後，為了實現這個計畫，會迅速付諸具體行動。我們不妨例舉一下象徵性的歷史人物。在因受到西方衝擊被動開國這一點上，中日韓三國的情形是大致相仿的。但其行為方式，卻形成鮮明的對比。日本的武士、知識份子阪本龍馬、高杉晉作等人，在當時是隨身攜帶著可在西方列強通用的《萬國公法》和手槍的，從中不難看出他們出眾的實務精神。可是清朝知識份子卻整天手捧書卷，熱衷於坐而論道。魏源、嚴復、康有為等沒有一個人曾想到把實務性的手槍佩在身上。朝鮮的先賢朴奎壽、金允植等當代一流的知識份子，同樣是躲在事大主義空論的陰影中，因此也未能提出「武治」才是近代化最優先的選擇這樣一種觀點。

文人統治下的中國，一直以來在通過科舉制度系統，誇示它的文化力量。中國在清朝末期，有文官2萬名，武官7000名。當時，地方官員總數尚不到200萬。而正是這少數文人精英社會，統治了多達4億以上的人口。而在當時，日本僅有3300萬人口，卻以多達189萬武士階層的龐大規模，統治日本整體。

相對而言，中國的文人官僚階層只佔少數。但他們不需要自力更生，便可以在買辦貿易中獲利，同時也依靠國家支付的俸祿，過上滋潤的生活。但在日本，僅靠出口貿易，是難以維持武士階級的生活的。

因此，武士階級在經濟、產業革命方面表現出了極大的熱情，並把自己的力量傾注到模仿西方、「生產物品」的製造業當中。日本武士本

來就具有很強的實務精神，因此他們紛紛投身於以富國強兵為基礎的殖產興業熱潮。1892年，日本的產業、企業總數為3065個，總投資額為1億6371萬日圓。可是，清政府在1860年才開始發起「洋務運動」，因此在產業總數和總投資額方面根本無法和日本相提並論；1894年的統計資料表明，製造業企業共有15個，總投資額為2796.6萬元。無論是民間企業總數或投資額，都處於根本無法和日本相比較的水準。

文人精英份子主導的中國近代維新運動，其實務性和革命性都很薄弱，根本無法趕上日本。與日本近代工業製造業式的實務型相比，中國的經濟模式在勞動力過剩、缺乏人才和技術的情況下，選擇了「與其製造船，還不如購買船」的道路，致使中國陷入安於現狀的非生產型現狀。正因如此，中國未能形成自己的民族骨幹產業。而經濟產業的近代化也變成了「空中樓閣」。

事實上，深究起來，即使是在經過了百年以後的今天，這種企業原則仍然佔據著主流地位。因此，儘管改革開放政策實施了40年，中國仍然未能積蓄、形成龐大的民族骨幹產業，從而無法超越為世界企業打工的「世界工廠」這一局限。

另外，近代文人階層的革命、改革，也沒能準確找到革命的對象，沒能完成對貴族階級的革命。日本武士則發揮自己的實務性和革命性，熟練掌握了新的西方觀念和技術，並在科學思想基礎上，領悟到近代化模式。他們是首先拿自己開刀的。革命的目標也非常明確。中韓兩國則因為相同的文人階級的缺點，在近代革命過程中未能在產業、思想、社會等層面獲得成功。

近代中日韓三國的成敗，實際上也是「武人」和「文人」在行為方式上的差異造成的。這麼說也是毫不為過。對這兩種不同文化形態重新加以比較、分析、反省，自有其重要的現實意義。

28. 鹿鳴館——文明開化之花

東亞近代史，也可以說是向西方學習的「西洋化」歷史。近代、現代等近代史上的關鍵字本身就是西洋的產物。既如此，也可以說我們至今還生活於西歐化的潮流之中。而這也是我們的歷史、我們自己的精神史，以及我們自己的形象本身。

在非西歐化社會中，率先完成西歐化。其根源就在於日本對西歐化、國際化所持有的熱情，以及實踐能力。

雖說很多人容易把日本對西歐化的熱情說成是「猿猴的模仿」，但卻並不了解其對西歐的學習能力。日本有一座象徵性的建築物，可能有助於我們了解和認識日本學習西歐的能力。

這座建築就是鹿鳴館。作為日本文明開化的象徵，它也被稱為西歐化的象徵之花。鹿鳴館始建於1881年，並於1883年竣工。這是一座西歐文藝復興時期風格的二層建築物。

鹿鳴一詞，取自中國的《詩經》中的《鹿鳴》，日本是從「接待客人」的意義上，採納了這個名字的。鹿鳴館在1883年11月竣工，並舉行了盛大的竣工儀式。從此鹿鳴館開始作為一個風靡世界的國際交流俱樂部，聞名於世。

在建造鹿鳴館的背景當中，也隱含著日本的西歐化政策。自岩倉使團巡訪西歐以來，日本明治政府啟動了迅速學習西歐的歐化政策。這被日本當時稱為「歐化主義」。當時，日本社會普遍認為，只有向西方學習，實現西方式的近代文明這一條道路，才是日本避免重蹈清政府淪為西方殖民地覆轍的唯一選擇。日本政界的這種危機意識非常強烈。

所以，日本政府希望在文化、制度、風俗、習俗等生活方式和精神意識方面全面學習西方，並向西方展示日本近代化的決心和能力。

此前，在外務大臣井上馨主導下，日本於德川、幕府末期在西方列

強壓迫下，簽署了一系列的不平等條約。而對此加以修正，使日本在與西方平等的立場上展開交流，便成為日本的當務之急。

建於東京中心部位——今天的國際賓館附近的這座西方式的建築——鹿鳴館，是東京帝國大學建築學系外聘教授喬賽亞・康得負責設計的。在當時看來，這座建築物散發著濃厚的異國情調。

筆者手中收藏有畫家楊洲周延根據當時鹿鳴館舉辦的舞會、音樂會盛況創作的繪畫作品。從中不難看出當時的奢華。

1883年11月28日，日本政府邀請海內外1200位著名人士，舉行了盛大的落成式。在隨後召開的舞會上，日本年輕美女和少婦，與英、美、德等國的紳士，成雙成對地在圓舞曲的伴奏下翩翩起舞。

日本男人身穿燕尾服，女人則穿著巴黎淑女式的華麗服裝……此後連續數日，日本政府繼續上演了假面舞會、園遊會、音樂會等一系列西方文明開化的連續劇。「身穿洋裝，嘴裡叼著一支洋煙捲，一邊暢飲洋酒，一邊盡情舞蹈。」這就是當時典型的日本淑女形象。

為了能和外國人自由交際而開設的外語培訓課程也大受歡迎。1884年，一個名為揚森的外國人成為日本貴婦淑女們的舞蹈教練，負責向她們傳授舞蹈技巧。從此開始，鹿鳴館假面舞會便開始頻頻上演。

不僅如此，日本政府在鹿鳴館還舉辦了女學生手工作品拍賣會，以募集教育資金。而這種慈善活動，一度在上流婦女階層流行。

鹿鳴館舉辦的舞會，也成為政治家、上流階層的貴夫人緋聞的發源地。伊藤博文作為一個「情場高手」總理，與戶田極子伯爵夫人之間的緋聞，已成為坊間趣聞逸事。

但是，盛極一時的鹿鳴館，也遭到日本國民的反對，並在1887年9月，隨著井上角五郎外相的辭職，走上了衰退的道路。到了1941年，日本政府乾脆拆除了這座建築物。

在西方人看來，日本人的西歐化表現出了極端的特點。有些外國人

甚至對日本的鹿鳴館舞會連嘲帶諷。

　　事實上，日本一系列的歐化政策，並非是簡單的「崇洋媚外」，而是日本明治政府從自身低下的國際地位中感受到危機意識，作為解決方案推出的學習西方文明措施。正因如此，日本政府認為應該否定日本一直以來的價值觀，充分肯定西方新的價值體系，以此來填埋西方和日本之間的鴻溝。日本政府認為，這才是日本能生存下去的唯一道路。

　　於是，20年以後，日本終於脫胎換骨為亞洲最早的近代化國家。直到那時，朝鮮仍然是一個「沉睡的、隱遁的國家」，而大清依舊還是一頭「沉睡的雄獅」。

29. 100年前預測的上海萬國博覽會

　　奧運會和萬國博覽會已經成為衡量一個國家經濟文化發展程度的尺規。在亞洲，最早主辦奧運會的國家便是日本（1964），其次是韓國（1988），然後才是中國（2008）。作為亞洲近代發展線路圖，奧運會和萬國博覽會就是沿著這樣一條路線走進亞洲的。

　　世界第一屆萬國博覽會於1851年在英國倫敦舉辦。博覽會成為宣示主辦國國威的一個項目，同樣乘著西方近代化之風，在亞洲散發著濃烈的西方文明氣息。

　　1898年，戊戌變法失敗以後，梁啟超乘船逃亡日本。當時，日本船長在船上贈送梁啟超一本小說——日本的暢銷書《佳人之奇遇》。這本小說是日本著名政治家、小說家柴四朗（筆名東海散士）所寫的，是一本預測未來的政治幻想小說。

　　小說以留學美國的日本青年的生活為主線，暢想了作者對西方近代革命、東亞中日韓三國的歷史預測。各國獨立運動家、仁人志士等也大

量出現在小說當中。

梁啟超對此產生了強烈的共鳴,並在小說中得到了巨大啟示。到達日本以後,梁啟超創辦了《清議報》,並在上面翻譯、連載這本小說。於是,這本由日本人創作的政治幻想小說,在中國讀者群中引起強烈迴響。

1902年,梁啟超乾脆親自操刀,創作了一部幻想小說《新中國未來記》。為了全文發表這部小說,梁啟超甚至創辦了文學雜誌《新小說》。在《佳人之奇遇》的影響下創作的這部小說,,比魯迅的《狂人日記》整整提早16年。對中國的近代而言,這樣一部中國近代小說,具有極其重要的劃時代意義。透過這部小說的創作,向世界宣告「小說界革命」的,也正是梁啟超。

《新中國未來記》約有9萬字,共有5章,卻留下了未能全文完成的遺憾。小說虛構了從1902年到1962年這60年間中國的歷史變遷。

小說中,明顯包含著梁啟超的思想計畫:中國應該通過改革的方法,實現民主共和制。

小說設定中國將在1912年召開全國國會,國名定為「大中華民主國」。雖說這是一部虛構的小說,但梁啟超明確預言了從1902年到1912年,將成立中華民國。他甚至準確預言到中華民國將在1912年成立,並以南京為首都。

更令人驚歎的是,梁啟超還在小說中預言到「上海萬國博覽會」。他直言,在1962年,世界各國領導人將齊聚南京,參加慶祝中國維新50周年的世界博覽會。

筆者在為梁啟超超人的預言能力深深折服的同時,接觸了一些相關資料。結果發現,鄭觀應、康有為等中國知識份子,與19世紀末先於梁啟超預言了上海博覽會。

1893年,清末維新派思想家鄭觀應在其名著《盛世危言》中,提出了「富強救國」思想,並在政治、經濟、軍事、文化等各領域,提出了

改革計畫。他甚至提示，應通過召開世界博覽會的方法圖謀救國。他還
談到了在上海舉辦的必要性及其意義。

在1900年出版的《振興工藝製造說》中，他提出了通過舉辦博覽
會，獎勵各種工業、工藝的具體措施。鄭觀應恐怕是第一個具體提出中
國應舉辦世界博覽會主張的人。

1905年，經日本流亡到歐洲的康有為，早在1889年世界萬國博覽
會於巴黎舉辦之際，便三次登上艾菲爾鐵塔。他在認識到萬國博覽會重
要性的同時也開始關注像艾菲爾鐵塔一樣直沖雲霄的法國的自信和國
威。由此，他領悟到一個國家的先進與自信的重要性。

繼梁啟超以後，小說家吳研人在1905年發表了《新石頭記》，並預
言了上海萬國博覽會。

他在小說中說，賈寶玉重新回到人間，去遊覽的地方便是上海世界
博覽會。「浦東開了會場，此刻正在那裡開萬國博覽大會。我請你來，
第一件是為這個。這萬國博覽大會，是極難遇著的，不可不看看⋯⋯
一出門外便是會場，各國分了地址，蓋了房屋，陳列各種貨物。中國自
己各省也分別蓋了會場，十分熱鬧，稀奇古怪的製造品，也說不盡多
少。」

1910年，32歲的陸士諤在其小說《新中國》中，也預言了中國將
在百年以後舉辦上海萬國博覽會。

30. 中國近代最初的女留學生

1907年，袁世凱在天津創建北洋女醫學堂，並聘請中國近代第一位
女留學生金雅梅（1864-1934）出任第一任院長（兼總教習）。

金雅梅是個什麼樣的人呢？金雅梅又稱金韻梅，其英文名字Yamei

Kin。香港明鏡新聞網資料表明，金雅梅是出生於浙江省寧波市一個耶穌教長老之家，是家中的獨生女兒。幼年失去雙親的金雅梅，以中國第一位留學外國的女子而著稱於世。

金雅梅畢業於美國女醫學院。她是中國近代最初公立護士學校北洋女醫學堂的創辦人之一，在中國醫學發展史上做出過重要成績。

回顧金雅梅所走過的道路，可謂是曲折不平的。她兩歲的時候，父母便因當時流行的傳染病而相繼離世。到了中年的時候，金雅梅與丈夫離婚，因此也與自己的子女分離。在人生的道路上，金雅梅嘗遍了個中艱辛。

父母相繼離世以後，金雅梅被父親生前的至親好友、原美國駐寧波總領事麥嘉締（Divie Bethune McCartee，1820-1900）領養。

麥嘉締夫婦非常喜歡天生聰明伶俐的金雅梅。於是，在1870年，麥嘉締帶著金雅梅來到東京。因為在這一年，麥嘉締接受東京帝國大學的邀請，成為這所大學的外聘教授。

年滿六歲的金雅梅不得不離開中國，背井離鄉來到日本。從此，金雅梅便開始了她漫長的、動盪的國外生活。

金雅梅在日本讀完了小學、中學。如此看來，金雅梅確實可以稱得上是中國歷史上第一位到日本留學的女學生。

1881年，在養父的支持下，金雅梅到美國留學，開始專攻醫學。金雅梅就這樣成為中國近代史上第一位女留學生。

1885年，金雅梅以最優異的成績，在紐約醫學院附屬女子醫學院畢業。她也因此而獲得了中國近代第一位女子大學畢業生的榮譽。

大學畢業以後，金雅梅留在美國，繼續她的研究和實習生活。後來，她就職於華盛頓、紐約的醫院，並在紐約《醫學雜誌》雜誌上發表她的學術報告《顯微鏡照相機能的研究》，引起同行專家的重視。

留學期間，金雅梅「謙虛好學，重視利用各種醫療器具進行試

驗」，以此獲得了廣泛好評。

當時，「醫學」對中國來說，還僅僅是中醫學意義上的「聽診、問診、脈診」。金雅梅以她敏銳的目光，發現了近代西方先進醫學器具的意義所在。

金雅梅傳記資料顯示，在1887年，她已經是一位在美國紐約醫學界名聲顯赫的女醫師。

1888年，金雅梅終於回國，並在廈門一家教會所屬的醫療機構參加工作。次年，金雅梅患病，不得不前往日本接受治療。

1905年，她再次回國，並在成都生活了兩年。到了1907年，在袁世凱的委託下，金雅梅在天津創建了北洋女醫學堂，並出任總教習一職。

1908年金雅梅在天津創建的北洋女醫學堂，是天津第一所專門培養女護士的學校。學校設有婦產科和護理科兩個班，並設有直屬的北洋女子醫院。

《護理雜誌》姜月萍研究員的研究顯示，這所學校當時主要招收貧困家庭品學兼優的女學生，教材也都是直接使用國外教材。此外，在教育方法、護理實踐等規範，以及護士服等也都是積極採納西方和日本先進理念的。可以說，這是當時中國最先進的護士學校。

金雅梅也親自執教，獻身於醫學教育事業。她重視教學與實踐的結合，積極採納西方先進方法，同時聘請英國女醫師，出任學校的實習教習。她在擔任女醫學堂總教習的八年時間裡，以及長達二十多年的臨床實踐中，為中國近代醫學的發展做出了卓越的貢獻。

1934年，金雅梅因患肺炎而在北京協和醫院結束了她坎坷的一生。據說，現在還能在北京五塔寺的石刻博物館內，看到她的墓碑。

她一生所走過的崎嶇道路，似乎也正是中國近代醫學發展過程所走過的道路。作為一個很好地體現了女性近代化的人物，金雅梅是尤其值得一記的。

31. 日本殖民地時期朝鮮人的日常生活

百年前的日韓併合，以及在此之後延續了對朝鮮長達36年的統治，這都成為一種歷史記憶。

經歷了漫長殖民地生活的朝鮮民族的靈魂，被罩上了一層黑暗的陰影。因此，對這一歷史時期的回憶，也許會像重新揭開傷疤一樣，引起他們痛苦的歷史記憶。

拋開幸與不幸不論，僅就日本對朝鮮的殖民統治而言，也可以將其稱之為朝鮮近代史上具有絕對重要意義的一段歷史過程。這一段歷史，也決定了朝鮮此後的歷史。這也是不爭的事實。

然而，殖民統治歷史也是我們這個民族一直延續至今的、過去身分中的血肉，因此也沒辦法無條件加以遮掩、歪曲或回避。

朝鮮民族和日本民族一樣，在世界上形成單一民族的社會、文化。韓國著名作家李御寧先生在和筆者交談的時候曾指出，韓民族尤其善於抬高自身，而對站在我們對立面的敵人卻絕少寬容。

韓民族的愛憎總是表現出同質感、均質感，因此只要是別人、他者，尤其是像日本這樣的對象，無條件就會變成憎恨的靶子。所以，即使是對那段歷史的解釋，也都充滿了「憎恨」。而且絕不允許某一個人對此持有異議，完全表現出一種「氣勢洶洶」的狀態。

可是，被憎恨的絕對感情和「正義」遮蔽，以至於忘卻了的，卻是自我省察和反芻。

無論古今，在涉及日本殖民統治時期的時候，學術方面的研究和大眾意義上的言論，或者是私底下的雜談議論，絕大多數人都表現出一種同質感、均質感。

即，儘管經歷了日本帝國主義的殖民統治這一歷史時期，但當時親身體驗到的感情，隨著時間的推移而「風化」，乃至經過簡單的「觀念

化」這種過濾裝置,而變成無條件的「抵抗史觀」或是「賣國親日」這一對對立的觀點。

可是,這種對立的觀點,卻落下了一個極其重要的因素:歷史事實是因人類的日常生活而得以支撐的,但韓民族卻沒有談論這一「日常」的餘地。

在韓國,人們幾乎從不談論殖民地時期朝鮮人和日本人的日常生活,而且也很忌諱談論這一內容。政治、經濟、意識形態等儘管對歷史也很重要,但很多歷史時空,卻是由這一政治體制之下普通人的「日常生活」得以展開的。

最近,陸續有一些涉及到日本殖民統治時期韓國民眾日常生活的書籍問世,使那段歷史當中的「眾生相」重見天日。

隨著《我在朝鮮半島做的事》(松尾茂)、《日本統治下朝鮮真北的歷史》(酒井利雄)、《生活者的日本統治時期》(吳善花)、《殖民地朝鮮的日本人》(高崎宗司)等著作的相繼出版,日本殖民統治時期朝鮮人和日本人的日常生活慢慢浮出水面。我們不妨先來看一下相關內容。

漢城的日本人都居住在鋪有榻榻米的日式房屋裡,他們的房屋排列成行,形成了街道。而朝鮮人的居住區與這些日本人生活的街區隔著一段距離,他們在自己的房屋裡,收聽朝鮮語廣播節目中播出的傳統清唱。

有三五成群的朝鮮婦女圍坐在清溪川河畔,她們一邊洗衣服,一邊彼此歡聲交談。鐘路街電影院門前,為了購票觀看新影片的朝鮮人排成長隊,旁邊也能看到正在起勁叫賣餃子的中國人。

信和百貨商店人滿為患。

與酒吧女招待交談甚歡、高聲叫喊的醉客。

在和煦的春光中觀賞櫻花的德壽宮風景。

由於在學校沒有認真學習,孩子們被家長用柳條抽打,發出慘叫。

在冰凍三尺的漢江之上，孩子們飛快地滑著冰刀的身影。

漂亮的朝鮮少女親切地向前來問路的日本人指路。

這就是日本殖民地時期，朝鮮各地一個又一個風景。綜合分析日本殖民統治時期朝鮮人的日常生活記錄，日本人和朝鮮人之間的關係也談不上有多惡劣。文化不同的民族生活在一起，相互傾軋和反目的事情當然會時有發生。這一點，在人類學上早已有了實證。

但是，從資料上看，尤其是在城市，日本人和朝鮮人之間的反目成仇的情況比較嚴重。朝鮮人應該是用一種不大友善的目光，注視著在漢城大街上跤著木屐大搖大擺的日本人。不過也有相互之間建立了非常親密關係的日本人和朝鮮人。這是超越了民族的友情。

戰後重新返回「故鄉」的日本人教師，受到朝鮮學生的熱烈歡迎，一時被傳為佳話。

筆者這樣推測：把日本殖民統治時期的歷史視為一種固定的、意識形態上的「對抗──親日」二元對立，這自然有一定的道理。但我們也需要超越這種局限，通過觀察當時的社會生活情況，去認識歷史的態度。通過構成歷史的生活實像，去了解、重新認識我們和他人的過去，這是否也是對雙方都有利的方法？

32. 奠定朝鮮新文學基礎的《新約全書》

1900年，是一個風起雲湧的年代。3-4月，朝鮮的「活貧黨」（朝鮮王朝末期的一支農民起義）在各地開展聲勢浩大的起義運動。5月1日，電車開始在日本東京運行。8月義和團運動導致八國聯軍攻佔北京。12月，奧地利偉大的精神分析學家佛洛伊德出版《夢的解析》。

這一年，還發生了一件值得一記的大事。即，《新約全書》韓文版

在這一年出版。這絕非是簡單翻譯出版聖經的事件，而是一件具有重大歷史意義的大事。

「近代」湧入正處於開化期的朝鮮，令人印象深刻的都是那些陌生而又奇怪的藍眼睛西方人。而西方人在朝鮮人看來，是一個「外來者」。「近代」這種文明概念對亞洲而言，是以「西方」這種形式出現的。它有時帶有一種威脅性的意味，有時又具有富於魅力的面孔。

在我們的傳統觀念中，人們現在使用的韓文是從數百年前開始得到普及，並一直沿用過來的。但是，傳統觀念也不過是某種錯覺的產物。

事實上，五百多年以來，韓文一直在其宗主國——中國的漢文正統性影響下，成為只有婦女在小範圍內使用的文字，是一種被人歧視的對象。

為重新發現朝鮮的語言文字提供契機的，並非是朝鮮人自身，而是剛傳入朝鮮不久的基督教。西方率先傳入朝鮮的文明的「近代」項目有意識形態、思想、新式武器等許許多多，但基督教是其中最為重要的一項。

1594年，葡萄牙傳教士塞司佩代斯（Gregorio de Cespedes）在壬辰倭亂時期，以隨軍神父的身分來到朝鮮。朝鮮的基督教歷史從此展開新的一頁。

韓國的文學批評家、詩人張錫周曾這樣指出：「韓文是我們固有的語言文字。這是不容置疑的。所以，韓國文學當然是指韓國人用韓文創造的文學。19世紀末期隨著西方文明一起傳入的、開化期的基督教，打破了這片土地上舊的傳統和遺習、封閉的環境，成為構築新文化的先鋒。

「不僅如此，在翻譯《聖經》的過程中，人們也重新認識了簡單明瞭、通俗易懂的韓文。因此，這個過程對20世紀韓國文學的發展做出了巨大的貢獻。」（《20世紀韓國文學探秘》）

文字記載，1790年代，朝鮮共有3萬餘名基督教徒。由於遭到當時的實權派人物大院君的迫害，信徒和傳教士遭遇殘害的事件時有發生。經過1884年的甲申革命，對基督教的迫害趨於緩和，基督教文化才得

到穩固。

此後，安德伍德和亞扁薛羅（Henry Gerhard Appenzeller）等傳教士為了傳教、普及醫療教育，在渴望獲得西方文明的朝鮮開展了新文化運動。於是，亞扁薛羅在得到高宗的許可以後，建立了育才學堂。其他傳教士也開始陸續創建學校和教會。

安德伍德為了普及基督教，經過了一番苦思冥想，終於認定把《聖經》譯成韓文，是一個最好的辦法。於是，《聖經》翻譯工作於1887年正式開始，並於1990年出版了韓文版的《新約全書》。

參與翻譯工作的亞扁薛羅評價說：「翻譯《聖經》好比是把兩個國家連接起來的鐵路設施。巴拿馬運河開掘工程，恐怕也未必比這項工作更困難。」

文豪李光洙在1917年的《耶穌教對朝鮮的恩惠》一文中，對於這項成果，也給予了高度評價：「朝鮮文字和朝鮮語從真正的意義上承載起高尚的思想，恐怕是從《聖經》的翻譯開始的。如果日後朝鮮文學得以建立，那麼在朝鮮文學史的第一頁上，應該寫上《新舊約》的翻譯工作。」

1904年和1906年，人們對《新約全書》的部分內容進行了修正。隨後於1938年重新著手翻譯。在1952年，根據「韓文綴字法統一案」相關規定，《新約全書》修正版出版。

對此，張錫周先生指出，從基督教和韓國文學的關係上講，在成為韓國近代詩母體的「唱歌」（韓國近代音樂形式的一種）的發展過程中，改新教（新教）做出了巨大貢獻。基督教的「讚美歌」、「讚頌曲」對於催生朝鮮近代的「唱歌」，起到了決定性的作用。

基督教也對韓國近代報紙和雜誌的發展做出了貢獻。比如，在《獨立新聞》創刊以後立刻出現的《朝鮮基督教徒會報》等報紙，或者是聖教原則等書籍、報紙、出版業的發展，也都受到了基督教的影響。

　　基督教在朝鮮近代新文學的誕生過程中，留下了不可磨滅的足跡，
而這也為向世界推廣韓文提供了契機。

　　從各個角度上講，基督教在朝鮮的活躍，奠定了韓文的使用以及用
韓文創作的朝鮮文學的基礎。這一功績是不可否認的。在近代史中發現
的諸如此類外來文化，即他者在促進我們自身文化過程中起到了巨大作
用。我們不應過低地評價這種作用。

33. 朝鮮末期的社會真相

　　由於1910年8月22日的「日韓併合」，朝鮮開始了亡國的歷史。當
然，由於1905年簽訂了《乙巳條約》，朝鮮的亡國歷史實際上早就開
始了。500年來，一直以朝鮮民族的國家名義行施各項政治權力的李氏
王朝徹底消失了。

　　要想了解朝鮮王國的滅亡，以及朝鮮之所以滅亡的真正原因，首先應
該消除幾種傳統觀念的影響，同時也應了解朝鮮末期的社會生活真相。

　　首先，朝鮮民族的傳統觀念認為，在朝鮮變成日本殖民地以前，朝
鮮是一個完全獨立的國家。但實際上，朝鮮王朝的政治，在大部分時間
裡，都和明朝、清朝之間保持著朝貢關係，是它們的屬國。朝鮮只是從
形式上具備了獨立國的形象而已，但若是從外交國際法準則上看，我們
很容易發現朝鮮是一個「非獨立國家」。作為附屬於以中國為中心的東
亞天下體制的屬國，朝鮮一直遵循的體制，由於1894-1895年間的中日
甲午戰爭而崩潰。日韓之間的《乙巳條約》也正是在1905年簽訂的。
因此，朝鮮擺脫中國屬國地位的契機，也並非是偶然的。

　　還有，在我們的傳統觀念當中，很多人認為朝鮮在淪為日本殖民地
以前，一直都是一個很好的社會。並從這種觀點出發，對朝鮮的一切予

以肯定的評價，同時試圖絕對性地否定他者的行為。

這種傳統觀念似乎對朝鮮民族來說實在是理所當然的，因此，根本認識不到這種傳統觀念存在的問題。所以即使出現了足以推翻這種傳統觀念的證據，大多數人也都視若無睹。

朝鮮王朝，尤其是朝鮮王朝末期，其實際情況究竟如何呢？

現有的答案絕不僅僅是肯定的。首先，朝鮮王朝末期仍然存在奴隸制度。這是最為突出的社會現象。從朝鮮王朝開始，一直到朝鮮王朝末期，奴隸制度都是構成朝鮮社會統治原則的主軸。通過無數朝鮮末期外國觀察家所寫的朝鮮訪問記、朝鮮人論等著作，我們都能知道，在朝鮮末期存在大量被稱為「奴婢」的奴隸。這些著作指出，正是這些奴隸流血流汗的勞動，維持了朝鮮王朝的統治，以及社會的基本運行。

實際上，從高麗王朝初期開始延續下來的奴隸制度，在朝鮮半島一直維持了1000年，而不是500年。15世紀後期，向朝鮮王朝提供社會統治原則的是《經國大典》。從中我們不難看出，奴隸就像家畜一樣，被當作財產處理。這就是當時悲慘的社會現實。

1894年至1895年的甲午更張，是一個具有劃時代意義的革命運動。通過這次運動，朝鮮廢除了奴隸制度，從而使所有朝鮮人都成為平等的社會一份子。有些人傾向於把甲午更張看成是在日本的壓力或協助下獲得的成功，但從另一個角度上講，反而是在明治維新上獲得成功的日本人，以他們的經驗保障了甲午更張的成功。

接下來再讓我們回顧一下作為近代另一項重要象徵的道路交通情況。很多證言表明，在朝鮮王朝執政的500年間，朝鮮境內幾乎沒有可供人通過的安全道路。所以，當新任官員前來赴任，作為一種禮節性的客套，人們常問：「赴任路上，曾幾度陷入泥沼？」據說，幹線道路只能保證牛馬車勉強通過，也大都是田埂式的道路。

當時的主要道路——漢城和義州間的道路，由於經常有宗主國中國

的使臣往來，才成為唯一一條可稱得上是道路的通道。即使是這條重要交通通道，也因為經常需要維護，不得不由朝廷向地方撥款。但款項撥到地方以後，其中的四分之三都被地方官吏貪污掉了。最終，道路養護費用還得通過苛捐雜稅的手段，從平民、賤民、奴隸身上榨取。

更令人歎為觀止的是，所有的河川上，幾乎看不到一座橋樑，而朝鮮王朝以前原有的橋樑，也都被拆除了。李氏朝鮮王朝是在推翻高麗王朝以後建立起來的政權，所以為了阻止前朝軍隊來犯，朝鮮王朝下令拆除了橋樑。

即便是偶爾有一座橋樑倖免於難，上面也布滿了大大小小的窟窿，因此不知當地實情的人，在夜間通過橋樑時墜落身亡的事也時有發生。有人認為，橋樑和「腳」在韓國語中發音相同，其原因就在這裡。每年死於渡江的人不計其數，因此朝鮮各地都在舉行「鎮魂祭」（安魂祭祀活動）。

僅通過道路情況這一項，就可以發現當時的朝鮮人所處的極其窘迫、貧困的經濟環境。因此，他們的生活，距離「近代化」還是過於遙遠的。作為近代化人類生活的象徵之一，朝鮮的交通條件得到改善是以1894年中日甲午戰爭為契機的。朝鮮出現了鐵路。隨後，於1896年，日本人從美國人手裡買下了全長為38.9公里的「京仁線」鐵路鋪設權，並在1900年7月8日全線開通。在此之前，從漢城到仁川需要花費5、6天時間。但鋪設了鐵路以後，僅需2、3個小時就能到達。漢城的貴族最初看到鐵路，將其稱為鐵馬。據說當時有很多貴族，把整天坐火車遊玩當成是一種樂趣。

朝鮮王朝終於還是沒能以自己的力量，對經濟、政治進行近代革命、改革。借用卜鉅一先生的一句話說：「對朝鮮政府大失所望的知識份子，開始把眼光轉向了日本。他們在日本身上發現了足以成為朝鮮典範的東西。」

認真閱讀已經出版的《尹致昊日記》，我們就會發現：朝鮮末期在政治上處於無能、腐敗狀態，也不夠賢明，因此也難以自行進行改革。尹致昊是朝鮮末期最優秀的改革派知識份子之一。針對當時的朝鮮，他這樣悲歎：「啊，真是悲涼啊，朝鮮的現狀。既然連人家的奴隸都不如，卻怎麼一點都不想奮起抗爭？」（《尹致昊日記》）

日本帝國主義統治時期一流的民族獨立運動家、詩人韓龍雲也「看著朝鮮的失敗和日本的成功，不得不對朝鮮失望。他不得不自己想開一點，在對日本深感憂慮的同時，開始寄希望於日本。」（卜鉅一）

在朝鮮亡國的因素當中，其自身未能適應近代化潮流原因似乎更多一些。最終，日本替代朝鮮政府，迫使其實現了近代化──這也是朝鮮政府直接導致的後果。

34. 婦女第一次開始有名字

明朝滅亡以後，儒教根據地朝鮮以「小中華」自居。從中我們可以看到，朝鮮是在以自己的儒教體制為豪的。以崇拜祖先和男尊女卑思想為主形成的儒教國家──朝鮮，直到100年以前，婦女都還沒有名字。

在傳統社會中，除了特殊的情況以外，婦女也不使用名字，而只取一個姓氏，稱呼某某為崔氏或朴氏等，或者是採用這個婦女的出生地，以其家族之名稱呼她。所以，當時稱呼某某為「誰誰家裡的」、「誰誰媽媽」是非常普遍的現象。

1907年，在韓國統監部「裁可」之下，高等女子學校令得以頒布。隨著這項法令的頒布，女子學校漢城高等女校（京畿女校前身）於1908年創立。積極贊助這所學校的，就是當時著名的民族運動家尹孝定。他帶著自己的女兒尹貞苑，在遊覽了日本、美國以後，繼續巡訪歐

洲國家，經過了10餘年之後，才回到祖國。

在已經接受了近代文明的女兒尹貞苑的勸導下，尹孝定捐出了建校所需的土地和資金。第一學期，有100多名女學生入校。她們在學校像男孩子一樣接受訓練。年過30的獨身女尹貞苑擔任了這所學校的教師職務，並向學生灌輸男女平等思想。而尹貞苑也因成為朝鮮歷史上第一位女教師而名震四方。

學校在進行教育的同時，也針對學生開展婦女運動。19世紀末的朝鮮婦女運動，首先從東學及改新教（新教）起步。學校新的規定，把「男女七歲不同席」的儒教思想拋在腦後，讓男生女生在同一個布道席上參加「入道式」。學校也反對一夫多妻的傳統思想。

天主教在做彌撒的時候，同樣也是男女同席，並對外宣傳「在上帝面前，男女平等。」因此，在辦學之初，周圍的儒學家紛紛指責他們無視男女有別的聖人之訓，中傷他們為「男女淫亂學校」。

改新教也否定禁止改嫁法和妻妾制度。在這期間，《獨立新聞》開始宣傳女性的基本權利：受教育權、人權、參與社會活動權等。

當時，在儒教傳統下，男尊女卑思想已經根深蒂固。所以，由男人來促進和宣傳婦女運動，自然有一定的局限性。所以，婦女運動的主角，當然就該由當事者——婦女來承擔。

早在1898年，400多位貴夫人便摘掉飾頭巾，高呼著「為什麼我們要成為男人的附屬品！」組成了婦女團體。這個被她們稱為「讚揚會」的團體走上街頭，為婦女的受教育權、工作權、參政權大聲疾呼。

1898年，作為婦女教育事業的一部分，他們創建了順城女子學校，並由名為金養賢堂的婦女擔任了5年校長。她在任職期間，甚至率領學生走上街頭，以抗議活動的形式，積極開展婦女運動。

朝鮮新小說三大家之一李海朝所寫的《自由鐘》（1908），便生動地描寫了當時婦女的生活狀況。小說的開始部分描寫的，就是因生日宴

會而聚在一起的4位女主人公展開討論的場面。

　　她們主張：「政界腐敗是由於沒有學問的緣故；民族的腐敗，也是由於沒有學問的緣故；而我們女人同樣是由於沒有學問，數千年以來遭到畜生一樣的待遇。既然對我們國家而言，最為緊迫的便是學問問題，那麼就讓我首先來講講有關學問的事情吧。」隨後，作者以有關婦女教育、韓文發展、貴族歧視賤民問題、歧視婦女問題為議題，讓主人公展開了激烈討論。顯然，作者在這裡想要宣傳的是自由國民意識。「自由鐘」這個主題，也是來自於「自由意識」的。

　　實際上，在1907年，結成「進明婦女會」的婦女們，已經開展了新生活運動。她們主張婦女享有受教育權，提倡打破舊習與迷信，旗幟鮮明地宣傳近代意識。在此之前，隨著新戶籍法的出台，婦女勉強開始有機會獲得自己的名字。

　　那時，記錄在新戶籍上的婦女的名字，採用的大都是日本婦女名字，如淑、貞、順、子等。傳統朝鮮婦女的名字，很多帶有這些字。這實際上也是強調順從、孝道、貞潔的儒教思想導致的。

　　朝鮮隨後打破了婦女早婚的習俗，將婦女的結婚年齡從14歲提高到了16歲。當時，由於朝鮮的風俗，妻子嫁給一個比自己小十歲以上的小男孩的情況非常普遍，因此已婚婦女的苦楚不是一兩句話能說清的。民間也流傳著很多相關的軼聞趣事。

　　隨著婦女參與社會活動頻率的增加，參加工作的職業女性也多了起來。比如1900年回國的朝鮮第一位赴美留學生、女科學家朴艾斯特（Mrs. Esther Park, 1877-1910）便是其代表人物。朴艾斯特本名金點童，她在回國以後，在梨花女子大學附屬醫院的前身「保救女館」以及平壤的醫院參加工作，在韓國的理療事業發展歷史上留下了深深的足跡。

　　當時活躍於婦女運動中的還有寡婦金鎮星、個性鮮明的李賢俊，以及同樣是寡婦的金貞慧等人。她們為了婦女教育，參與籌建夜校事業，

為朝鮮的婦女教育事業做出了貢獻。

這所夜校後來發展成為開城鎮和女校，培養了大量婦女運動家、學者、教育家、文人、作家，成為婦女們學習的搖籃。

百年前的朝鮮婦女打破儒教傳統，勇敢地站出來開展婦女運動，為日後朝鮮婦女解放運動起到了模範作用。

35. 近代上海的朝鮮人

從百年前的近代開始，上海是繼滿洲以後，第二個與朝鮮人有著很深淵源關係的地方。借用尹致昊和柳光烈的話說，「上海對於朝鮮人來說，是一片充滿哀愁的土地」，同時也是「朝鮮近代最偉大產物」、「一世的先驅者」、「東洋之星」金玉均被暗殺的地方。

金玉均、尹致昊……還有他們的後繼者呂運亨、李光洙等蜚聲世界的人物……都與上海有著千絲萬縷的關係。對於這些朝鮮人來說，上海是他們的亡命之地，也是革命的產房。韓國的「臨時政府」，也曾在上海開展活動。

早在1894年3月，金玉均便從日本來到上海。當時他就投宿在日本人經營的東和洋行旅館。尹致昊的《金玉均的最後日子》（《三千里》第8卷第11期）中說，10年前的1884年，金玉均領導的甲申政變失敗，變成「三日天下」流產以後，尹致昊便流亡到上海，在位於美國租界的中西學院執教。

3月27日，接到金玉均的消息以後，尹致昊匆忙趕到東和洋行，去和他見面。尹致昊和金玉均暢談了很長時間以後離去。第二天，即28日，金玉均便被刺客洪忠宇刺殺身亡。近代朝鮮開化派領袖金玉均未能實現自己的青雲之志，便被自己的同胞暗殺，結束了他革命的一生。

上海對朝鮮人而言，就是這樣一塊充滿哀愁的土地。朝鮮人經常出入上海，是從1910年開始的。這一時期也正是日本帝國主義開始對朝鮮進行殖民統治時期。尤其是在1919年「三一獨立運動」以後，無數鐵骨錚錚的朝鮮人大量聚集到上海。

李光洙、呂運亨、申圭植、朴殷植、金九等知識份子、革命家都雲集到上海，他們在與中國近代革命之父孫中山接觸的過程中，共同探討朝鮮獨立的方針策略。

李光洙的《流芳百世的亡命客——上海租界的孫逸仙先生》（《三千里》第11期）、柳光烈的《上海和朝鮮》等文章內容，也都印證了這些人的足跡。

素有「東方巴黎」之稱的上海，即使是在中國，也可以稱得上是一個獨特的、中西合璧的大熔爐。在這裡，可以接觸到眾多在滿洲或中國其他地區無法接觸到的西方文化、思想，以及其他屬於外國的風土人情。

百年前的上海，也是中國最大的知識集散地。在近代史上，有一個比較有趣的現象。對此，日本東京大學中文系教授藤井省三曾指出：中國以日本東京為目的地開始的留學日本潮流，其源頭正在上海。

中國貪婪地吸收著迫近中國的近代歐美、日本等國的近代產業，以及近代精神。這也是中國歐美化的起源。自上海開埠以來，中國買辦階層逐漸開拓出了一條近代化的道路。而日本留學風潮，正是中國各地士大夫階層也想踏上這條道路的現象。

基於這樣一個歷史背景，近代朝鮮精神史的軌跡，當然也會從殖民地漢城、東京，以及上海這個大都市展開。這也是當時的時代特徵。

面對南京路，李光洙不禁讚歎，這是一條比東京的銀座還要繁華的街道。擁有這樣一條繁華街道的上海，對朝鮮人來說究竟是一座怎樣的城市呢？

中國版圖內的摩登的國際都市、享樂、頹廢的近代城市、從沉睡中

甦醒的中國新興城市……這就是當時的朝鮮人眼中的上海。所以，在當時朝鮮知識份子的上海紀行文字中會出現這樣一些描述：「乞丐成群結隊」、「到處都是強盜、訛詐之徒」、「百鬼夜行的戲劇上演的場所」、「東方巴黎」、「芝加哥式的城市」……

在具備了國際視野和明晰頭腦的尹致昊看來，中國是一個令其嫌惡的對象，但同時也能從這面鏡子中，發現朝鮮人的愚昧現實。出現於《尹致昊日記》中的中國人「是一個喜歡說大話的民族」，而且是骯髒落後、尚未開化之地的人。所以，他通過上海固陋的形象，映照出朝鮮慘澹的現實，並將其視為自我反省的「異文化之境」。

尹致昊通過自己的感官感受著中國的髒亂與落後。當時，剛剛踏上朝鮮的西方知識份子，也是出於同樣的理由，把朝鮮視為「野蠻、愚昧、落後」的國家的。在近代人的眼裡，這種不清潔的、臭氣熏天的氣味，也是評判一個國家野蠻與愚昧的一種尺度。

此後，過了10多年，李光洙、呂運亨等人也流亡到上海。雖然經過了很多年，但這些朝鮮人的感受與尹致昊極為相仿。在他們的眼裡，上海和日本及西方國家形成鮮明對照，凸顯出它的髒亂形象。在他們看來，中國人是「腐敗墮落、不清潔」的。這樣的評語可以持續羅列下去。

可是，李光洙作為一個知識份子、文人，卻對商務印書館大書特書，並且表露出羨慕與渴望之情。當時，商務印書館是中國最大的出版社，僅編譯人員就多達305名，為近代啟蒙出版了3800多種圖書。因此在李光洙看來，「藉助西方人之手，勉強拿著一本英韓詞典」的朝鮮就顯得無比寒酸了。所以他在《在上海》一文中這樣表白：「背著人偷偷流了汗。」

對於知識份子李光洙而言，商務印書館應該是上海的另一副文明面孔。近現代無數思想、意識、改革，都是從「移動」中產生的。正如韓國臨時政府在上海成立本身就是近代史上的一件大事，這些「移動」、

往返於上海和東京的朝鮮啟蒙者、獨立運動領袖的活動，同樣也是一件值得進一步分析的事情。如果深入挖掘「移動的思想」這一主題，我們將會有更多新的發現。

36. 近代上海的日本人

「上海也沒那麼遙遠。」這是日本著名現代女作家林京子題為《上海》的紀行文章中的一句話。

林京子的小學時代是在上海度過的，因此她也把上海視為自己的第二故鄉。林京子當時就讀於上海日本人創辦的國民學校（小學）。她們的課外讀物收錄了一位日本少年寫的詩。上面那句話，就是這首詩中的一句。

從歷史上看，雖說朝鮮人和上海有著很深的淵源關係，但日本人和上海之間的關係更為悠久。事實也的確如此，日本人和上海有著更為密切的聯繫。一提到上海的日本人，我們可能首先想到魯迅先生的畏友、終生的知己者內山完造。但是，在內山完造更早以前，就有日本人造訪上海，甚至生活於上海。

在明治維新（1868）以前，太平天國運動（1862）進入白熱化狀態時，就有日本傑出的維新志士高杉晉作造訪上海。他為中國文明所傾倒，隨身攜帶著中文書《數學啟蒙》和兩把手槍，隻身來到中國。此後，他將其中一把手槍作為禮物送給了阪本龍馬。1863年，伊藤博文、井上角五郎一行在前往英國留學途中路經上海。他們在上海了解到中國吸收歐洲文明的狀況，並為之而震驚。

上海雖然屬於中國領土，但西方的白種人文明，在那裡佔據著絕對優勢，且大行其道。正是這種現狀，讓伊藤博文等人大吃一驚。被稱為

「魔都」的上海位於長江流域，是中國的中心城市，也是中國的經濟、文化中心。由於在鴉片戰爭中失敗，清政府首先開放的門戶就是上海。因此，上海可以說是中國最早遭遇西方文明的城市。上海這個「東方巴黎」，也成為西方文明在中國的集散地，而令世界矚目。

由於不平等條約《南京條約》的簽訂，1845年11月，根據《土地章程》條款內容，在「受英國保護」的美名下，英租界誕生了。1848年出現了美國租界地，次年緊接著出現了法國租界地。所謂「租界」，就是「帝國主義國家在半殖民地中國行施各種侵略、不法活動的根據地。」

日本在中日甲午戰爭以後，強化了對中國的侵略，因此已經有很多日本人帶著各種目的生活、居住在上海。商人、政治家、大陸浪人、間諜、學生、女招待、知識份子、作家等行行色色的日本人訪問上海，或在上海滯留。1915年，在生活於上海的外國人當中，屬日本人數量最多。統計資料表明，這一年，居住在上海的日本人總數為17704名。

1871年（明治四年），日本和清政府簽訂修好條約，於是兩國間的正式開始國家交往。4年以後，日本的佛教淨土真宗的東本願寺在上海設立分寺。僅這一個行動，便促使250多名日本人移居上海。隨後，三菱商會、三井洋行在上海設立分社。而這些舉動，成為日本人自獲得甲午戰爭勝利以後大舉進入上海的契機。1905年，居住在上海的外國人總數為12000名。其中，日本人總數為4400名，超過了三成。

1914年至1918年間，由於第一次世界大戰的爆發，歐洲變成了戰場，所以很多外國人不得不撤出中國。這對日本人而言是一個絕好的時機。以紡絲業為主的日本企業如雨後春筍般大量湧現。於是，1915年居住在上海的日本人翻了一番。

1931年，上海的船舶吞吐量為2000萬噸，排在倫敦、紐約、神戶以後，成為世界第四大港口。隨著日本對中國出入口量的增加，日本

人數量也成正比增長。這也是情理之中的事情。（NHK《*航海共同租界*》，角川書店，1985）。於是，到了1941年戰爭時期，居住在上海的日本人，增加到了10萬餘名。（《*上海*》，上原，1949）

上海的虹口、北四川路一代居住的大都是日本人，幾乎可以稱得上是「日本租界」。虹口的主街道北四川路，真可謂是上海城中的日本城。在這條街上，有日本駐上海民團創建的小學校，也有圖書館、書店、出版社、報社、電報局、電影院、劇場、日本上海陸戰隊司令部……甚至還有日本寺廟。

首先讓我們來了解一下其中有關文化交流的事蹟。以「日本和中國共存共榮」為目的建立的東亞同文書院，是1901年創建的。這是一家從事中國問題研究，以及促進中日兩國友好發展的民間團體，同時也是培養了解中國情況的「知中家」的場所。它對日本人了解中國的情況，起到了巨大的作用。當然，這個民間團體也參與了以侵略中國為目的的間諜活動。

內山書店位於北四川路，其主人內山完造和魯迅的友誼一直流傳至今，成為中日文化交流史上的一段佳話。

內山完造先生所著的自傳書《花甲錄》中說，他當初來到中國是以銷售眼藥、宣傳基督教為目的的。到了上海以後，他首先開了一家書店，並雇用了一名中國人王寶良。1927年，搬到上海日本租界地的魯迅，偶然在內山書店購買了一本書。他們的友誼也從此開始了。

有很多關於魯迅和內山完造之間的友誼，以及中日友好交流方面的研究文章。筆者曾經於2009年5月，與前來日本參加內山完造紀念會的魯迅之子周海嬰先生會面。魯迅的後代和內山完造的子孫，仍然在延續著他們先輩的友情。這一點尤其令筆者感動。

從1910年開始，經過1920、1930年代，有無數日本的知識份子、文人訪問上海。其中有芥川龍之介、谷崎潤一郎、佐藤春夫、橫光利

一……都是日本文壇赫赫有名的人物。這些熟悉古典的文人希望以有別於過去的眼光，通過魔都上海來認識中國。創作了長篇小說《上海》的橫光利一，在書中生動地描寫了這座革命的國際都市。

日本人在近代上海史上留下難以磨滅的足跡。而今天，仍有眾多日本人出於經濟、文化交流的目的，生活在上海。從這個意義上講，歷史的形態雖然有所不同，但卻是在以它特有的方式重複進行。

37. 日本帝國主義殖民統治時期的建築

有人曾說，「只有歷史建築才是雄辯地講述時代的存在。」

能讓我們從視覺上認識百年前日本帝國主義殖民統治時期歷史的，首先應該是他們留下的建築物。

瀋陽南站（奉天驛）、大連賓館（原大和旅館）、漢城市政廳、臺灣的總統府（原臺灣總督府）……這些建築物建立在各自城市中心位置，一度是日本殖民統治的象徵物。它們至今還在喚起我們對那段殖民統治的記憶。

我們可以從兩種意義上觀察日本帝國主義殖民統治時期的建築物。一種是，這些建築物帶有日本近代（學習了西方的）建築特徵；另一種是，這些建築物超越了日本，已經成為中國滿洲（東三省）、韓國、臺灣建築的一部分。

日本建立在各地的建築物，超越了單純的性質，反映出當時殖民地建築之所以成立的世界狀況、政治、經濟及社會現實。因此，簡單地忽視這些存在，也可以稱得上是一種無視歷史的行為。

朝鮮總督府——這是日本統治朝鮮時期日本帝國主義建立的最宏偉、最具象徵意義的建築物。它已經於1993年被政府部門拆除，因此

我們只能從照片上一睹這座建築當時的風貌。《朝鮮總督府政廳新營志》等資料表明，1912年6月1日，舉行了「地鎮祭」儀式以後，朝鮮總督府政廳新建工程正式動工。

據說，總督府建築是由當時著名的建築設計師野村一郎設計的。政府部門把這項設計工作，交給了早在1907年便成功完成臺灣總督府設計的人物野村一郎。

1915年6月25日，在建築工地上舉行了「上棟儀式」。政廳建築工程於1919年3月竣工。1911年，朝鮮總督府的員工數為430名，但由於辦公場所為伊藤博文時期的統監部建築，總督府各部門分散到3個地點辦公，所以需要修建一個新的辦公大廳。日本政府在1912年確定徵用朝鮮王朝的王宮景福宮內的建築用地，並編列了300萬元的財政預算。

日本為朝鮮總督府所選位置，介於景福宮的正門光華門和國王辦理政務的勤政殿之間。因此，王宮正殿勤政殿被朝鮮總督府政廳遮住了。日本方面後來又決定把光華門拆掉。此外，康寧宮、交泰殿兩處宮廷大殿，也被移往昌德宮。此後，熱愛韓國文化的日本評論家柳宗悅，在《改造》（1922年第9期）雜誌上發表了一篇題為《為了正在消失的朝鮮建築》的文章，呼籲保留光華門。可以說，柳宗悅是一位具有國際眼光的日本知識份子。

「新政廳設計概要」內容表明，總督府政廳也是為了彰顯統治朝鮮之威儀的一種裝置。設計概要中說，「應該確保通過美麗的大道，看到總督府政廳的威儀。」因此，設計者在設計理念中融入了西方式的巴洛克風格，以突出總督府政廳的莊重威嚴。

下面，還是讓我們去看一看日本在海外建設的「五大車站」。南滿洲鐵道株式會社（滿鐵）是以鐵路為主項的一家企業。這家企業一直致力於驛站的整頓，因此在大型車站的建設上傾注了很多心血。其中，尤以大連、旅順、奉天（瀋陽）、撫順、長春這五大車站為重。

　　他們首先建設了奉天站和長春站。奉天是大清朝的陪都，也是東三省最大的城市，同時也是東三省總督衙門等滿清政府官署最為密集的城市。因此，也是日本為了順利進行統治，而必須控制的一個城市。

　　大連火車站竣工於1903年，當時是作為臨時車站修建而成的。此後，長春站的建設於1907年竣工。奉天站是於1910年竣工的，同一年，開始興建撫順千金寨火車站。

　　奉天火車站是一座由紅色磚石修建而成的西方式建築物，至今還在向世人展示著它曾經的儀容。這座建築，與竣工於同一年的東京火車站一起，向世人展示著它們與眾不同的風采。

　　東京火車站、奉天火車站，還有漢城火車站，這三者的外觀非常相似，可以稱得上是三胞胎。大連站於1937年重建時，將乘客的移動路線進行了立體化區分，因此成為具有劃時代意義的一個建築。負責設計的「滿鐵」工程科科長吉田宗太郎自誇，奉天大和旅館（現遼寧賓館）和大連火車站是自己的兩大作品。

　　在眾多日本人建設的賓館當中，屬滿鐵在其初創期建設的大和旅館最為著名。滿鐵在大連、旅順、奉天、長春分別建設了大和旅館。以大連大廣場──圓形廣場為中心修建而成的賓館，成為日本人和中國人以及西方人的交際場所，曾起到了重要的作用。

　　滿鐵建設的建築物，其外觀多表現出西方建築特徵，而且建築本身是由磚石結構而成，具有耐火、耐寒的特點。據說，達到了當時世界先進水準。

　　1990年代，韓國發生了「三豐百貨商店」及新建漢江聖水大橋坍塌事件。對此，韓國的媒體笑稱，「日本帝國主義統治時期建設的建築物，雖經過了60年，至今依然聳立在原地。而現在的豆腐渣工程僅過了這麼幾年就紛紛倒塌，這不能不說是一件極具諷刺意味的事情。」

　　「殖民地建築」也是歷史、殖民史的見證人，是統治者和被統治者

在施工過程中的協作產物。除了執政者以外，還有無數個人和團體被一張統治的網絡連貫在一起，因此可以說，殖民地時期的建築物，是與殖民統治聯繫在一起的。不管怎麼說，日本帝國主義殖民統治時期的建築物，是在獲得殖民地的過程中，被賦予了殖民地性質，因此也成為後殖民時期被殖民者的後裔的一種獨特記憶。

有人認為，「繼續使用、觀望殖民地時期的建築物，應該成為超越被殖民的痛苦記憶的力量源泉。」而筆者作為一個比較文化學者，更傾向於認為：殖民地時期的建築物，更應該是一種文化遺產。作為人類共同的文化遺產，它們應該是歷史活著的記憶和見證人。

38. 100年前日本人對中國的「訪書」活動

近代中日文化交流表現出一種雙向性特徵。人們通常認為，1895年中日甲午戰爭以後，日本更重視對西方文明的吸收。這已經成為普遍共識。

但事實上，日本人在吸收西方文明的同時，絲毫也沒有鬆懈他們對中國文化的交流與吸收。隨著20世紀中國興起留學日本的風潮，日本方面同樣興起了收集中國書籍、漢籍的熱潮。而這種熱潮，在20世紀初形成了龐大的規模。

這就是日本學者、文化人積極開展的「訪書」活動。所謂訪書，指的是為了進一步深入研究中國歷史、文化，而收集、採錄中國的古典文獻、圖書、珍本，以促進日本的中國學研究的學術活動。

在中國，至今為止關注的還只是中國人到日本留學、學習日本文化的歷史現象，而對日本人的訪書活動，幾乎視而不見，甚至是忘得一乾二淨。

通過日本著名史學家內藤湖南、出版人田中慶太郎、中澤等人的中國

訪書報告，我們可以大致了解到當時的訪書活動規模，及其活躍程度。

內藤湖南（1866-1934）作為日本的中國學研究開拓者之一，也曾對中國歷史學產生過巨大影響。到40歲以前，他一直從事的是新聞記者工作，是一個著名的「中國通」。41歲那年，他被聘為新建京都帝國大學教授，形成日本舉世聞名的中國學京都學派。

內藤湖南曾就此訪問中國，進行實地考察和學術交流活動。從他的記錄中可以看出，他與當時中國的重量級政治家、學者、新聞界人士等都有過交流，其中有些人甚至還成了他的朋友。內藤湖南造訪中國的目的，應該就是訪書。據說，在歷次的中國之行中，屬1910年在北京調查敦煌文獻資料，及1912年在奉天（瀋陽）故宮拍攝宮藏的滿文、蒙文文獻資料的收穫最大。

日本在收集資訊方面具有特別靈敏的嗅覺。1909年，日本方面了解到中國發現了敦煌文物的事實。清政府表示，將把敦煌文物移送到北京京師圖書館予以保管。內藤湖南等日本學者通過當時著名的中國學者羅振玉，掌握了這一資訊。於是，日本方面派出了內藤湖南等五位學者前來考察。

他們於8月末到達北京。一行五人在中國滯留了50多天，對敦煌文物和「內閣大庫文書」進行了詳細考察。可是，敦煌文物在運往北京途中，因地方官吏失職，遺失了很多珍貴資料。因此，內藤湖南等人接觸到的僅為佛教經典《金剛經》、《般若經》等早已被民間所熟知的佛教典籍。但據說，內藤湖南等人憑藉他們敏銳的嗅覺，終於還是發現了《相好經》等珍貴經文。

歸國以後，他們於1911年2月，在京都大學舉辦了「清國派遣員報告展示會」，向社會公開了文物經典，並進行了相關演講活動。《大阪朝日新聞》全面報導了這次演講活動，引起全社會的廣泛關注。

作為清政府宮廷檔案館的一部分，「內閣大庫文書」中包括了宋、

元、明各朝文件資料。這些都應是秘密保管的文件，可是根據內藤湖南等人的報告，這些珍貴資料根本未經整理，便隨意放置在內閣大庫內。令人無語的是，清政府管理者甚至都不清楚文件袋裡存放的是什麼資料。另外，如此輕易地把國家資料展示給外國人看，說明清政府管理者也缺乏相應的保密意識。

1912年，內藤湖南前往瀋陽故宮，收集了大量宮藏滿文、蒙文資料。這被日本近代中國學領域稱為滿蒙研究的「重大事件」。內藤湖南在《奉天訪書談》中說，他為了很早以前就開始盯上的資料來到奉天，獵取了大量資料。內藤湖南在1902年至1906年間，已經數次造訪滿洲，通過訪書活動，準確掌握了故宮的藏書情況。

1902年，他已經在喇嘛教寺廟——黃寺發現了被稱為寶物的《滿文大藏經》，並買走了《滿文老檔》、《滿文大藏經》等國寶級文物。在瀋陽嘗到了甜頭的內藤湖南，從1912年3月到5月，花了兩個月時間，拍攝崇謨閣內藏資料。《滿文老檔》、《御製五體清文鑑》等資料和字典（經康熙、乾隆朝完成的書籍）都在他的拍攝之列。內藤湖南非常了解中國人的「關係學」，所以在與奉天都督接觸之後，向其手下的外交官行賄，這才得以進入宮廷，拍攝圖片資料。

內藤湖南在他的報告書中這樣直言不諱：「中國官員甚至都不知道《滿文老檔》裡的內容。我們提出拍攝圖片的要求，他們似乎這才意識到它的珍貴性。」從中可以看出當時中國官員和知識界的無知。

在對中國的訪書活動中，絕不應落下田中慶太郎（1880-1951）這個人物。作為東京經營中國書籍的著名商鋪文求堂的創立者，田中慶太郎曾無數次造訪中國，購回大量中國古籍、書畫。

從1908年開始，田中慶太郎乾脆就住在北京。在滯留北京的三年時間裡，他購買了大量甲骨文、敦煌經典、《永樂大典》的散本等名品珍品。田中慶太郎和內藤湖南、島田翰並稱為中國古書三大專家。田中慶

太郎經營的文求堂，幾乎就是日本漢學家的沙龍，因此是東京一個著名的學術、社交場所。當時訪問日本的清朝官員和美國人，也都曾造訪文求堂，而魯迅、郭沫若、郁達夫等文人也都是這裡的顧客。

在1928年至1937年間，郭沫若在亡命時期曾居住在東京附近，因此自然而然成為文求堂的常客。1932年，文求堂出版了郭沫若的重要著作《兩周金文辭大系》等十本書。筆者也曾花高價購買到當時出版的郭沫若著作，發現其裝幀都非常精美。

由於篇幅關係，除此以外的很多日本文化人有關訪書的故事，就不在這裡一一贅述了。

總之，日本人的訪書活動是一種文化現象。正如中國學者所指出的那樣，日本人的訪書，「是日本為殖民中國進行的社會調查在文化領域的反應，它構成了近代日本中國學的組成部分。」

不管怎麼說，從日本人的訪書活動中，我們可以看出，日本人對中國文化的渴望，一度達到了「貪得無厭」的程度。

39. 日本殖民統治時期在朝鮮的日本人

日本對朝鮮的殖民統治，與西方的殖民統治有所不同，是一種定居式的統治。因此，如果把殖民統治定義為「侵略」，那麼這種「侵略」並不僅僅是通過軍人實現的，而是在無數沒名沒姓的「日本大眾共同參與下」，才得以實現的。

事實上，在日本帝國主義殖民統治時期，有大量日本人居住在朝鮮。但無論是教科書還是其他相關資料，都很少提及相關內容。對日本政府、日本軍人的統治，韓國學界在給予關注的同時，進行了大量的研究。但對於這種統治得以實現的日本民眾的生活狀況，卻幾乎沒有表現

出多大興趣。

在日本，已經出版了由朝鮮總督府編輯的《朝鮮的內地人（日本人）》、《朝鮮人口研究》等著作。高崎宗司的《殖民地朝鮮的日本人》也於戰後出版。這些作品對當時日本人的生活狀況，都進行了系統研究。

那麼，日本人在朝鮮滯留、生活，是從什麼時候開始的呢？

1876年2月，《日朝修好條約》（江華條約）簽署以後，朝鮮方面開放了釜山等三個港口。此後，於1880年12月，日本派出第一任駐紮辦理公使花房義質進駐漢城。於是，堀本禮造被聘請為朝鮮新創建的近代軍隊——別枝軍教官。此後，1883年2月，在漢城的周邊港口仁川港設立了日本租界地；11月，隨著漢城的開放，日本人開始在漢城居住。

最初移居、定居在朝鮮的日本人，主要從事的是日用品、陶瓷、藥品生意。他們大都圍繞著日本公使館的生活起居開展商貿業務。1883年4月，原來僅有16個日本人的日本租界地，到了年底，猛然增加到了400名。

和中日甲午戰爭時期的情況類似，隨著1904年至1905年日俄戰爭的爆發，居住在朝鮮的日本人也積極參與到支援前線的行列。於是，到了1893年，居住在朝鮮的日本人增加到了8871名；而到了1894年末，這一數字變為9354名。當時，隨著來到朝鮮的日本人數量的增加，日本政府確立了軍事、經濟、文化方面的統治策略，對移居到朝鮮的日本人給予一定的「移民獎勵」。

定居朝鮮的人數，在1895年末增加到了12303名。女性人數也隨之增加，於是在1897年，在漢城出現了京城夫人會。1895年10月，日本人參與政府的政策制定過程，導演了暗殺朝鮮國母明成皇后的罪惡事件。

當時，在居住在漢城的日本婦女當中，數量最多的是日本職業女性是「酌婦」（伺酒女）。每五位日本女性當中，就有一名酌婦。此外，

日本妓女數量也很可觀。其他雜貨商、餐飲業者也是主流。

1901年，韓國公使加藤曾雄在《太陽》雜誌上發表《韓國人民論》，稱朝鮮人口稀薄，因此是一個便於移民的地方，以此來鼓勵和宣導移民。日本的傳媒也一致鼓吹「移民論」，於是，日本的移民潮湧現。

1905年，第二次日韓修好條約（《乙巳條約》）簽署以後，韓國實際上已經淪為日本的殖民地。1906年，伊藤博文就任第一任韓國統監，韓國完全落入日本帝國主義的魔掌，於是日本人開始大舉進入韓國。1905年有42460名日本人移居朝鮮，1906年則劇增到80321名。於是，在漢城出現了日本人街區。本町、大和町、日出町等日本人積聚地開始陸續出現。從此，日本人開始大搖大擺行走在漢城大街上。木屐聲和軍靴聲合在一起，在漢城的街道上奏響軍民交響曲。

1910年日韓併合以後，日本人的數量不知不覺間增加到了171543名。而為了教育日本人的後代創建的學校，也增加到了128所。1914年，日本人的數量為291217名，平均每年增加了3萬名。而到了1919年，這一數量進一步增加到了346619名。

合邦之初，在朝鮮總督府工作的日本官員和職員，就不斷增加。其中，僅高層官員就達到了15113名。（金昌錫統計）

電力公司、鐵路公司、建築公司等企業也開始大舉進入；基督教傳教士在朝鮮的數量也隨之增加。當時，在朝鮮的日本人社會當中，存在兩種歧視現象。一種是全體日本人針對朝鮮人的歧視；另一種是上層日本人對下層日本人的歧視。

由於1913年「府制」的公布，朝鮮變成了日本的一部分，但表面上，朝鮮總督府規定，應該對日本人和朝鮮人一視同仁。即便如此，在現實生活中，民族歧視現象還是相當嚴重的。

通過當時的史料、記錄，我們也能了解到日本人對朝鮮人的歧視現象有多嚴重。親眼目睹了這種歧視現象的日本《朝日新聞》京城特派員

中野正崗在《我所看到的滿鮮（滿洲和朝鮮）》（1905）中，曾這樣記述道：「日本的同化政策幾乎是不可能的。」他說，日本人在召喚朝鮮人的時候，一定會先喊一聲「八格牙路」（混蛋）、「你這傢伙」。另外他還指出，日本人在與朝鮮人交談時，會毫無顧忌地對說，「你身為朝鮮人……」

當然也有深深熱愛、理解朝鮮文化的日本人。像淺川巧那樣深深熱愛朝鮮陶瓷和朝鮮人的日本人也不在少數。

1924年，朝鮮京城帝國大學（現在的首爾大學）建立。同一年，在景福宮內的建築裡，朝鮮民俗美術館開館。而日本的民間人士，在這些了解朝鮮文化事業上也傾注了自己的心血。1930年代，在「內鮮一體」的政策下，也有日本人反對殖民地統治，要求改善朝鮮人的勞動條件。

另外，還有一些日本人積極參與到朝鮮的「廢娼」運動當中。此後，被稱為「內鮮婚姻」的日本人和朝鮮人結婚的現象也逐漸增加。1926年，日本人和朝鮮人結婚數量為60人次，而到了1944年，這一數字增加到了5458人次，平均每年增加了109人次。

1945年，日本戰敗時，居住在朝鮮的日本人數多達77萬名。但隨著日本人撤出朝鮮，到了年末，這一數字急劇縮減到28000名。滯留在朝鮮的日本人大體上可為如下三類：①肯定自己行動的日本人；②天真爛漫地享受朝鮮殖民地生活的日本人；③自我批判、自我反省、自我否定的日本人。

40.「人種改良」成立嗎？

在近代，東亞在吸收西方文明過程中，曾有一個有趣的現象。即這樣一種思維方式──西方文明優越的原因在於西方人的體格、人種的優

越性。

隨著達爾文的進化論思想被介紹到東亞，誕生了這樣一種強制觀念：為了生存下去，必須對人種和民族進行改良。

這是中日韓三國共有的現象。但在日本，這種思想尤其普遍。明治維新以後，日本政府認為，日本不應像中國那樣淪為西方列強的殖民地、半殖民地。出於這種危機意識，日本人積極開展了「人種改良論」。

具體而言，日本人認為應該通過西方人和日本人的結合，誕生混血兒，以此為手段，改良日本人種。在世界上，通常將其稱為「黃白雜混論」。在日本正式提倡這種「黃白雜混論」的人是高橋義雄。他在1888年根據自己的改良思想，出版了《日本人種改良論》。

現在回過頭來反觀當時的這種思潮，似乎是把人類視為一種家畜。但在當時，人們卻是非常認真地對待這件事的。與先進的西方國家相比，日本仍然屬於一個落後的國家，而且從體格上講，也比西方人贏弱。因此無論是從心理上還是生理上，日本人都有一種「劣等感」。

從人種改良論的時代背景中，我們可以看出進化論的巨大影響力。在日本作家當中，也有人認為，最好能讓日本的妓女和俄羅斯男人結婚生子。1910年代，從西方翻譯過來的《人種改良論》在日本大行其道。而在這種思潮影響下，把人類視同家畜的想法，其實也隱含著一種優生學思想。

「人種改良」思想，後來在日本演變為「人種改善」思想。這意味著日本的思想從進化論模式，轉變為優生學模式。而這種優生學模式，後來衍生出日本的「斷種法」。於是，在1935年前後，日本提出引入「斷種法」的思路。但是，由於受到更重視環境而非遺傳的唯物論立場的批判，斷種法並沒能按計劃執行。後來，於1940年，斷種法改頭換面，以「國民優生學」的面貌重新登場。

在謳歌進化論的同時，日本也有一些學者尖銳地指出了進化論的負面影響。山內茂雄的《人類的進化》（1926）一書中有「人類的不便」這樣一個章節。作者在文中指出：「四足爬行的人類，開始直立行走以後，產生了諸多的不便。而這些不便，也引發了身體各部位明顯的不協調。」

現在有的理論甚至認為，人體是進化的失敗。而在100年前，日本人就已經認識到了這一點。這是尤其令人驚歎的。

百年前，優生學理論和進化論一起傳播到清末民初的中國。因此，當時的報刊上，認為中國人在身體上處於劣勢的「種族退化」觀點盛極一時。據說，自1912年倫敦召開第一屆國際人種改良大會以後，優生學理論才開始被大量介紹到中國的。

魯迅也於1919年把中國傳統文化比喻為祖先遺傳的「先天性梅毒性病」，向中國人提出警告稱，在將來進行社會改造的時候，應該接受「善種學」的處置。魯迅的弟弟周建人也是一位這方面的專家。他在1930年出版《進化與退化》的時候，還是由魯迅作的序。

五四時期的陳獨秀也很推崇優生學，並認為優生學具有一定的進步性。潘光旦作為一個傳統的優生學家，其著作中帶有濃厚的亨廷頓地理學理論色彩。亨廷頓認為，地理環境決定人類的身體和性格，因此中國的北方人將日益變得愚鈍；北方很少出現美女，而且北方女人也不如南方女人。

吸收了亨廷頓理論的張君俊是一位專門供讀過心理學、哲學的教授，但他卻對優生學、人種學懷著濃厚的興趣。在1923年，張君俊陸續出版了《華族素質檢討》（1944）等著作。他所處的歷史時期，正是日本帝國主義快馬加鞭對中國大舉侵略時期，因此中華民族正處於生死存亡的危機之中。他認為，中國人是一個有很多缺點的民族，所以「即使國土面積30倍於日本，人口多達日本的8倍以上，也遭到了日本的侵略。」

所以他認為，「中國人是一個退化了的民族，一個衰老、女性化了的民族，缺乏勇氣。全國的男女都普遍虛弱，表現出畏首畏尾的形象；而中國的男人，十之八九都是女性化的，也缺乏魄力。」他還全面吸納了亨廷頓的理論，強調中國南北人從本質上具有不同的民族性和體質。

於是，張君俊開始全面推廣了他的人種改良論。根據他的理論，在胎兒、嬰兒期，應該增加富含鈣質、維生素的食物，並提倡南方人應該移民北方。他強調，作為一種基本方式，應該強制計畫遺傳政策。

張君俊還提倡與日本人通婚，尤其提倡與西歐聯姻。他的計畫遺傳政策主張，應該隔離弱智、聾啞、精神病患者等人，以阻止其傳播。他甚至還主張，中國民族的40%具有生存權，而其餘60%，應該予以滅亡。這一點完全是繼承了德國納粹的優生理論。

總之，在「一對夫妻只生一個孩子」的計劃生育政策下，優生學原理至今還適用於中國。

41. 無窮花三千里華麗江山

「無窮花三千里華麗江山。」一看到這樣的文字，凡是朝鮮民族一員，都會心潮澎湃，對祖國的熱愛禁不住油然而生。筆者是在小時候觀看朝鮮電影時，初次接觸到這10個字的。當時，筆者便不由自主地沉入對祖先生活過的地方的遐想。

無窮花競相開放，金達萊漫山遍野——這就是朝鮮的華麗江山。可是，我們幾乎沒有細想過為什麼要把朝鮮稱為「無窮花三千里華麗江山」。我們只是毫無意識地跟著學唱這樣的歌曲，並在歌唱過程中自我感動。

「無窮花三千里華麗江山」是韓國的愛國歌曲（現在的國歌）中的

一句副歌。下一句為「大韓人，守土惟以大韓心。」

據說，尹致昊在培才學堂讀書的時候，對原來的校歌加以整理，於1907年創作出了現在的《愛國歌》副歌詞句。

無窮花自古以來就是朝鮮半島的象徵。無窮花又名槿花、木槿。在中國古代的《山海經》裡，便把朝鮮稱為槿城。

崔致遠在寫給唐朝的《謝不許北國居上表》中有這樣的段落：「向非皇帝陛下英襟獨斷，神筆橫批，則必槿花鄉廉讓自沉，楛矢國毒痛益盛。」這裡所說的槿花鄉指的就是新羅時期的朝鮮，而「楛矢國」指的則是渤海國。

朝鮮朝初期的姜希顏所著《養花小錄》中，對無窮花這樣描寫道：「我們的檀君開國之時，長出了十株無窮花，所以中國把我們國家稱為槿域。」

徐筠於1597年前往明朝時，渡過鴨綠江，路經現在的東北地區時，吟誦了這樣一首詩：「遼闊的田野上楊柳依依/長長的圍牆高及長滿槿花的山崗。」當然，徐筠在詩裡所吟誦的無窮花並非是長在朝鮮的，而是長在東北大地上的。從這裡我們也能知道，東北地區當時也生長著很多無窮花。

據說，在朝鮮時代，人們沒有讚美無窮花的習慣。當時，朝鮮把李花指定為皇室的象徵，並下令在漢城的駱山腳下大片種植。而且，李花圖案在當時也被大量使用於建築物的裝飾。

無窮花是在19世紀末至20世紀初這段期間成為朝鮮國花的。百年前，朝鮮的知識份子從日本了解到，日本把菊花指定為國花，並將其視為國家的象徵。於是他們意識到朝鮮也應該確定自己的國花。他們在把什麼花確定為國花這件事情上煩惱了很長時間，最後選擇了無窮花。

因為在他們看來，無窮花在夏天開花，花期一直持續到秋天，這種堅韌的精神就應該成為朝鮮國民性的象徵。結婚時，女人的婚禮服上刺

繡的無窮花圖案，實際上也象徵著多子多孫的無窮生命力。現在韓國的國徽、國會大廳都採用了無窮花圖案。韓國全境正如崔致遠自稱的那樣，是一個「槿花鄉」。

朝鮮民族喜歡的鮮花有金達萊（迎紅杜鵑），以及和金達萊一起漫山遍野競相開放的野百合、象徵著日本殖民統治時期抵抗精神的鳳仙花（還有同名歌曲）、大波斯菊等。

無窮花的花期很長，但卻從不炫耀自己的華麗。這也是無窮花這個名字的由來。19世紀末，朝鮮各女子學校在刺繡朝鮮半島圖案時，最為流行的便是採用無窮花圖案，而且把出現在愛國歌曲中的無窮花視為最值得稱頌的鮮花。

據說最積極推廣和普及無窮花的是安昌浩和南宮憶二人。

朝鮮無數次戰勝了外部勢力的侵略，這種不屈不撓地堅守國土的精神，不也正是無窮花象徵的意義所在嗎？

無窮花不似中國的牡丹，它從不炫耀自己的富貴與榮華；也不像日本的櫻花那樣，象徵著燦爛的瞬間死亡。無窮花是愛國和民族自尊心的象徵，也是無窮生命力的象徵。所以直到今天，韓國人仍然一如既往地熱愛無窮花，並推崇它的樸實無華。

韓國著名文人、翻譯家金素雲在他的《木槿通信》中，這樣提到他居住在日本期間種下的一棵無窮花：「我居住過的房屋早已消失，曾經站立在庭院中的無窮花恐怕現在也不再開花。但是，一閉上眼，那開滿白色花朵的形象，便會重新浮現在我的眼前。」

朝鮮半島南北全長為三千里。由於朝鮮半島開滿象徵著無窮生命力的無窮花，人們才把朝鮮半島稱為「無窮花三千里華麗江山。」但是，三千里華麗江山南北分裂距今已經過了60年。一想起遙遙無期的統一，禁不住悲從中來。

42. 祭祀敵國犧牲者的日本傳統

　　這是中日甲午戰爭時期真實發生過的事情。1894年9月，日軍和清政府最強大的軍隊北洋艦隊開戰。過了整整一個月以後，北洋艦隊在黃海海戰中慘敗。然後在1895年2月，北洋艦隊在威海衛保衛戰中被日軍殲滅。日本聯合艦隊司令官伊東祐亨（1843-1914）勸北洋艦隊投降。但是指揮北洋艦隊的水師提督丁汝昌（1836-1895）拒絕向敵國投降，並服毒自殺。如今，中國的教科書也把丁汝昌視為民族英雄，讚揚他的愛國精神和大無畏的英雄氣概。

　　當時，日本政府感動於丁汝昌寧死不屈的氣概，向中國政府提議，「應該向丁汝昌追授勳章」，但清政府卻未予理睬。於是，佔領了威海衛的日本人自掏腰包，為丁汝昌樹立了「壯士之碑」，以紀念這位英雄。

　　這真是令人費解的舉動。日本人為什麼會心甘情願自掏腰包，為敵國犧牲者樹碑立傳？還有類似的行為。1904年至1905年，在日俄戰爭中，旅順雞冠山變成了戰場。日軍同樣為戰死疆場的俄軍少將樹立了紀念碑。史料記載，在雞冠山攻防戰中，日軍死亡860名，俄軍死亡300名。戰爭結束以後，日軍不僅為友軍樹立了慰靈碑，也為敵軍犧牲者樹立了慰靈碑（為敵軍犧牲者樹碑，是日本人的習慣）。

　　安撫敵我雙方戰死者亡靈的「怨親平等」思想，自古以來作為日本的傳統文化，一直流傳下來。

　　最早的相關文字記錄出現於1000年以前的《日本記略》（平安後期）。平將門和藤原純友是當時的兩大逆賊，因此國家決定出兵征伐他們。歷史上把這次事件稱為「承平天慶之亂」。當時，朱雀天皇下令，由千名僧侶在延曆寺奉祀戰死於這次討伐戰的敵我雙方士兵。當時的奉祀文中這樣寫道：「無論是官軍還是逆黨，死去以後便都成為我國人，因此應該超越怨恨親疏，平等地安撫他們的亡靈。」

這種超越敵我雙方的界限，祭祀死者的思想傳統，一直在日本國內以及日本在外國的戰場上得到延續。

元朝攻打日本的時候，日本也分別於1274年和1281年建立了圓覺寺，並製作了1000尊地藏王菩薩雕像，祭祀戰死的10萬元軍。圓覺寺開山僧祖元和尚在其語錄中這樣說道：「在兩次作戰中戰死的敵我士兵，一旦死亡，萬象便歸於魂魄，因此對其亡靈予以撫慰。」當然，這裡所說的元軍，指的是蒙古軍隊。

這種「怨親平等」的思想，對中國或朝鮮來說是不可想像的。我們甚至可能認為這種行為非常荒唐。因為我們的儒教傳統思想，與日本的這種傳統是格格不入的。在我們看來，敵我雙方是不共戴天的。「不共戴天」這句話最早出現在《禮記・曲禮・上》中，意思是：不願和仇敵在一個天底下並存。因此，通常的做法便是「有仇必報」，直至一方徹底消亡。

對異質的他者、迫害自己生命和利益的敵人的靈魂予以包容，這種想法本身，在儒教文化傳統社會中是不可能出現的。因此，直到現在，我們也普遍認為要「痛打落水狗」。此外，掘敵人的墳墓，將敵人暴屍街頭，這還不夠，甚至還要對其施以「鞭屍」方才解恨。這些歷史事實，至今還深深烙印在我們的腦海裡。

日本人獨特的文化習俗實在是令人驚訝的。他們認為，死去的仇人，就應該視同平等的靈魂。這種習俗當然也是起源於佛教「怨親平等」思想的，但它卻成為日本人精神結構的一部分，完整繼承下來。

壬辰倭亂時期，在豐臣秀吉侵略朝鮮的時候，幾乎沒有哪一個日本人不知道數次擊敗日本水軍的民族英雄李舜臣。他對朝鮮來說顯然是一位民族英雄，但對日本而言，他卻是一個敵軍將領。但是，日本海軍卻超越了敵我仇怨的概念，對他給予了高度的評價。在日俄戰爭期間，日本海軍在韓國的慶尚南道鎮海要塞為其舉行了「鎮海祭」。

這種事實對我們而言，恐怕也是聞所未聞的，而且也可能被我們視

為是一種不可思議的舉動。豐臣秀吉發動侵略朝鮮戰爭時，日軍在各地為朝鮮陣亡士兵收屍，並為其舉行祭祀活動。當時，位居朝鮮政府要職的柳成龍的《懲毖錄》中，也對這樣的事實有過相關記述。鄭湛、邊應井等人在全羅道發動了武裝起義，但遭到日軍鎮壓而戰死。柳成龍對此這樣寫道：「日軍將雄嶺陣亡者屍體收集起來埋葬在路旁，並在墓前豎起寫有『朝鮮忠肝義膽』字樣的靈牌。」

還不僅是這些。對於日本人而言，擊斃了伊藤博文的安重根可謂是一個敵將，是一個恐怖分子。但和他一起被關押在旅順監獄的日本人千葉十七卻非常崇拜安重根，甚至在他被絞刑處死以後，還將他的遺墨和靈位供奉在佛壇，時時祭祀。

筆者的文友、駐日華僑專欄作家張石先生的學術調查結果顯示，在全面抗戰的8年期間，日本的《朝日新聞》報導日軍追悼中國陣亡將士的消息多達16篇。

直到今天，在日本依然隨處可見祭祀人和動物的供養塚或幽靈碑。在高知縣，甚至還有祭祀魚、菜刀、筷子的墳墓；崗山還有牛骨頭墓。這是祭祀那些因人類（被吃掉）而失去生命的魚、牛等動物的傳統。「草木國土悉皆成佛」——這種自然觀和靈魂觀，是日本人意識結構的一大特徵。我們是否也可以這樣理解：靖國神社也是根據「人一旦死亡便都成佛」的傳統文化修建而成的。日本人這種超越了政治和仇怨的觀念當中，其實也包含著「怨親平等」的文化思想。

43.「支那」的百年歷史

百年前，世界上對中國的稱呼，多了「支那」這樣一個名詞。在日本，人們在指稱中國的時候，尤其喜歡使用「支那」這兩個漢字。

在近代史資料、文獻當中，「支那」這兩個字也頻繁出現。「支那」、「北支」、「日支」等詞語幾乎成為日語中的固有名詞，出現在日本史料中，而廣為當時日本的研究領域所引用、使用。

在中國，無論是學術領域還是日常固有名詞應用領域，都不大使用「支那」一詞。即使是在翻譯日本人寫的歷史書籍時，也經常把「支那」改寫為「中國」。

筆者接觸到的中國學者，總是用「中國」或「中華」二字來替代「支那」，以此來回避「支那」這兩個刺眼的字眼。「北支事變」也被翻譯成「華北事變」，日本作為固有名詞加以使用的「支那派遣軍」也被翻譯成「中國派遣軍」。另外，滿洲國時代的用語如「日支滿親善」，也一定要改寫為「日中滿親善」。

數年前，在某次國際學會上，一位日本學者發表了一篇論文，其中在引用百年前的歷史資料時，這位學者直接使用了「支那」這一表述。會議結束以後，在晚上召開的宴會上，一位中國的學者向他表示，最好不要使用「支那」這樣的字眼。於是，日本學者便向他反問，這是尊重當時歷史事實的做法，是一種事實求是的學術態度，有何不妥？對此，中國學者義正詞嚴地抗議，這是一個侮辱中國的詞語，所以應該盡量避免使用。最終兩個人誰都沒能說服誰，爭論不了了之。

對於近代史，中國懷著極其複雜的自尊心。在西方列強，乃至日本帝國主義的侵略下，中國淪為殖民地、半殖民地國家。這段近代史，對於中國精英知識份子而言，尤其是一件傷自尊的事情。因此，即使外國人只是單純地　述了當時的歷史事實，但對於當事者——中國人來說，卻絕不是一個可以等閒視之的行為。因為這種做法極有可能成為一種往傷口上撒鹽的行為。

「支那」這個字眼就是其中之一。筆者在日本見過不少這樣的政治家或知識份子：他們在指稱中國的時候，似乎只有使用「支那」而非

「中國」，才能準確表達他們的意思。

　　當然，日本雖然是一個言論自由得到保障的國家，但我不禁很想問問他們，難道非得使用「支那」這種帶有明顯暗示意味的字眼嗎？當然，作為史料中的固有名詞，中國的學者有時也會引用「支那」這個單詞。

　　問題在於，使用「支那」這一表述方式，將刺激中國，使中國人產生極大不快。在日本部分政治家、學者偏偏採用「支那」這樣的表現方式的背後，其實隱藏著他們刻意蔑視、侮辱中國的含義。真正成為問題的是偏偏使用「支那」的態度，而不僅僅是「支那」這一固有名詞。

　　那麼，「支那」究竟是什麼呢？駐日歷史學家劉傑先生曾這樣指出：「『支那』這一表述方式，從某種意義上講，也可以理解為近代中日關係史上最重要的關鍵字。因為這個詞語是一面直接映照出日本人和中國人對彼此的認識，以及歷史感覺的鏡子。」

　　「支那」這個單詞是如何產生，又具有怎樣的歷史呢？關於這一點，事實上我們了解得並不深刻。

　　相傳，西元前221年，秦始皇統一中國以後，中國的威嚴波及到了遙遠的印度。而印度方面當時是用「chin」這一「秦」的漢字發音來指稱秦國的。後來，這個稱謂一直沿用下來，變成了指稱中國的固有名詞。

　　《近代日中交涉史研究》（佐藤三郎）中這樣說道，在日本，一直到近世紀中葉，都還沒怎麼使用「支那」一詞；從明治維新以後，一直到日本在二次世界大戰中戰敗，這段期間使用的，幾乎都是「支那」二字。清政府還沒有被推翻之際，日本有時直接稱其為「清」，有時也稱之為「支那」。日本人經常把孫中山稱為「支那人」。

　　正如我們在上面了解到的那樣，中國最早是從印度引入「支那」這兩個字的，是為了研究佛教出訪印度歸來的僧人。在聽到印度人的發音以後，中國的僧人將這一發音書寫為「至那」、「脂那」、「支那」等

　　「支那」這樣的表現方式，散見於玄奘、義淨等出訪印度歸國的僧

人留下的記錄，或中國的佛教文獻中。

據說英語和德語中的China，以及法語中的Chine，其語源都是相同的。這樣考察下來，其實「支那」這種表述方式中，原本並沒有歧視的含義。而且，「脂」、「支」更含有一種「忠實」和「至高無上」的意思，因此反而帶有一種推崇和炫耀中國威儀的含義。

但是，進入19世紀中期以後，「支那」這一詞語在日本被頻繁使用，而且是在藐視中國的意義上使用這一詞語的。這是佐藤三郎研究指出的。1860年代以後，「支那」在日本普及開來，而中國人和中國的留學生也直接沿用「支那」這一表述方式。魯迅、郭沫若也都曾說「支那」並不含有貶義。但是，與「大清國」、「中華」所含有的對中國尊敬的意思相反，「支那」逐漸被人們用來蔑視中國。到了辛亥革命以後，尤其是隨著人們反感日本的「二十一條」，對「支那」產生了不快的印象。

44.「春宮畫」裡的近代風

筆者在1998年寫作《中國性文化》的過程中，曾廣泛接觸過中國歷經5000年多姿多彩的情色文化資料。

了解一個國家、民族的方法，不應僅限於其政治、社會、文化、藝術等表象性的文化層面。只有了解到其底層由男女關係構成的深層內涵，才能把握正確的方法。在這一過程中，筆者收集一些了中國和日本的「春宮畫」。

進入百年前的近代以後，春宮畫也由於受到已成為時代潮流的西方文化影響，出現了一些有趣的變化。給日本的風俗畫浮世繪帶來直接影響的，就是中國自古以來流傳下來的春宮圖。

　　春宮畫又稱為「秘戲圖」、「隱側畫」等。明朝郎瑛所著的隨筆集《七修類稿》中說，「漢成帝畫紂踞妲己而坐，為長夜之樂於屏，春畫殆始於此也。」由此推測，春宮畫是在成帝以前的西元前2世紀被確定下來的一種藝術形式。張彥遠在他的《歷代名畫》中說，周朝時期，繪畫顏料進一步發展，因此可以在繪畫中使用五種顏色。

　　唐朝的春宮畫經過畫冊、畫卷等樣式，發展到了明朝以後出現了木版畫、畫冊、畫本等多種樣式的春宮畫。

　　明清兩朝的春宮畫，由於熱衷表現《金瓶梅》中的色情場面，帶有令人「肉麻」的特點。日本著名的中國文學研究家、北海道大學的中野美代子教授指出，日本的春宮畫中，經常把男女的性器官加以放大，以遠大於身體正常的比例進行描寫，其原因之一是：「窺視」這一關鍵字貫穿於日本春宮畫中。與此相對照的是，中國的春宮畫排斥這種「窺視」主義，而多表現為一種「肉麻」感。

　　中國春宮畫的背景大多都不是密閉空間，而是開放的空間。也就是說，男女之間的性交、親吻、手淫等性行為不是在密室，而是在開放的寢室、庭園、書齋、廊簷下等場所進行的。比如說，在宅邸庭園的某個角落上演的一場情事等。而旁邊多設有欄杆，園內也多有人工湖或河流。將湖水和河流設為部分園景的庭園，大多都位於高處，可以算得上是一個優雅的自然環境。另外，經常能從中國的春宮畫中看到太湖石，以及挺拔的樹木。太湖石上的橢圓形孔洞，象徵著女陰，而挺拔的樹木則象徵著勃起的男性生殖器。此外，庭院中盛開的牡丹花，也是女性的象徵。

　　用一句話來概括，這是一個開放的性空間，是一個敞開的性的世界。明清時期春宮畫，塑造的多是江南文化創造的典雅環境，因此也成為文人墨客喜愛之物。這樣一種環境的營造，實際上也是在讚美以南京、蘇州、杭州等地為中心的娼妓文化的繁榮。春宮畫中的很多場面都

能使人聯想到蘇杭一帶的庭院、園林，其原因也正在這裡。

這些風月場所，或者是自然園林、庭園、涼亭、書齋，成為貴族文人趨之若鶩的地方，表明中國特有的一種奢侈現象。春宮畫作為一種長生不老的祕籍，一直被文人墨客所喜聞樂見。春宮畫的主要作用，還是作為性生活的一種前戲，喚起當事雙方的性欲，以確保他們充分享受這份雲雨之歡，是一種性生活的輔助材料。此外，也有人認為，春宮圖也是指導皇帝和民間女子性生活的教材，有些類似於現在的色情圖片。

高羅佩（Robert Hans van Gulik, 1910-1967）在他的《中國古代的性生活》中這樣指出：「春宮畫通常作為性教育和解悶的材料被廣泛使用，同時也起到了與護身符相似的作用。據說直到近年，中國還有一種把春宮畫放進小孩子內衣裡的習慣。」中國人認為，這有助於驅除妖魔和災禍。

另外，中國的春宮畫中，男女都是全裸的，而且生殖器也顯得很「弱」，同時展示著身體所有部位。這表現了中國房中術中所提倡的「養生」性交體位。有時，一些體位看上去蠻有創意，但實際上是不可能實現的。

日本的春宮畫對性器官的以及陰毛等描寫都過於逼真。與此相比，中國春宮畫中的男女性器官大都很「弱小」，性器官幾乎都是無毛狀態，男女主人公大都帶著一副「童顏」，且幾乎面無表情。這種人物，看上去總覺得有些可愛。道家養生思想和具有濃厚仙境意味的景致巧妙地融合在一起，這使得中國的春宮畫看上去更具有文化含量。

中國經歷了清朝的滅亡以後，於1910年代進入中華民國時代。西方文化和西方文明觀念也隨之進入中國，這也使中國的春宮畫產生了一些變化。從出現於民國時期到1940年代之間流行於上海的春宮畫中，我們分明能看出這是以西方素描為基礎創作的人物畫。另外，西方繪畫中的明暗法、遠近法概念也被引入了春宮畫中。人體的比例也變得比較正

常起來，性器官、陰毛等描寫也開始變得非常細緻；畫面中的女人也不再是裹足的小腳女人，而是頗有近代感地穿上了襪子。畫面中的男子也是穿著襪子「赤膊上陣」的，顯然這都是近代的象徵。

另外，還值得一記的是，中國近代春宮畫裡的場面，不再是以前開放式的庭園或書齋，而是一個密閉的空間。這也從另一個側面反映出中國進入近代的特徵。密室中擺放著書籍、文房四寶、近代意味濃厚的家具、桌椅，床上垂掛著幔帳等，這一切共同構成了中國近代密室性愛的畫面。還有，畫面中的女性帶著時髦的帽子。而梳著三七的髮式的男人，也表現出近代特權階層的形象特徵。

百年前，西方思想觀念的移植，在春宮畫這種美術形式中也如實地反映出來。在近代之風的影響下，開放式的寢室，在春宮圖中轉變為重視個人隱私的密室。

45. 近代中國精英階層的「出逃」

通常，人們把中國近代史解讀為「革命史」。近百年前後，隨著各項革命運動的興起，以及1911年爆發的辛亥革命運動，清政府統治的帝國分崩離析，隨後出現了中華民國。此後，在近50年時間裡，中國經歷了一系列革命運動：國民黨南京臨時政府的崩潰、中華人民共和國的誕生等。各革命政黨（中國同盟會、國民黨、共產黨）為近代中國帶來天翻地覆的變化。「革命」這個關鍵字，幾乎可以概括這個時代的特徵，也正是由於這個原因，很多人產生了有關近代的「革命史觀」。

用這種「革命史觀」去簡單把握近代史是否是一種妥當的作法？關於這一點，筆者持有懷疑態度。筆者在翻閱近代史資料的過程中，發現的歷史樣貌，也帶有其他的結構特徵，這是有別於「革命史觀」的。

在近代，有無數革命運動、暴力性的革命鬥爭重複發生，上演了一幕又一幕絢爛的歷史劇。但在這些絢爛的「革命歷史劇」中，也包含著無法歸納為「革命」的結構特徵。

那麼，這種結構特徵究竟指的是什麼呢？筆者不妨在這裡例舉一下中國傳統產生的、具有中國特色的統治、半統治式的結構。

我們似乎只是在強調中國是因「革命」而改變的。但我們也必須超越將著眼點放在「革命主義史觀」上的想法。

所以，筆者將「精英知識階層」統治原理設定為統治中國的結構特徵。筆者堅信：如果從這種結構框架上進行分析，我們便可以發現近代史變化的樣式。

日本學者山田辰夫指出：「被選拔出來的精英，代替沒有統治能力的無能大眾，獨佔了需要高度統治技巧的政治。」他認為這種「代行主義傳統」，正是中國政治的樣式。

同樣是日本的中國近代史研究學者橫山宏章教授認為，精英階層統治的中國政治特徵是「賢人統治，善政主義」。他是以此為出發點，去記述中華民國歷史的。橫山宏章教授的「賢人統治」指的是：正人（不是聖人，但可以確保正確道路的賢能之人）的統治；這些賢人具備了中國式的道德（仁、義、禮），可以對善惡做出正確判斷。

用孫中山的話說，就是「先知先覺者」統治和領導無能的「後知後覺者」和「不知不覺者」。

但這並不意味著中國政治會在舊貌依然的情況下發生變化，而是會發生劇烈變化。也就是說，「賢人」這一內容，也將隨著時代的變化，而發生巨大變化。

在從古代開始一直延續下來的皇帝專制時代，是通過科舉考試選拔舉人的。而這些舉人，正是將來的「賢人」。他們集結在皇帝身邊，形成士大夫階層。

　　從中國各地雲集而至的這些出類拔群的賢人，通過中央集權制，去統治中國各地方。歷史學家指出，中國的廣大群眾對這些統治者和集權者是敬而遠之的；這些官吏、賢人，大多數時間總是圍繞在政權周圍吵吵嚷嚷，而廣大群眾則是生活在另外一個世界。中國的中央集權制就是在這種實際狀態中成長起來的。

　　孔子曾說：「治大國，若烹小鮮。」意思是，治理大國應該像烹小魚一樣小心、動作輕；烹小魚一不小心、動作一大就會把魚弄爛，治理大國也應該一樣，統治者不要三天兩頭搞什麼運動，不要動不動去折騰老百姓，不要輕易干涉老百姓的生活，這樣國家才能治理好。由此可見，以前的賢人政府是經常干涉老百姓的日常生活的。也就是說，賢人和無能的民眾之間存在著巨大的差別。在這種金字塔般的社會結構中，位於塔尖上的少數精英階層，可以輕而易舉地統治統治廣大群眾。

　　皇帝統治制度徹底崩潰以後，成立了中華民國。在這個時代，精英的內容發生了變化。科舉考試制度被廢止。隨著軍事鬥爭的開展，中國社會似乎突然轉變為軍人統治。雖然不很明顯，但在這些軍閥當中，很多人也是通過了科舉考試的人，而非是無能的大眾。尤其是像孫中山、汪精衛、蔣介石、宋教仁等國民黨高層人員，和陳獨秀、李大釗等共產黨的高層人員，也都屬於近代社會精英中的精英。

　　這些人都從精神上、身體上相繼「逃離」當時的政府的。支撐一個國家或政府統治的權利、社會棟樑，永遠都是精英階層，尤其是中產階級精英階層。這個精英階層對一個國家政權的態度，成為這個社會興旺盛衰的晴雨表。這個精英階層對政府的向心力強大，社會就會穩定；反之，他們一旦開始紛紛逃離，社會將陷入混亂，甚至崩潰。

　　百年前的清末時期，社會精英階層紛紛逃離政府。這是因為隨著科舉考試的廢止，出現了新舊交替的空白。在新的系統還未形成之際，政府缺乏吸引這些社會精英的制度裝置。所以，精英階層的逃離是一個必

然的現象。但是，「反滿興漢」這一政治口號，對這些逃離了清政府的社會精英產生了巨大的向心力，以形成民族主義集團。康有為的失敗，是因為他原封不動地利用了清政府所致。孫中山等人看清了這一點，徹底逃離了清政府，展開反清鬥爭。

所以，被我們稱為「辛亥革命」的社會精英階層的「反清逃離」，最終成功推翻了清政府。這樣形成的精英階層雄厚的力量，在社會變革時期，得到了提升的機會，並成長為此後國民政府的棟樑。另外，其他一些人如陳獨秀、李大釗、毛澤東、周恩來等人則成長為共產主義領袖。近代中國社會這種精英階層的「逃離」，雖然被戴上了「革命」或「叛亂」之類的帽子，但正是這種「逃離」結構，成為改變近代社會的根本原因。

46. 近代日本的書道和中國

筆者非常喜歡近代中日韓三國的書法作品，因此陸續收藏了一些名人墨跡。在筆者看來，似乎沒有哪一種藝術形式，能像書法一樣準確表現出一個人的內心世界和靈魂。

雖然都是同樣的漢字，但由於國家的不同，中日韓三國的書法作品各自表現出不同的風格。首先，對書法的稱謂本身就不一樣。中國稱為書法，但韓國則稱為「書藝」，而在日本則把書法稱之為「書道」。書法注重的是一種章法、格式；書藝則將書法視為一種藝術；而書道，卻是和茶道、花道一樣，構成類似於「茶禪一道」的精神世界。

近代日本在幾乎所有領域都吸收了西方文明，但唯獨在中國傳統文化極大影響下一直發展過來的，便是日本的書道藝術。因此在筆者看來，日本的近代書道超越了中國書法的造型特色，而具備了一種抒情

性、脫逸性和奔放性美學特徵。

與漢字一起被引入日本的書法，從書體、書風上不斷吸收了中國的滋養。中國書法的吸收、消化過程，便是日本書道的歷史。《後漢書》中記載：「建武中元二年，倭奴國奉貢朝賀，使人自稱大夫，倭國之極南界也。光武賜以印綬。」這可以被用來證明日本從很早以前開始，就受到了作為中國文明形式的書法的影響。

那麼，在100多年前的近代，日本是如何學習、吸納中國書法的呢？

1880年（明治13年），清政府學者、官吏楊守敬（1839-1915）作為清國駐日公使何如璋的隨同人員來到日本。在日本滯留的4年時間裡，楊守敬向日本人展示了自己帶來的漢、魏、六朝、隋唐等各時期碑法帖13000多幅，鼓勵日本人臨摹學習。楊守敬既是一位地理學家、金石學家，同時也是一位曾受教於潘存（1817-1893，字仲模，別字存之，號孺初，清末著名教育家。）的清末著名書法家。

於是，對六朝書法產生濃厚興趣的日本人數量急劇增加。而這也對日本近代書道的形成，產生了決定性影響。因此，在這以後，日本書法界曾流行這樣一句話：「若非六朝書法，便稱不上書法。」日本的六朝書法風潮，從1880年開始，一直持續到1920年。

楊守敬的周圍，聚集了日下部鳴鶴、岩谷一六、松田雪柯等一大批日本書法家，他們都認真地臨摹、學習了六朝、北魏書法。這些人可謂是當時日本書壇頂尖的書法家，對日本近代書道的形成與發展起到了關鍵作用。

從此開始，一向只是熱衷於王羲之書法系統的日本人，對書法的認識發生了劃時代的變化。日本書壇把楊守敬的這次出訪，視為近代日本書壇值得慶賀的一件大事。

當然，在楊守敬以前，日本文人和清政府文人之間也有往來。在明

治維新政府時期，日本廢止了江戶幕府作為公文使用的「御家流」（日本的書法流派），因此對中國書法的認識進一步得到強化。

在江戶幕府時代初期和中期，有無數日本儒學家、詩人、僧侶繼承了元、明、清時期的中國書法傳統。在這期間，日本書法家主要崇拜的是文徵明、祝允明、董其昌的書法風格。其中，屬北島雪山和細井廣澤的風格與文徵明最為接近。荻生徂徠師從的是祝允明的書法，石川丈山主要研習的則是隸書。

此後，日本開始學習和翻刻經長崎港進口的中國古法帖。在其刺激下，著名畫家池大雅開始批量生產極富藝術性的書法作品。

從江戶幕府時代末期，到明治時代以後，日本書道界人才輩出。其中出類拔萃的人物有市河米庵、貫名海屋等人。他們也都是收藏了大量中國法帖的日本書法家。另外還有冷泉為恭等人也取得了驕人的書法成就。

楊守敬的到訪，給日本書壇帶來了一股清新的變革之風。由於楊守敬的影響，日本的書法家再也不用像以前的空海那樣，親自到中國來學習書法了。

中林梧竹來到中國，投在楊守敬的老師潘存名下，向他學習漢、魏、六朝書法，並將其吸納為自己的藝術學養。日下部鳴鶴也於1891年來到中國，與吳大澂、楊見山、曲圓等著名學者和書法家展開交流活動，研習並吸收中國書法精髓。

北方心泉也與清末大文人俞樾交情甚篤。不僅如此，日本書法家西川春洞也與徐三庚開始往來。而日下部鳴鶴回到日本以後，開創了風靡日本全國的書風。他的書法風格，至今還在影響著日本書道。

身為日本官員的副島滄海，同時也是一位書法家。他也曾來到中國，與中國一流文人開展交流活動，彼此成為好友。在與中國朋友交往過程中，副島滄海進一步熟悉了中國的書法藝術，並在回國以後，向日本書壇強調研究中國書法的重要性。

遠山大迁等人受到吳昌碩極大的影響。宮島詠士則拜師於中國的張廉卿。後來成為日本總理大臣的犬養毅，藝名為木堂，他也是日本近代為中國書法藝術傾倒的政治家之一，並在書法領域自成一家。

楊守敬訪日以後，日本書壇開始吸納、發展中國六朝書法風格。這一潮流一直延續至今。我們不妨在這裡提及幾位近代著名日本書法家：他們是比田井天來、中村不折、大野百煉、河東碧梧桐、金井金洞、會津八一等等。

直到今天，日本的書道依然在以其沉厚的傳統為自豪，並將其發展成為與日本人的格式完全不相符的一種藝術風格。尤其值得一提的是，日本前衛性的書道正在發揚其抒情性的藝術魅力。日本書法開始細分為漢字、平假名、近代詩文、篆刻、前衛書法等不同種類，並向世人展示出其很高的藝術性。有很多人認為，日本在前衛書法領域，已經超越了中國。

47. 近代後宮生活

將中國近代玩弄於鼓掌之中的慈禧太后生活過的紫禁城後宮——這也是百年前中國近代的某種縮影。而且至今為止，它對我們而言，仍然是一種神秘的所在。

在中國，「後宮三千」的說法廣為流傳。據說，清朝時期的後宮，在鼎盛時期，其人數超過了1000名。太監和宮女在後宮各司其職，充當著管理者的角色。宮女可分為兩大類：一種可自由出入紫禁城內各建築，並向其主子提供服務，相當於是一種秘書兼當差；另一種是只被允許能站在走廊上，為室內居住的人提供服務的下等女僕。據說，前者除了要向自己侍奉的后妃提供日常服務以外，有時還要向皇帝提供特殊服務。

這項特殊服務的具體內容是：一旦被皇帝選中侍寢，宮女就要從頭到腳沐浴淨身，然後在檢查完是否攜帶凶器以後，裸身裹上一條皮褥子，被送往皇帝的寢室養心殿，向皇帝提供性服務。

清朝時期，正如實行了錄用男性官吏的科舉制度一樣，也有一套選拔宮女（優秀女子）的完備系統——「選秀女」制度。選秀女針對全國八旗所屬官員的女兒，每3年要舉行一次。所有適齡（13-17歲）女子都有義務接受這種遴選。在地方預選合格的女孩子，最終要被送到紫禁城接受「選考」，然後才能進入後宮。一旦進入後宮，她們的名字將被記錄在「秀女名單」上。

慈禧太后也是通過「選秀女」進入後宮的。慈禧太后在18歲那年進入後宮，直到74歲，她一直都是生活在紫禁城後宮的。那麼，在這56年時間裡，她的日常生活究竟是怎樣的呢？

當然，在慈禧太后的日常生活中，有很多的太監和宮女侍奉左右。慈禧太后在宮裡的生活，似乎也並不像我們現在想像的那樣自由。那麼多的太監，那麼多的宮女都在盯著她，何況還有皇帝、親王們的視線，也都在注視著她，所以她在宮裡的生活也談不上有多麼快樂。

很多人認為，慈禧太后擁有強烈的權力欲望，但這種觀點與事實是有一定出入的。慈禧太后確實是有「野心」的。但這種野心，與男性權力人物還是有所不同。慈禧太后最大的野心，不過是希兒子同治皇帝能平平安安地長大成人，並能對自己這個親生母親盡孝。對她而言，所謂的特權，也不過是享受奢華的生活，擁有各種豪華日常用具和稀奇古怪的玩意兒，或者是到處去旅行、每年過大壽時大擺壽宴……也就是說，能盡情享受至高無上的文化生活，才是慈禧太后真正的野心。（加藤徹《西太后》）

無論從哪方面講，慈禧太后都可謂是一個女性化的權勢人物。雖說漢朝的呂后，或唐朝的武則天等都具有男性化的權欲特徵，但慈禧太后

的權欲，從本質上講還是非常女性化的。這是一些學者對她的評價。

另外，清末的官僚更歡迎慈禧太后這種女性化了的權勢人物，而非是肅順之類男性權勢人物。有些外國學者認為，反而是因為慈禧太后女性化的、更溫和的統治，延長了清朝的壽命。

也有人認為，慈禧太后是中國歷史上「最幸福的寡婦」。在紫禁城後宮，慈禧太后作為最高統治者，在長達47年之久的歲月裡統治了4億中國人。

有關慈禧太后的政治生活，在很多影片和相關傳記文字中都多有描述，所以在這裡暫且擱置一旁。現在，還是讓我們來了解一下慈禧太后在後宮裡的生活狀況。後宮既是后妃們的世界，同時也是太監和宮女們的世界。

後宮生活，幾乎是由太監和宮女來負責管理的。寢具、衣物、鞋襪、香爐、午茶、香煙、入浴、擦桌子、清理寢床、擦玻璃、接收文件、傳信遞話……這些事情都是由宮女來完成和執行的。

說起來大家可能會感到有些意外，但實際上，紫禁城裡沒有自來水設施，因此對於火災也是極度警惕的，為此專門設置了管理燈火的部門負責掌燈熄火；各宮殿裡，都是嚴禁擅自點燈的。

其中，最辛苦的還屬負責官房的工作。官房指的是什麼呢？這個優雅的名稱，實際上指的是清朝宮廷裡的廁所。在清朝時期，皇帝、皇后、后妃等人使用的可攜式坐便器，被稱為「官房」。但下臣等人使用的，則稱為「便盆」。

正如用餐場所都是根據主人的胃口和心情而定一樣，洗手間也不是有一個固定場所。只要聽到主子吆喝一聲「官房」，值班宮女就得應聲行動。首先，宮女會把這項命令傳給負責管理「官房」的太監。於是，值班太監趕緊恭敬地把「官房」舉過頭頂遞到宮殿門口。當然，官房上面要蓋著繡有雲龍圖案的黃色綢緞。太監要在門口向內致敬，然後迅速

掀開黃色綢緞，再把它交給負責搬運的宮女。在此期間，其他宮女負責給主子解衣，另一宮女負責在將要放置官房的地面鋪上二尺見方的油布。主人使用完畢以後，宮女把「官房」抬起來送到門口，交給恭候在那裡的太監。

太監要恭敬地雙手接過，重新蓋上黃色綢緞，再次舉過頭頂拿去處置。另有太監專門負責清洗、撒香木灰等後續工作，因此主人糞便的臭氣，波及面會迅速得到控制。

慈禧太后的排泄物，被視為是一種珍貴之物，因此不會隨便撒上普通的木灰，而是撒上香木灰。製作官房的材料，要麼是琺瑯，要麼是銅質、木質的。而慈禧太后偏愛香木質官房，因此作為配套設施，專門為她製作了座椅式的官房，而且座椅上還雕有壁虎圖案。

慈禧太后的後宮裡，除了宮女以外，還有一些被稱為「嬤嬤」的乳母。這些嬤嬤是專門負責向慈禧太后供應人乳，以滿足她的美容需求。

後宮裡有很多的禁忌和一些被嚴格執行的規矩。宮女就寢的姿勢，甚至都被嚴格規定的。一旦違背禁忌或規矩，就將遭受嚴厲懲處。雖說是萬眾敬仰的皇宮後院，但除了慈禧太后和其他主人以外，對於這些宮女們來說，這裡無異於是一座巨大的監獄。隨著近代辛亥革命的爆發，紫禁城被政府部門開放，而後宮也隨之消失了。

48. 紫禁城的黃昏

從午門開始，一直到太和殿，所有的建築都披著一層莊嚴肅穆的色彩。這些宏偉壯觀的建築物也是一種權利的象徵。這裡有中國皇帝務政和生活過的乾清宮、養心殿，以及供皇后和后妃、宮女、太監們起居的東西十二宮……它們富麗堂皇，氣勢雄偉。在這些建築金碧輝煌的屋簷

下，曾經的榮耀和悲劇都已銷聲匿跡。

這就是如今被更名為「中國故宮博物院」的清朝皇宮——紫禁城。筆者每次去北京，都會專門去一趟紫禁城，去感受已經流逝的古代、近代史，以及在那些歲月中上演過的一幕幕悲喜劇。每次造訪紫禁城，筆者都會為中國傳統文化中包含的那種震撼的力量所感動。在中國歷史邁入近代以後，紫禁城成為中國歷史的重要舞台，而它的魅力依然不減當年。佔地面積為720萬平方公尺的紫金城，是明朝第三代皇帝永樂帝時期開始興建的。從1406年動工開始，過了18年以後，基本格局宣告完成。

清政府將其確定為政治中心以後，紫禁城開始真正向世界展示其威儀。

按照中國的傳統觀念，皇帝的「居宮」是位於天庭中央的，因此被理解為是永不移動的北極星。所以古時候人們把皇帝的「居宮」稱為「紫微垣」。大地之上的紫微垣，即「紫宮」同時也是平民百姓的禁地——「紫宮禁地」——紫禁城的名稱便是由來於此的。

1908年，在太和殿舉行了隆重的即位儀式。「這就結束了……這就結束了……」這是當時年僅3歲的宣統皇帝溥儀的父親醇親王載灃哄他時所說的話。載灃這句話，似乎是在預示著清王朝「即將結束」。

從這一天開始，過了整4年，中華民國這個嶄新的國家便於1912年1月1日誕生了。由於辛亥革命的爆發，大清朝終於結束了它長達268年（1644-1912）的歷史。

袁世凱取代了孫中山成為大總統。大清朝被推翻，共和制的中華民國開啟了它的新紀元。隆裕太后代表清政府，向袁世凱提出「皇帝但卸政權，不廢尊號。並議定優待皇室八條，待遇皇族四條，待遇滿、蒙、回、藏七條」等條件。袁世凱同意以後，宣統皇帝宣告退位。

可有趣的是，民國元年3月，把袁世凱推舉為大總統的內閣，卻接收了一直以來都是慈禧太后行政部門的西苑——中南海，並將其作為政

府機關。也就是說，這個北洋軍閥，也看上了這座極富封建王朝特徵的建築物。

一直在做皇帝夢的袁世凱，於1915年12月宣布稱帝，改國號為中華帝國，建元洪憲，史稱「洪憲帝制」。此舉遭到各方反對，引發護國運動，袁世凱不得不在做了83天皇帝之後宣布取消帝制。1916年6月6日，袁世凱因尿毒症不治身亡。

1914年，第一次世界大戰爆發。1917年，英、美、日三國向中國提出參戰要求。時任國務總理的段祺瑞依附日本軍閥，掌握軍政大權，與黎元洪分庭抗禮，主張參戰。5月21日，黎元洪瞅準時機下令撤銷了他的總理職務，段祺瑞憤然離京去津，並且根據臨時約法，總統無權撤銷總理職務，不承認黎的免職令。因一方為總統府，一方為國務院，所以它們之間的爭鬥被稱為「府院之爭」。之後黎元洪請督軍團團長張勳於6月14日入京斡旋。張勳入京後，擁立宣統復辟，將12歲的廢帝溥儀推上了皇位。

但是，段祺瑞趁著形勢動盪之際，重新掌握軍權，企圖消滅駐紮在紫禁城裡的張勳3000多士兵。即轟炸紫禁城。段祺瑞派出兩架轟炸機，把長達1公尺多的炮彈空投到隆宗門附近，炸傷了一名太監，並炸毀了御花園裡的人工湖。炮彈也炸毀了月華門北側翊坤宮附近的隆福門。

這是中國歷史上最危險的一次空襲。張勳的「辮子軍」紛紛剪掉長辮子，隱身於市井之中。

溥儀只在龍椅上坐了短短12天，便被迫再次讓出了皇位。

國民政府並沒有向宣布復辟王朝的清皇室問責，他們依然在擁有優待條件和特權的情況下繼續存在。1922年，年滿17歲的溥儀成婚。於是清王朝的實際存在，也重新引起民眾的關注。北京市民更關注的是清皇室奢華的婚禮，而不是沒什麼切身感受的三民主義。

現任大臣和過去的王公貴族大都參加了在乾清宮裡舉行的新婚典

禮。張作霖、滿洲國第二任總理大臣張景惠、戊戌變法領導者康有為等人的面孔也都出現在婚禮上。設置於神武門附近的戲台上，梅蘭芳、楊少樓等當代京劇大師參加了慶賀演出。在迎娶皇后婉容的婚禮結束以後，溥儀在貼著雙喜字的新房裡度過了3天。

居住在北京的14個國家的外國公使帶著他們的夫人，也參加了溥儀的婚禮。身穿純白色禮服的溥儀，舉起斟滿為他特製的香檳酒，喊了聲乾杯，然後簡單說了幾句英語，而且帶著婉容，與來賓一一握手致意。

他們在極力表現近代清王朝的存在。從新婚第4天開始，溥儀移居養心殿，而皇后婉容和妃子文繡則分別居住於儲秀宮和長春宮。

紫禁城維持著民國政府接管時的狀態，但似乎已經失去了往日的生機。溥儀騎著一輛自行車，在紫禁城裡四處閒逛。1923年，紫禁城的建福宮因一場火災毀於一旦。

袁世凱死亡以後，民國政府撤銷了對清皇室的優待，所以清皇室開始把珍藏的佛像等珍貴寶物偷偷賣掉，以換取生活費。

紫禁城內，藏有大量從乾隆皇帝開始收集於全國各地的文化遺產或古董。除了皇室成員以外，紫禁城裡的太監也開始偷賣這些文物。內務府甚至以特殊商號為對象，舉辦了美術品拍賣會。

溥儀也經常從中挑選一些東西，作為禮物送給外國人，或者讓人帶出宮去賣掉，以中飽私囊。日本國內也有大量據稱是溥儀賣出的中國文物散見於民間。建福宮毀於大火以後，清皇室在原址上修建了一個高爾夫球場，成為溥儀等熱衷西方文明之流的近代遊戲場所。

1924年，馮玉祥進駐北京，並於11月4日清晨，將以溥儀為首的清皇室成員（小朝廷）1000多名趕出了紫禁城。下午4點10分，在夕陽西下的冬日黃昏中，溥儀率領婉容、文繡，乘坐5輛汽車，從神武門離開紫禁城。他們被驅逐出宮。清朝統治和皇帝統治的歷史在這一天宣告結束。

紫禁城在黃昏中迎來人民大眾大量湧入的新時代。

49. 泡菜是如何在日本流傳開來的？

　　泡菜是支撐朝鮮民族精神和健康的、具有象徵意義的「國食」。作為一種象徵著民族的食品，人們很容易對泡菜產生一種先入為主的看法，或引發一些民族主義感情，這也是反被其束縛的表現。但無論如何，朝鮮民族都喜歡這種食品，而且對它充滿了自豪。

　　在日本，韓國的泡菜和燒烤也十分普遍，甚至出現了「泡菜文化」、「燒烤文化」這樣的專門術語。

　　文化的傳播和交流，通常是在相互交流過程中得以實現的。近代日本掌握了強有力的文化，以至對朝鮮進行了長期的殖民統治。但反過來，韓國的泡菜，也具有足以風靡日本的魅力。

　　統計資料表明，進入21世紀以後，日本泡菜的年生產量達到了38萬噸（2003），而泡菜的年消費量為440萬噸（2004）。伴隨著韓流文化，泡菜文化作為一種主要飲食文化，在日本展示著它獨有的魅力。

　　那麼，泡菜是何時、以什麼方式傳播到日本，並被日本接納的呢？

　　根據相關學者考證，泡菜正是在百年前的近代傳入日本，並在日本人接受過程中逐漸形成氣候的。

　　佐佐木滿男的《泡菜文化史》（2009）中說，1887年，在日本出現了第一本介紹朝鮮料理製作方法的書。這本書就是《日本、支那、朝鮮、西洋料理導讀》（飯塚榮太郎）。在這本書中，作者介紹了15種朝鮮料理製作方法，而泡菜的製作法就是這樣被正式介紹到日本的。

　　「『沉槽』（日本對泡菜的傳統叫法）在朝鮮被稱為泡菜。把蘿蔔、蘿蔔秧等和小青魚、魚醬和食鹽一起攪拌均勻以後，置於桶內醃製。這跟我們日本的『漬物』（日本的一種醃菜）做法相近。大體上，在食用時不需要再次清洗，可以直接食用，因此味道雖美，但有一種奇特的臭味，吃起來有些困難。」

由此推測，當時的日本對泡菜的評價十分挑剔，而且和口感相比，氣味過於強烈，因此日本人認為很難吃。

此後，在1904年至1905年，由於日俄戰爭的爆發等國際形勢的變化，日本對朝鮮的關注度明顯提高，於是介紹泡菜製作法的相關書籍也開始多了起來。曾經風靡一時的料理小說《食道樂》第五冊《續篇：春季卷》（1906）中就有「朝鮮泡菜」一項。在書中，作者不厭其煩，向日本讀者詳細介紹了朝鮮傳統白菜泡菜的製作方法。

1910年，朝鮮變成日本殖民地以後，日本對朝鮮的關注空前高漲。有關泡菜的內容也開始頻繁出現在日本出版的各類書籍中。

有關泡菜的書籍大量出版，這個事實說明泡菜在某種程度上已經被傳播到日本，並在日本獲得一定市場和普及。居住在朝鮮的日本女性，如京城女子師範學校的料理實習教材《割烹》中，就介紹了多達33種朝鮮料理。這所以日本人為對象的女子師範學校，當時在向學生傳授的朝鮮料理製作方法中，就包括了小白菜泡菜、小蘿蔔泡菜、大顆白菜泡菜的製作方法。

《新朝鮮風土記》（1930）在談到滯留在朝鮮的日本人生活狀況時，這樣說道：「在朝鮮生活過程中，最早被日本人接受的半島生活方式，便是作為保溫裝置的土炕以及泡菜。」因此，在日本語中，土炕和泡菜的韓國語發音，已經被用作固定的外來語發音。

出版於1927年的《醃好泡菜的方法》中，還有這樣一段話：「最近，對於曾在朝鮮居住過，或是哪怕曾嚐過一次泡菜的人來說，泡菜已經成為他們冬季珍貴的『漬物』。」

1936年，《實際園藝》雜誌出版了泡菜專輯增刊。其中這樣記述道：「最近，東京的三越百貨商店，正在銷售一種裝在小器皿中的朝鮮泡菜。」

雖然泡菜已經滲透到日本社會各階層，但從整體上講，吃泡菜的人

還只是一小部分日本人，也還沒有得到全面普及。那時，泡菜更可能被認為是一種「稀罕」的食物。

朝鮮泡菜被日本人認識的時間，和日本出現朝鮮料理店、餐廳的時間大體上是一致的。1895年7月，第一家朝鮮蕎麥冷麵店在日本神戶開張。這家名為「日韓樓」的冷飯店是一個日本人經營的，他從朝鮮帶來兩位朝鮮男人和三位朝鮮美女，共同打理這家冷麵店。1905年，由朝鮮人直接經營的朝鮮料理店在東京開張。開業之初，這家朝鮮料理店取名「漢城樓」，隨後更名為「韓山樓」。值得一提的是，韓山樓是朝鮮著名文人、小說《血淚》的作者李人稙經營的。

日本人在光顧這些朝鮮料理店的過程中，在眾多朝鮮食品中對泡菜有了更深的了解。一個名叫松川的日本人曾在1924年這樣說道：朝鮮泡菜有一種奇特的味道，而我們從朝鮮人身上聞到的那種臭味，應該就是泡菜的味道。

最初，日本人對朝鮮泡菜的態度是「唯恐避之不及」的，但隨著朝鮮變成日本的殖民地，他們對泡菜有了更多的認識，並開始吃起泡菜來。而且，喜歡泡菜的日本人也開始逐漸增加。

《日本植物文化的起源》（1981）一書中這樣說道：「泡菜在日本被人們廣為認識，是在日韓併合（1910）以後的事情。但是，由於泡菜中的大蒜味，當時的日本人對泡菜大都是敬而遠之的。而第二次世界大戰以後，泡菜中的大蒜味反而變成了優點。」隨著韓國在1988年舉辦奧運會，日本人對韓國的認識進一步加深，泡菜也開始在日本普及開來；而1998年以後，泡菜的消費量則出現了爆炸式增長。2002年、2003年，泡菜銷售在日本達到高峰。泡菜熱在進入2004年以後逐漸趨冷，但泡菜已經成為在日本最普及的韓國飲食文化。

50. 近代「中國」意識的誕生

在翻閱中國歷史，尤其是近代史過程中，筆者發現有一個現象尤其值得一記。我們大都認為，「中國」、「中國人」這樣的表述，彷彿就是我們自己喜聞樂見的一種稱謂；很多人以為，這種表述和「五千年中國歷史」的概念一樣，是中國古已有之的。

這種不加推敲就對此深信不已的態度，以及由此而衍生出的歷史觀，反而模糊了「中國」、「中國人」的準確概念。而模糊的歷史觀，也常常使我們固執地堅持這種模糊的意識和概念。

其實，近代意義上的「中國」或「中國人」這種概念意識，並非古已有之的，而是近代的產物。換句話說，這種概念的誕生不過僅有百年歷史。

「國民國家」意識是近代最具象徵意義的產物，在中國，它是從清朝末期開始，經歷民國時期過程中誕生的。

《史記》中記載的中國皇帝（並非是神話中的黃帝），是在西元前221年統一了中國的秦始皇。當然，在那個時期，也有「中國」這樣的辭彙，但其含義與現在是完全不同的。「中國」這一詞語，最初指的是中央都市，即首都之意。但在進入西元前2世紀以後，「中國」的概念發生了變化，用來指稱從陝西省渭河流域開始，一直到包括黃河流域中下游的河南省、山東省等諸王國範圍內更加城市化的地帶。在中國文明中意味著世界的「天下」，說的是皇帝的影響力所及的範圍，這就是我們現在在這裡所說的中國；而這個「天下」，是分為已經城市化了的「中國」，和還沒有實現城市化的「蠻夷」地帶。（岡田英弘《歷史是什麼？》）

既然「中國」指的是皇帝的天下，那麼就比現在我們所說的「中國」的範圍要小。有些歷史學家指出，這個概念變成現在的「國民國

家」，滿語和日語在其中發揮了作用。

清朝作為滿族統治漢族的朝代，當時是把這兩個民族統稱為「中央領民」的。而將它翻譯成中文，則變成了「中國」。日本是直接沿用了義大利語中對中國的稱謂「cina」，並將其翻譯成「支那」。這同時也是對印度語的音譯。19世紀末期，中國留學生大量湧入日本，當中國的知識份子了解到日本人把漢人的國家稱為「支那」，也便跟著使用起「支那」來了。而在這一點上，是和滿清政府有所不同的。梁啟超、魯迅在當時也都是採用了「支那」這樣的用語的。後來，由於出現了以漢人為主的中華民國，這才誕生了「中國」這樣一個國民國家。「中國」二字終於被賦予現代意義上的概念了。

有趣的是，「中國」是一個人為的理念國家。日本的國名為「日本國」，是一個比較自然的國家，是一個國土、語言、民族、文化等都一致的「自然國家」。但中國的國土、語言、民族、文化總是不一致的，表現出相當的豐富性，因此國家團結的理念是不可或缺的。現在的「中華人民共和國」這個國名，以及在此之前的「中華民國」，也都是象徵著一種理念的國名。蘇聯以前把國名定為「蘇維埃社會主義聯邦」、朝鮮把國名定為「朝鮮民主主義人民共和國」，也都是一種理念的象徵。

在古代中國土地上曾經出現的王朝，即周、秦、漢、魏、晉、隋、唐、宋等，都曾有過以當時的地名確定國號的歷史。可是，蒙古族在統一中國全境的時候，有史以來第一次從一種理念出發，把國家定名為大元。忽必烈從《易經‧乾卦》「大哉乾元，萬物資始，乃統天。」句子中，截取了「大元」二字，將其定為國號。此後，明清兩朝也繼承了元朝用國家理念來確定國號的傳統。

強調理念的國家，在近代國家意識上是有所覺悟的，而且希望以此來強調國家歷史的悠久。據說，日本有2600百年的歷史，中國有5000年歷史，韓國（朝鮮半島）如果從檀君神話時期開始算起，則有5000

乃至6000年歷史。

觀察東亞中日韓三國的國家主義，我們會發現，越是後起的國家，就越是強調本國歷史的悠久。可是，我們雖然可以把神話也納入紀年歷史，以顯示本國歷史的悠久，但這種悠久的過去的歷史，與現在的國民國家完全是不同的世界。

如果從近代「國民國家」意義上計較的話，「中國」的概念就像我們在前面提到的那樣，其歷史是非常短暫的，不過只有100多年的歷史。因此，「中國人」這種國民概念，也不過只有百年歷史而已。日本於1868年通過明治維新，勉強誕生了一個國民國家，並成為亞洲第一個國民國家的典範。

1894年至1895年，慈禧太后執政時期的大清帝國，在戰爭中敗於日本。這次失敗產生的衝擊，要遠甚於1840年在鴉片戰爭中遭受的重創。身為「中國文明」弟子的日本，竟然打敗了它的老師中國。這種恥辱，促使清政府和中國知識份子覺醒，使他們認真思考日本所達成的國民國家。於是，開始採取廢止科舉制度、使用白話文、教育制度的改革、洋務運動等一系列措施。「國家」、「國民」、「革命」這樣的詞語本身，也都是從日本引進的近代概念。

也就是說，「中國」、「中國人」這種明確的概念意識，是在接受西方列強和日本帝國主義炮火洗禮的過程中誕生的。

西方列強和日本帝國主義的侵略、戰爭，作為一種「文化傳播」行為，喚起了當時的中國政府和知識份子的「愛國」、「民族」意識，而這也成為另一種催化劑，促使中國人意識到了「中國」、「中國人」、「中華民族」。

現在中國開始出現反日愛國遊行活動，學校也加強了愛國主義教育，這也可以理解為是一種現代國家及國民意識形成的過程。也就是說，它們作為為「中國」而設的一種「裝置」，「中國人」在其中是必

不可缺的一個要素。

51. 從白衣到西裝

百年前的東亞社會，在西方文明影響下，進入劇烈變化時期。僅僅透過朝鮮近代史，我們就能得知，在開埠以前，朝鮮主要還是以進口中國物品為主的。但開埠以後，主要進口的是日本物品。而到了1890年代，西方物品也開始湧入朝鮮。

文明的接納，將在精神文明和物質文明兩方面同時發生變化，而看得見摸得著的物質文明，則更容易被吸收和接納。

理髮、穿襪子、戴眼鏡……這種西方文明逐漸滲透到朝鮮社會各階層。但在開始階段，這些現象是通過日本文化的傳入發生的。據說，1898年訪問韓國的伊藤博文，丟失了他戴過的眼鏡。四方尋找以後，最終也沒能找到下落。據推測，應該是韓國的某一個官僚將其視為一件珍貴之物，偷偷放進了自己的口袋裡。

日常生活當中的著裝變化，是最引人矚目的。實際上，100多年前的照片表明，開化派、獨立運動領袖徐載弼等人都是身著深色西裝的，而且還打著領帶。不僅如此，他們的髮式也都是短髮，看上去顯然是一個個近代紳士。

1904年冬，朝鮮頒布法令，要求各級官員必須短髮，還要身著西裝。當時，「參書官」徐相郁對穿西裝的命令提出反對意見，最終竟被罷免官職。

據說，當時的人們模仿西式馬甲，設計出了一種被稱為「開化馬甲」的、上下左右都帶有口袋的服裝，並將其套在外衣上。事實上，朝鮮的長袍上並沒有設計口袋，因此當時的人們是把隨身物品放在袖口內

四處走動的。由於這個緣故,人們一度把馬甲上的口袋稱為「開化口袋」。

研究韓國歷史的日本學者指出,在那一時期,漢城貞洞新建禮拜堂前出現了一家「源泰洋服店」,而且打出了量身訂做西裝的廣告。這可能是韓國最早出現的西裝店。當然,訂製西裝的材料都是從國外進口的仿毛製品。

《韓國志》(1900)中說,傳統染料主要使用的都是植物性染料,但由於染料的價格高昂,朝鮮人通常穿著的都是未經染色的白色服裝。通常,人們認為朝鮮人喜歡穿白色服裝,是因為他們注重清潔。但從當時的史料上看,首先還是因為染料的價格太貴,所以才用白色布料製作衣服的。從西方進口的染料,對朝鮮服裝的顏色,直接產生了重大影響。

從1877年開始,一直到1882年,朝鮮進口的商品當中,除了服裝面料以外,佔貿易額最大比例的,就屬染料。到了1895年,染料進口量增長了一倍,於是,朝鮮人的服裝,從原來的白色,變得豐富起來。朝鮮女性喜歡的黃色上裝和粉紅色裙子,也就是在這一時期開始得到普及的;孩子們可以穿上他們喜歡的彩色童裝,而貴族家庭也能穿上淺青色上下衣出入了。

據說,從此開始,白色服裝被更加豐富的色彩替代,而時裝的概念也隨之產生。當時,也有一些貴族認為,這種花裡胡哨的服裝顏色很不妥當。這種情況有些類似於1980年代中國剛剛實行改革開放政策之際,把外國的牛仔褲視為「奇裝異服」的情形。

對於朝鮮人服裝的變化,當時著名的知識份子黃玹在他的《梅泉野錄》中這樣記述道:「服裝的樣式日益發生變化,上衣和褲子變得像箭筒一樣狹窄;這些服裝也未經統一染色,因此淺紫色、黑色等色彩各異的服裝看上去真是酷似魔鬼的玩意兒。斗笠的尖頂看上去跟繡在袋子上的刺繡一樣尖銳,布襪的腳尖處也變得像刀鋒一樣尖利,看上去怪異

無比。這些東西實在是看不下去，可人們個個趾高氣昂。而像以前那樣身穿白衣、戴著傳統帽子的人，反而變成了外國人，顯得越發抬不起頭來。」

從朝鮮時代末期的照片上，我們能看到很多有趣的現象。當時，女性的上裝很短，而這變成一種時尚，後來演變為把半個乳房裸露在外的服裝樣式。當然，當時也沒有用來遮掩乳房的胸罩。所以，政府不得不頒布法令，要求婦女穿上長一點的上裝。

1903年，政府部門為了提倡和鼓勵服裝色彩的多樣化，首先為軍人和員警訂製了黑色制服。有時，軍人和員警不穿黑色長袍，將被問責，有時甚至還將不予放行。

女子學校的運動服也被統一規定：上裝是相對長一些的黑色，而下裝裙是稍短一些的白色。很多社會女性也開始模仿這種服裝，很快就變成了一種時尚，在女性社會中迅速普及開來。

從這一階段的新聞報導中可以看出，一些貴族家庭的女人在外出時，已經把頭飾摘掉，並模仿西方或日本的時尚，穿上了西裝，而且還打著一把陽傘。這雖然是一種個別現象，但朝鮮服裝潮流的變化畢竟已經初露端倪。

白衣民族的白色傳統服裝，轉變為色彩更加豐富的西裝。而這一過程，也是近代化本身視覺上的象徵。

52. 咖啡文化的芳香

現代有「咖啡哲學」這樣的專門用語。近代日本代表性的科學家寺田寅彥在他的《咖啡哲學序說》中曾這樣說道：「藝術、哲學以及宗教都作為一種人類顯在的實踐活動的原動力，在發生作用的時候，才具有

現實意義和價值。從這種意義上講，放在自己桌子上的一杯咖啡，也是
為了自己的一種哲學、宗教和藝術。」寺田寅彥接著說道，「咖啡可以
使人的官能變得更加敏銳，是一種可以使人的洞察力和認識能力變得更
加透徹的哲學。」咖啡和茶都是人類創造的一種物質，同時也是和人類
精神緊密相連的一種文化。

　　作為百年前西方文化史上的一種象徵，咖啡和洋酒、牛奶、啤酒等
一起風靡整個亞洲。據說，即使是在現在，韓國人和日本人也都是更喜
歡喝咖啡，而不是喝茶。而在中國，人們更喜歡喝的不是咖啡，而是可
口可樂。

　　日本從1858年開始，就因為貿易的自由化而開始進口咖啡。此後，
到了1877年，咖啡進口量被記錄在案。資料顯示，當年的進口量為18
噸。當時，日本人普遍認為，咖啡是一種在食用西餐以後飲用的飲品，
所以東京的西餐廳，通常會在客人用餐完畢以後，贈送一杯咖啡。《郵
政報知新聞》刊登的資料表明，1882年，一家名為「精養軒」的餐廳
的咖啡進口量為1260公斤。

　　據說，日本最初的咖啡專營店「洗愁亭」於1886年誕生於東京。在
文明開化時期，日本著名的鹿鳴館消費咖啡的數量年年增加。在「洗愁
亭」樓上經營的「可否茶館」，則是由中國人鄭永慶經營的一家著名咖
啡館。

　　日本最初的咖啡廣告出現於1869年由外國人主辦的《萬國新聞》
上。當時，日本人用「珈琲」這兩個漢字來指稱咖啡。從1903年刊登
於《風俗畫報》上的風俗畫中可以看出，當時的火車內也已設有咖啡
店。這一事實表明，飲用咖啡已經被當時的上流階層所接受。

　　咖啡傳入朝鮮，要比日本晚一些。輿論普遍認為，咖啡是在1902年
左右傳入朝鮮的。在這一時期，咖啡和洋酒、日本清酒、俄羅斯的伏特
加等飲品，和啤酒、香煙一起，被進口到朝鮮。這些商品當時在賓館裡

十分流行，但還沒有普及到大眾階層的酒肆。

　　漢城最早的近代賓館孫澤（sontag）賓館誕生於1902年。孫澤是一位德國女人，具有卓越的外交才能。和俄羅斯公使館外交人員一同來到漢城以後，她與高宗建立了親密的關係。孫澤在與朝鮮王朝的交往過程中，表現出徹底的親韓姿態，因此很快獲得了高宗的信任，並於1895年獲得慶運宮對面的房屋和一片宅基地。這裡是外國人和貞洞俱樂部會員聚會的場所。於是，孫澤看準時機，在這裡建起了一座二層西洋建築，開始經營賓館。

　　這家賓館不僅可以住宿，而且也是外國人、朝鮮高層官員經常聚集的地方。英國的柴契爾、日本的伊藤博文也都曾投宿於這家賓館，由此可見當時的規模。它可能像日本明治時期的鹿鳴館一樣，起到了外國人和韓國淑女們社交場所的作用。

　　孫澤賓館二層設有餐廳和咖啡廳。朝鮮高層官員、知識份子等經常聚集在這裡，討論朝鮮的命運，分析國際形勢。

　　當時，朝鮮也用「珈琲」這兩個漢字來指稱咖啡，這也是從日本直接引用過來的。作為一種新的西方文明事物，咖啡在這裡以其特有的芳香炫耀著西方文明，同時促使朝鮮開始從日本大量引入可以表現新的文明事物的單詞和語言。正如中國社會、人文領域的單詞有70%以上是日語漢字一樣，朝鮮近代語言中的單詞，也都是直接引用日語漢字的。自由、平等、理想、政府、社會、選舉、國家、國會、民族、愛國、議會、裁判、經濟、產業、會社、文化、文明、圖書、學校、技術、電話、石油、新聞、科學、電車、鐵道……據說，近代朝鮮語中，有90%以上都是這些從日本直接引用過來的漢字。

　　喝咖啡這件事變成一種接受西方文化的象徵，在朝鮮流行開來。最初的流行範圍僅限於朝鮮高層官員、知識份子、貴族階層。據說，高宗和純宗皇帝也都曾喜歡喝咖啡。

　　當時，敵對勢力還曾策劃在咖啡裡投毒暗殺高宗的陰謀。這就是1898年9月12日發生的「金鴻陸事件」。金鴻陸收買了宮中的人，在咖啡裡投入毒藥（鴉片），企圖暗殺高宗和太子。結果他們的陰謀失敗，最終被處死。據說，就連當時的宮女們，也深受這股西洋風的影響，開始喝起了咖啡。因為孫澤賓館也對朝鮮皇宮出售咖啡。

　　清朝末期，李鴻章曾把咖啡作為禮物進獻給慈禧太后。她喝過一口以後，認為這略帶苦味的東西沒什麼好喝的。李鴻章趕緊向她解釋，這是西洋的新式飲料，慈禧太后這才默默點了點頭，兌上了一點白糖把咖啡喝掉。

　　這個時期，白糖也和咖啡一起被進口到韓國。有的人專門在喝咖啡的時候往裡面兌上一點白糖，而有的人則直接將白糖用水化開喝下去。韓國歷史學家李離和先生指出，「喝完咖啡再抽根捲煙」就像是一套程序，成為當時韓國上流社會的一道風景。

　　人們抽煙的時候，先把香煙插進煙嘴裡，然後叼在口中吞雲吐霧。這被當時的人們認為是一種時髦作派。朝鮮男人扔掉了長長的煙桿，開始抽起了煙捲。香煙的進口是從1891年開始的。當時進口的幾乎都是捲煙，其中佔主導地位的是日美產品。

　　1894年，朝鮮政府明令禁止使用長煙桿。於是，捲煙在一夜之間在全社會普及開來。但隨著政府部門對長煙桿的禁令有所鬆動，又有人開始用起了長煙桿。然而，近代捲煙的需求量卻仍然不斷增加。

　　捲煙和咖啡，這兩樣東西作為西方文化、生活文化的象徵，逐漸被東亞三國男男女女接納。在這個過程中，它們超越了物質層面的概念，至今還在顯示著它們巨大的影響力。

53. 近代北京和上海的對立競爭意識

北京和上海——作為中國京派和海派文化對立的兩大陣營，直到今天為止，其競爭態勢仍在繼續。這種對立，如實地體現了中國南方和北方文化的競爭。從這個角度上講，這種對立與競爭是耐人尋味的。

上海是近代中國資本主義產業、商業大都市。自鴉片戰爭以來，上海都是在第一前線吸納西方文明的。進入近代以後，上海超越了文化之都北京，一度成為中國最大的「文化都市」。

尤其是在清末時期，上海作為留學日本運動的「最大集結地」，從文化上引領了北京。上海在產業和近代出版、教育、國民意識等各領域，都在西方近代化道路上領先了一步。上海成為「各種政論、政治運動的大本營」。大量年輕的知識份子在上海投入變法派、革命派陣營，這種現象不得不令世人刮目相看。

以東京為中心展開的中國留學生的「近代精神史」，是從上海開始起端的。（嚴安生《中國人日本留學精神史》）。近代歐美國家、日本正在步步逼近中國，中國的西歐化——日本留學運動，是上海開埠以來，中國的買辦階層開拓的一條近代化道路。而中國知識份子希望通過這條道路，更多地吸納近代產業制度、政治、文化、精神，使其演變為一種文化現象。（藤井省三）

當時，上海和東京一樣，是東亞近代化的兩大據點。但是，皇帝的紫禁城所在地北京，也開始重新找回自古以來引以為豪的文化城市地位。年輕知識份子開始大量湧入北京。隨著北京大學等專科學校的誕生，北京翻新了自己文化城市的形象。北京大學的誕生，對於將北京重新打造成一座文化都市的方面起到了至關重要的作用。1862年成立的京師東文學堂便是北京大學的前身。1898年，以戊戌變法為契機，京師東文學堂變身為京師大學堂，並在開學之初招收了100多名學生。隨

後，京師大學堂於1902年開設政治、文學、農業、商務、醫術等七個專業，成為一所綜合大學。1912年，第一任國民政府教育總長蔡元培頒布大學令，自此，京師大學堂成為當時中國唯一的國立大學——北京大學。

日本的東京大學比北京大學稍早幾年（1855）成立。創立之初，東京大學的校名為「洋學所」。1863年，洋學所更名為開成所，後來於1869年變成大學，並於1886年定名為東京帝國大學。

東京大學和北京大學的發展過程有些類似。東京大學作為為日本培養官僚、學者、研究人員的機構，發揮了重要作用。與此相比，北京大學培養的人才無處供應——共和國還沒有成立。由於北京大學無法充分發揮其文化功能，這種文化開始向革命傾斜，最終表現為文化運動。

1870年以後，上海的歐美教會和中國資產階級，設立了很多學堂。但是，當時上海的學堂，都只有一個學年，而且每個學年的學生也僅為數十名而已。從這個意義上講，與其說上海的學堂是近代學校，還不如說是私塾更為恰當一些。

北京表現出與上海截然不同的樣貌。《東方》雜誌（1919年9月15日）上刊載的資料表明，1919年，在北京的近代高等教育機關中，國立學校有19所，私立學校有6所，在學生總數多達10000名以上。這在當時的中國來說，是最大規模的學生群體。其中，北京大學在校生，1913年達到781名，1922年則增加到約2300名。1919年，教會系統在全國設立的大學共有14所，在校生總數為2017名。也就是說，北京大學一所學校的在校生總數，超過了全國所有教會大學在校生總數。

在考察北京和上海之間的關係狀態時我們會發現，就讀北京大學的學生當中，南方籍學生人數多於北方籍學生。直隸省（河北省）籍學生總數為321名（14%），但江蘇籍學生為184名，浙江籍學生為197名，安徽籍學生為102名——籍貫為長江下游三省（上海周邊省份）的學生

總數達到了483名（21%）。此外，廣東籍學生有231名，四川籍學生有139名，山東籍學生有147名，另有部分其他省籍學生。（《北京大學校報》1923年4月16日）

從教授陣容上看，北京大學彙集了陳獨秀、周作人、胡適、錢玄同等在日本、歐美等國留學歸來的精英學者。1918年的統計資料顯示，在全體202名教員當中，北京籍教員僅為12名，但江蘇籍教員多達40名，浙江籍教員和安徽籍教員也分別為39名和17名；南方籍教員數量遠遠超過了京籍教員數量。（《北京大學校報》1918年4月24日）

直到清朝末年為止，一直都是帝王之都的北京，在民國時期重新著手塑造自己的文化城市形象。在此之前，為了建立清朝立憲君主制，在變法派的努力下，創立了京師大學堂。而京師大學堂竟然變成了北京重塑文化城市的資本。

也就是說，前王朝的政治文化遺產，變成建設新成立的共和國的中堅力量。另外，加入這支中堅力量的精英不是別人，而多是上海周邊省市出身的留學生。這批人構成了北京大學教授陣容的主要框架；而且也構成北京大學學生主流。

從上海發端的西方近代化潮流，完全控制和掌握了北京。此外，從另一個意義上講，古都北京通過接納新興的上海力量，實現了天翻地覆的巨變。

租界城市上海在西方近代化潮頭吸納並應用西方先進技術、思想，以此誕生了中國的民族工業，同時也催生了中國人自己經營的學校、報社、出版業等。在此過程中，建立起中國近代工商業及文化系統。

從上海培育、成熟的西方系統，通過上海及南方知識份子進入北京，向這座古老城市供應了新鮮血液。而北京也在這一過程中重新找回文化的領導地位。於是，北京發起的新文化運動「五四運動」，於1920年取得豐碩成果，並在此後重新逆流到上海。近代北京和上海的

對立競爭結構，即使是在已經進入21世紀的今天，也仍在以一種白熱化狀態持續進行。京派文化和海派文化之間的競爭意識，恐怕還會長久存在下去。

54.《點石齋畫報》中令人驚異的世紀末中國社會

數年前，筆者曾得到一套影印版《點石齋畫報》。這個畫報可以說是了解19世紀中國社會萬象的寶庫。

《點石齋畫報》於1884年5月8日創刊，並於1898年停刊。這個畫報是當時在上海創辦《申報》的英國人安納斯・美查（Ernest Major）兄弟發行的。《申報》創刊於1872年4月30日（同治三十年），是一份中文報紙，一直延續到1949年，是一份歷史悠久的、中國最早的報紙之一。

《點石齋畫報》每月逢6日（6、16、26日）出版，每期共有八頁，是與《申報》同時發行的。

在大約14年間，《點石齋畫報》共發表了4000多幅配有文字說明的圖片。而這也成為了解清末中國社會最珍貴的資料之一。北京大學文學系教授陳平原先生曾認為，這是一份「珍稀的寶藏」。

當時的創刊號序言中，發表了署名為尊文閣主人的署名文章，指出了他們的創刊宗旨：「在歐洲，畫報正大肆流行……可是在中國，還沒有類似的畫報。」並表明，他們創辦這份畫報，就是為了打破因中國式的繪畫而使畫報失去市場的現狀，向大眾提供一種賞心悅目、有助於了解新聞的媒介。

《點石齋畫報》很快變成了一份暢銷品。創刊數日以內，畫報便告售罄。並根據讀者的呼籲，陸續加印了數千份。

因此，在1888年和1889年這兩年間，《點石齋畫報》走出上海，

在北京、南京、杭州、湖南、廣東、四川、貴州、甘肅等地設置了「點石齋」分社。由此可見當時的空前盛況。

具有遠見卓識的安納斯‧美查兄弟，聘請當時著名畫家吳友如作為畫報主筆，以繪畫形式表現出社會新聞、新生事物、物品、市民風俗、日常生活、外國趣聞、奇風異俗等內容。

吳友如以外的著名畫家金桂、張志瀛、田子琳、何明浦、薄良心等也被納入《點石齋畫報》麾下。

他們憑藉自己嫻熟的筆法，在中國畫基礎上借鑒西洋繪畫中遠近法、明暗法技巧，大大提高了他們繪畫作品的藝術感染力。

在這些畫家當中，尤以金桂和薄良心多產。在為《點石齋畫報》工作期間，他們共為畫報繪製了千幅以上作品。

《點石齋畫報》囊括了社會、政治、文化、經濟、民俗、新聞、日常生活等各方面的內容。以1883年以來中法戰爭（正式開戰為1884年）為契機，《點石齋畫報》開始啟動。在創刊號上，就已經登出了法軍襲擊清軍駐地的場面。1894年中日甲午戰爭時畫報前後共刊登了40多幅有關該場戰爭的畫作。

《點石齋畫報》拿出相當篇幅的版面，報導當時的時事和社會新聞。重大的社會新聞獨佔一個版面，有時也採取短期集中連載的方法予以報導。比如李鴻章訪問俄羅斯及歐美各國、慈禧太后50大壽及60大壽、三江流域暴發的洪水自然災害等內容，都進行了即時報導。

《點石齋畫報》也以上海市民的風俗習慣、日常生活為中心，重點報導了清末中國城市生活的風貌。這些畫面，作為反應清朝末期平民百姓社會生活的資料，對了解那段歷史具有極其重要的價值。

比如，有一期刊登了這樣一個內容：王家新上門的媳婦在河邊淘米時，被兩個路過的飛賊綁架，並被賣到妓院。還有一期刊登了一個小孩子被人誘拐以後，被人為地變成一個殘疾人，成為乞丐的故事。

　　畫報同時也起到了向中國介紹西方科學技術、先進文化的作用。除此以外的新生事物，也是《點石齋畫報》報導的主要內容之一。可以說，《點石齋畫報》是中國近代最早介紹西方科學技術與文化的傳媒。

　　光緒11年10月15日，遊遍世界各地的科學家顏永京在上海格致書院，利用幻燈片向中國學界介紹過「地球是圓的」。《點石齋畫報》對這一歷史性事件也進行了報導。報導的內容還有德國的防彈服、英國火車通過水底隧道的「水下行車」、日本的火山爆發……

　　這份小小的《點石齋畫報》，對眾多中國年輕人產生了巨大影響。魯迅曾經也是一位喜歡閱讀《點石齋畫報》的少年。魯迅自幼非常喜愛連環畫。據說，他在連環畫上看到大炮以後，花了很長時間去弄清這款大炮是用於陸地還是水上的問題。魯迅還曾談及吳友如，從中也可看出連環畫對他的影響。

　　當然，《點石齋畫報》上也刊登過不少有關妓女、賭博、飛賊的內容。對此，魯迅曾指出：「因為對外國的事情還不大了解，所以在畫畫的時候有可能想當然地對此進行虛構。」

　　正如中國國內學者或日本學者所指出的那樣，《點石齋畫報》作為圖文並茂的一份雜誌，在傳播時事與新知識、資訊方面起到了巨大作用。日本的一位漢學家曾經說道：在這些「數量龐大的繪畫作品中，充滿了在接觸西方文化時產生的驚訝、興奮、誤解等內容。通過這些畫面，我們該如何解讀百餘年前中國人於世紀末建構的世界，以及美術史、文化史、科學史、宗教史、社會風俗……我們有必要從各個角度去解讀這份畫報所起到的作用。」

55.「新小說」的黃金時代

在閱讀中國近代史過程中，筆者發現有這樣一種偏見。即，在過度強調白話運動作為1910年末至1920年的文化、文化革命主流的同時，卻相對輕視此前的「新小說」時代。

通常，人們把胡適的論文《文學改良芻議》以及魯迅的《狂人日記》，作為白話文學的發端。但筆者認為，把先於胡適、魯迅等人一個時代（1900）出現的「新小說」視為中國近代白話文學的開始，似乎更妥當一些。因為在他們之前，有報紙、雜誌、出版等傳媒事業的文化積蓄，魯迅、胡適等人後來的白話文學運動才得以被社會接納。

在閱讀李伯元發表於1900年的作品過程中，筆者發現他的作品反而比魯迅「半文半白」的小說，更具有白話特徵；他在作品中直接使用口語對話的形式，已經具備了白話小說的特點。

在研究近代史過程中，新聞出版浪潮是絕對不應該忽視的領域。1900年代，中國文化史上的一大特徵，便是報刊雜誌等定期刊物的創辦、出版浪潮。

在此之前的1890年代，中日甲午戰爭以後的戊戌變法時期，中國已經掀起過最早的出版浪潮。而在進入1900年代以後，中國再次掀起了規模空前的出版浪潮，並開啟了中國「新小說」的黃金時代。

當時，報刊的發行地主要有上海、北京和日本的東京。這三地發行的報刊，佔了中國全部報刊發行量的66%。1900年代和1910年代，中國的知識份子主要集中在上海和日本；而在此後的1920年代，北京則變成了文化革命、出版革命的大本營。

當時，上海的廣智書局、商務印書館、小說林社的業務十分活躍。而1910年代，中華書局、商務印書館、金港堂等在出版領域，都有極具影響力的作為。這些出版機構，在出版雜誌的同時，也發表了很多小

說，使中國近代文學事業進一步得到繁榮。

1900年代發表的小說中，原創作品達1057篇，翻譯作品達797篇，共計1854篇。原創作品佔了約57%，翻譯作品佔了大約43%。而到了1910年代，原創作品達4631篇（佔整體的77%），翻譯作品1365篇（約佔23%）。從這些資料中可以看出，文學創作表現出飛躍式的繁榮景象。

在1900年代，以1902年為轉捩點，小說作品數量激增。開始的時候，是以翻譯小說為主的，但到了1908年以後，原創小說數量開始超過翻譯小說。

1900年代形成的「新小說」，作為一種「覺世之文」，是不同於傳統意義上的小說的。借用北京大學夏曉虹教授的話說，這些作品都是「行文流暢，邏輯清晰」的標準文章；以「近代新聞出版業的振興」為背景，主要發表在當時的報紙和雜誌上，產生了極大的社會效果。梁啟超在流亡日本期間思考的「如何將國家觀念植入中國人的大腦」這一問題，隨即在「新小說」中得到實踐。

1902年，梁啟超創辦了中國歷史上最早的文藝雜誌《新小說》。梁啟超本人在這起雜誌上發表了論文《小說與政治的關係》，同時開始連載以日本小說為藍本的小說《新中國未來》。

小說這個單詞，在中國擁有2000年以上的歷史。研究者認為，它起源於西元前2世紀《莊子》的《外物篇》。但在過去，小說一直被視為是一種低級讀物，而把用文言文創作的詩或文章視為正統作品。

誕生於橫濱的《新小說》雜誌的出現，在中國本土喚起對小說的空前熱情。從1902年到1817年，相繼出現了《繡像小說》、《新新小說》、《月月小說》等共計27種雜誌，而僅上海一地，就佔了21種。

1903年，商務印書館聘請在《世界繁華報》上連載著名白話小說《官場現形記》的李伯元為主編，創辦了《繡像小說》雜誌。這本雜誌開始連載李伯元的《文明小史》，和劉鐵雲的《老殘遊記》等針砭時弊

的小說作品。

發行與日本橫濱的《新小說》雜誌，於1903年連載了吳趼人的名作《二十年目睹之怪現狀》，引起了巨大迴響。1904年，曾發表於本刊的《孽海花》等被稱為「譴責小說」的作品，都是著名的社會小說。

前面提到的《官場現形記》、《二十年目睹之怪現狀》、《老殘遊記》、《孽海花》被稱為1900年代清末四大小說作品。這四大小說作品作為近代中國小說鼻祖，從某種意義上講，比晚一個時代出現的《狂人日記》等更加白話，因此也可以稱為是中國近代白話小說真正的代表性作品。

《孽海花》再版了6、7版，成為銷量達20000冊的超級暢銷書。日本於1905年出版的夏目漱石的《貓》，把上中下三冊銷量加在一起，還僅為1500冊。由此可見《孽海花》當時的影響。

在翻譯小說領域，著名翻譯家林紓翻譯的《巴黎茶花女遺事》等小說被人們廣為關注。通過《小說林》雜誌，偵探小說、軍事小說、歷史小說、戀愛小說等各種外國小說被譯介到中國，吸引了當時無數讀者。

魯迅等人在那個時代推出的白話小說或其他文學作品，實際上是在1900年代至1910年代出現的近代小說基礎上，逐漸形成風格的。筆者認為，從某種意義上講，在1920年白話運動以前形成的小說黃金時代做出的貢獻，也不亞於新文化運動。

56. 近代新聞出版業的誕生

最早誕生於東亞的報紙，是日本創刊於1868年的《中外新聞》。這一年也正是日本從江戶時代轉向明治時代的歷史階段。在此之後，《江湖新聞》創刊發行。1870年2月，《橫濱每日新聞》經明治政府許可正

式創刊。這不僅是日本最早的日報，而且也是利用日本產活字印刷的第一份報紙。

　　由於報紙和雜誌的出現，東亞終於正式出現了新聞出版業。報紙的誕生，是以吸納西方文明、外國資本、民族資本等近代產業的成長為基礎的。很快，上海就變成了中國新聞出版業的中心。

　　1846年，在鴉片戰爭以後，美英法三國開始在上海建設租界地；而1863年，英美共同租界地在上海成立。1894年，中日甲午戰爭以後，中國經歷了日本的侵略，以及在第一次世界大戰中民族資本家的興起等歷史時期，上海變成東亞第一大國際都市。1930年代，上海的人口已經達到314萬（其中，歐美人佔3萬，日本人佔2萬），而到了1948年，上海人口增加到了550萬（其中，租借地人口為250萬）。

　　租界地的興盛，為歐美殖民主義勢力在上海建設近代工商業，及文化系統發揮了重要作用。外國的殖民地侵入，帶來的影響並不僅僅是負面的，作為一種文化傳播形式，它將西方的系統、文化原原本本地傳入中國上海。上海顯著的發展變化，便是外國人浸透的結果。

　　上海的中國學者劉惠吾指出：「帝國主義利用暴力和強權，在上海設立了租界地，並建起了文化教育機構，而且進行了市政建設……在這些地方，開始出現應用西方先進技術進行生產的中國民族工業，以及中國人自己經營的新式學校和新聞出版機構。於是，中國的民族資產階級和無產階級，以及新型知識份子開始誕生」（劉惠吾，1987）

　　1908年的上海產業，在經過了近50年的近代產業的積蓄以後，在海運業、銀行業、紡織業、紡紗業等產業領域，都得到了巨大發展。1888年，隨著日本三井物產經營的機械式棉紡廠進駐上海，其他日本企業也開始陸續進入上海。

　　商業發展也是顯著的。1908年，全上海有多達7318家商店在營業。民族工業在外國產業的刺激下，也取得了快速發展。1862年，上

海炮局創建以後又出現了南京製造局，而1885年以後，民族資本開始進入造船業，並於1904年出現了大規模的海運公司上海大達輪埠公司。1911年，上海成立的民族資本海運公司多達十家，船舶保有量也達到了517艘。還有，中國人自己創立的第一家銀行中國通商銀行也於1897年在上海開張營業。

和外國資本一起來到上海的西方基督教傳教士開始編輯他們自己的雜誌和報紙。中國出版業的興起，就是由此形成的。

中文月刊《六和叢談》創刊於1857年，而《中外雜誌》則創刊於1862年。這些雜誌開始向中國讀者介紹海內外國際形勢、自然科學、外國文學等內容。在這些雜誌的創辦過程中，中國著名知識份子王韜等人也定期向其供稿。日本在當時也進口了這些雜誌，並在翻譯成日文以後予以出版。

1872年英國的專業人士在上海創辦了中文報社申報館。由這家報館發行的《申報》，便是中國第一份中文報紙。此後，中國的知識份子容閎不滿於申報發表的評論，利用民族資本創辦了《彙報》。發行初期，《申報》的發行量達到了600份，到了1919年，則達到了30000份。1909年，中國人席裕福併購了《申報》，使其變成由中國人經營的一份報紙。

《申報》於1884年開始發行新聞畫報《點石齋畫報》。當時，畫報是利用石版印刷技術印製的。德國於18世紀發明的這項印刷技術，進入19世紀以後，以繪畫作品複製或石版畫印刷形式，在中國得到廣泛普及。

在近世紀，中國南方地區的圖書出版業本來是集中於蘇州的。但在太平天國時期，眾多圖書出版業從業人員前往上海，因此出版事業的中心也隨之轉移到了上海。於是，上海一躍而成為印刷業的主要基地。在1890年代以後，近代城市上海的成熟，誕生了出版業、新聞業；而租界城市的新聞出版業，也轉變為中國近代改革的輿論中心。

基於這樣一些現實，日本文學家藤井省三曾這樣指出：1890年代末期，變法運動的特徵是組織各政黨，而對其進行報導的活動，加速了上海近代傳媒業的發展。

康有為早就意識到了傳媒的力量，因此早在1895年就在上海出版了《公車上書》，以宣傳自己的改革方案。此外，康有為、梁啟超等人還在北京發起籌建了「強學會」這樣一個政治組織，並創辦日報《中外紀聞》，每日公開發行3000份。1896年，梁啟超在上海共同租界創辦了雜誌《時務報》。這是一份旬刊，每期30頁，刊登的內容包括言論、海內外新聞、外國報紙內容翻譯等。這份旬刊一共發行了69期，在1897年，其發行量達到了17000份，創造了國內報刊發行量之最。

社會變革及革命活動，形成新聞出版事業蓬勃發展的趨勢。從理論上講，這也在文體、小說等領域結出了豐碩的成果。梁啟超在創刊當時，還是一個年僅23歲的年輕人。可以說，他是中國近代新聞出版業代表性的先驅者。隨著新聞出版業的形成，從1900年代開始，終於誕生了新小說，而這也為1910年代的新文化運動奠定了基礎。

57. 韓國的報紙和日本

韓國的近代是透過日本的近代──殖民主義做為過濾裝置，遭遇西方的近代的。這種遭遇，很難說是韓國的幸還是不幸。19世紀後期，近代日本的崛起以及向朝鮮的滲透，使韓國人意識到實現近代化的必要性。

如果說報紙是傳達言論及輿論宣傳的近代產物，那麼這種報紙的誕生也是在與日本發生的密切關係中誕生的。韓國最初的報紙又是如何誕生的呢？19世紀末的1883年初，根據俞吉濬的提議，朴泳孝以報紙發

行為目的，向朝鮮政府建議成立博文局。

　　於是高宗把報紙發行業務交給朴泳孝負責。朴泳孝又聘請俞吉濬，使其負責具體業務，並將報社社址確定在現在的乙支路2街的一座建築物內。1883年8月，博文局宣布成立，並任命金寅植為主要負責人。報社同時聘請的還有玄映運、鄭萬朝、吳世昌等開化派人士和年輕的新銳文人。可是實際上，師從福澤諭吉的金玉均帶著福澤諭吉派遣的井上角五郎來到韓國，擔任了報社創建工作的總指揮。井上角五郎借鑒了曾在福澤諭吉手下經營報紙的經驗，在近代韓國報紙的誕生過程中發揮了重要的作用。

　　9月20日，韓國歷史上第一份報紙《漢城旬報》創刊號正式發行。10月1日，報社發行了第一期報紙。報紙的印刷，也是利用井上角五郎從日本帶來的機械設備印製的。《漢城旬報》是一份純粹的中文報紙，因此當時只分發給各官衙和官吏，而沒有向大眾公開發行。《漢城旬報》為國內新聞和國外新聞設了專門版面，對其予以分別報導。當時，報紙極力鼓吹的是開化派的思想與具體方法，因此開化派領袖金玉均連載發表的《治道略論》產生了較大的影響。

　　1886年，《漢城旬報》更名為《漢城周報》，使其變成了一份周報。韓國的近代報紙，就這樣在日本絕對的支持下，由朴泳孝、金玉均、尹吉濬等開化派人物一步步發展起來，並對韓國近代新聞出版業的發展做出了巨大貢獻。

　　開化派人士俞吉濬，在參與甲午改革運動的同時，也在策劃創辦一份新的報紙。1895年，俞吉濬與徐載弼一拍即合，決定著手創辦一份新的報紙。但由於發生了高宗皇帝和世子搬遷到俄羅斯公使館居住的「俄館播遷」事件，導致金弘集內閣下台而擱淺。

　　但是，徐載弼並沒有死心，而是重新開始著手創辦新的報紙。於是，他託人從日本買來的訂製的活字。開始的時候，由於沒有人掌握這

些設備的使用方法，所以耽擱了一段時間，但後來他們終於獲得成功。1896年4月，小型畫報大小的英韓文版報紙《獨立新聞》終於發行。

徐載弼身兼報社社長及主筆之責，負責撰寫社論文章。而英文版製作，幾乎也都是由他一人來完成的。韓文版的製作，則是交由周時經負責的。《獨立新聞》的第一、二、三版為韓文版，第四版則為英文版；當時，每期發行數量為3000份，除訂閱以外，也在街面商鋪公開銷售。據說，《獨立新聞》英文版也通過遊輪，發行到了美國、中國、英國、俄羅斯等國家。1898年，遭到政府驅逐的徐載弼把報紙交給尹致昊來經營，自己則隻身逃往美國。尹致昊擔任主筆以後，《獨立新聞》變成了日報。在獨立協會即將解散之際，尹致昊被任命為元山地方官吏，因此不得不離開報社。此後，外國傳教士亞扁薛羅（Henry Gerhard Appenzeller）接收報社，並親自擔任主筆繼續辦報。後來，《獨立新聞》於1899年12月24日停刊。

韓國最早的民營報紙留下幾行國民啟蒙先驅者的足跡，便令人遺憾地消失了。

1898年8月，《帝國新聞》開始正式發行。這份報紙是由天道教徒李鐘一出資創辦，並親自擔任社長職務的。第一任主筆為李承晚，主要記者有小說家李人稙、李海朝等人。當時，《獨立新聞》的發行量平均在2000份左右，而《帝國新聞》後來者居上，發行量達到了4000多份。

作為一份純韓文報紙，《帝國新聞》向社會不合理現象和親日派發起了猛烈的攻擊。這份報紙雖然在日本帝國主義統治時期被迫停刊，但它和《獨立新聞》一起，共同為韓文的普及做出了巨大貢獻。

1898年9月出現的《皇城新聞》，是由南宮憶等人創辦的，採用的是國漢文混用（韓漢混用文）的方法。《皇城新聞》創辦之初，擔任過主筆的有柳根、朴殷植、張志淵等赫赫有名的文人。1902年，隨著張志淵成為社長，《皇城新聞》開始鼓吹儒教思想和精神武裝運動，同時

也極力主張朝、中、日三國的東洋和評論。1905年，《乙巳條約》簽訂以後，朝鮮的國家主權落入日本手中，於是，張志淵發表了他著名的「是日也放聲大哭」的議論文章。當然，報社也在日本帝國主義的鎮壓下關閉了。

1904年7月，英國人裴悅創辦《大韓每日申報》，朴殷植、梁起鐸、申采浩等人也受邀加盟。這份報紙同樣採用了國漢文混用的編排方法，但在內容上傾向於宣傳排日思想。1905年，朝鮮統監部對其進行了嚴格審查，並於1909年一年間，扣押了他們137期報紙共20947份。（《朝鮮總督府施政年表》，1909）但是，《大韓每日申報》並沒有向日本帝國主義屈服，梁起鐸等人反而發起了「國債報償運動」，繼續宣傳獨立思想。後來，隨著1910年日韓併合條約的簽訂，這份報紙砍掉了「大韓」二字，以《每日申報》的報名繼續發行。作為一份民族獨立報紙，它的業績理應永遠讚頌。

1906年6月，天道教教主孫秉熙創辦了《萬歲報》。當時，由吳世昌擔任報社社長職務，主筆則由李人稙擔任；這份報紙同樣採用了國漢文混用的編排方式。據說，這份報紙產生的積極教育效果，甚至超出了新聞報導的影響力。《萬歲報》連載了新小說大家李人稙的小說《血淚》、《鬼聲》，對新文學建設起到了巨大的促進作用。此外，《萬歲報》也發起了譴責親日派的民族運動。後來，這份報紙被《大韓新聞》併合，並變成李完用內閣的機關報。

近代韓國的報紙，始終和日本緊密地聯繫在一起，並在日本殖民統治下遭到鎮壓，或成為被他們利用的工具。這是因為日本政府十分清楚，報紙的力量完全可以與刀槍相匹敵。

58. 百年前的日常用品都有哪些

近年央視播出的電視連續劇《旱碼頭》，是以清末民初為歷史背景拍攝的商戰傳奇大戲。民族資本創業的故事主要發生在山東周村和上海兩地。

清末時期，在具有非凡才能的民族企業家楊瑞清通過的努力下，周村通上了電。村民開始用上了電燈。在此期間，有一個非常有趣的場面。村裡的老人當時還以為電燈也跟油燈一樣，能用來點煙，於是便把長長的煙袋湊近電燈泡。他吸了又吸，卻怎麼也沒能把煙點上。於是，老人一怒之下，把燈泡砸碎，結果險些發生觸電事故。

這是尚不熟悉近代文明的東亞人身上發生的偶發事件。據說，朝鮮也曾發生類似事件。

近代的日常生活，幾乎都是使用來自於西方的物品。近代朝鮮的日常用品，幾乎全是從日本進口的。朝鮮是在與日本發生密切聯繫的過程中步入近代的，因此，日用品也不例外。

那麼，當時進口的日用品有哪些呢？首先有雨傘、鏡子、蚊帳、火柴等物品。在過去，朝鮮使用的是傳統的油紙傘。但日本的雨傘進口到朝鮮以後，油紙傘立刻失去了市場。日本的雨傘分為紙質傘、棉布傘、絲綢傘等，其質地堅韌，也可以折疊，而且裝飾設計也很考究，因此立刻在朝鮮普及開來。

小手鏡本來也是朝鮮從大清進口的，是一種深受朝鮮婦女喜愛的化妝工具。但由於日本的鏡子更精巧，也更具實用性，所以朝鮮婦女很快就轉而使用日貨了。當時，鏡子還被當成室內裝飾品，有時也將它掛到戶外出入口上。

蚊帳也是深受朝鮮家庭喜愛的用品。白天，朝鮮人把蚊帳收起來，到了晚上睡覺的時候再把它拿出來掛上。由於蚊帳的便利性和功效，晚

上睡覺的時候，朝鮮人可以不把門窗關上。

西方的洋蠟、油、牙膏、肥皂也被大量進口到朝鮮。洋蠟很快取代了朝鮮傳統的蠟燭，被廣泛使用於祭祀活動或家庭日常生活中。油當時還沒開始食用，而是被當作髮蠟來使用。而有的婦女，則把油拿來當作潤髮油使用。過去，朝鮮婦女大都使用桐柏油來潤髮的，但西方的油很快就取代了桐柏油。

最初，朝鮮的平民百姓並沒有使用牙膏。但隨著刷牙概念深入人心，朝鮮人也開始使用牙膏。也許，刷牙的概念還沒有在東亞得到普及，所以有報導說，即使是在步入21世紀的今天，中國仍有大約4億農民不刷牙。

肥皂是這些進口品種最受歡迎的商品。當時進口的肥皂分為洗臉用和洗衣用兩種。據說，洗臉用的肥皂比洗衣用的肥皂更受歡迎。

香水的進口量很少，但也和肥皂一樣，被貿易公司從俄羅斯或西方進口到了朝鮮，小批量銷售。

在電力還沒得到普及的情況下，日常生活中最受歡迎的洋貨便是火柴。當初，人們更看重的是火柴可以點燃柴火的功能，所以一度把它稱為「燐寸」。後來，人們考慮到這個東西的「西洋」性特徵，為其取名「洋火」。此外，也有人考慮到這種東西能夠「自燃」，也把它稱為「自起黃」。（*李離和《韓國史故事》*）

第一個從日本把火柴帶到朝鮮的人是著名的開化派聖人李東仁。後來，宋憲斌隨同「紳士儒林團」前往日本進行考察，並把火柴的功能和製造方法詳細記錄下來，介紹到朝鮮。

但當時，朝鮮由於技術和材料的缺乏，還難以自行生產，因此主要還是從日本進口。問題是，日本火柴當時存在這樣一個缺點：在潮濕天氣不容易引火。所以，居住在朝鮮的外國人使用的，基本上都是英國產的火柴。

火柴開始大量進口以後，朝鮮人省去了很多麻煩。因為在此之前，為了保存火種，朝鮮人不得不將火炭埋進木灰，以便下次使用。所以，火柴成為最具實用性的近代日用品。抽煙的男人們終於丟掉一直以來帶在身邊的火鐮。火柴給朝鮮人帶來的便利是難以想像的。

石油、煤炭等近代燃料進口到朝鮮，是在1880年代以後的事情。東亞人最初認為，石油是從石頭裡面打出來的，所以便才其命名為「石油」的。

朝鮮早期進口的石油是美國產品，後來陸續開始進口日產、俄羅斯產石油。

在電還沒有得到普及時期，石油是作為油燈燃料使用的。日本人從中發現了商機，開始向朝鮮出口油燈。據說，在漢城等開埠地區，若想使用石油，就必須使用日本的油燈。因為日本人在供應石油的時候，是把油燈捆綁銷售的。

1897年，朝鮮開始出現用石油等照明的路燈。政府部門命令規定，各戶人家也必須在自己的家門口懸掛油燈。在油燈被進口到朝鮮的過程中，中國的「胡籠」也開始打入朝鮮市場。很快，胡籠取代了日本油燈。

煤炭是以日本商品為主的。但據說，日本煤炭的品質不如朝鮮產品。煤炭作為汽車、汽船等交通業、運輸業以及其他產業的能源得到普及，同時也被朝鮮家庭拿來當作燃料使用。

近代在從觀念上改變人的認識的同時，也以日用品介入的方式，改變了東亞國家的生活方式和社會生活面貌本身。

從當時的報紙廣告中可以看出，從1890年代到1910年代期間，銀行廣告和朝日啤酒、葡萄酒、日本清酒就已經成為主流廣告；同時也可以發現，當時朝鮮已經出現了西服店和旅館廣告。當時的《獨立新聞》也曾刊登藥品廣告和文房用具廣告。

百年前新生的物質文明用品，隨著日本的滲透、侵略，像洪水一樣

湧入朝鮮。從這一點上我們也可以看出，朝鮮的近代化過程是經過日本作為過濾裝置的。

59. 近代文明的面孔——廣告

廣告可以打造出一個時代的流行語，同時也能成為這一時代的「面孔」。所以，廣告在引領一個時代時尚的同時，也稱為這一時代象徵性的縮影。

過去，日本人在朝鮮發行的報紙上，曾刊登大量廣告。而當時的廣告並不是出現在報紙的文字內容中的。這是當時的時代特徵。仁川發行的《朝鮮申報》（日語版），在1907年1月1日，發行了厚達50版的新年特刊號。其中，廣告內容佔了一半版面。當時，漢城的韓語版報紙，連發行四版都很困難，可日本人發行的報紙卻表現出欣欣向榮的態勢。從中我們可以看出，日本的進口商品、企業、銀行、海運業等已經開始掌握了韓國經濟。（《朝鮮日報》2010年2月10日）

《朝鮮申報》刊登的廣告有朝日啤酒、葡萄酒、清酒等酒類。日本廣告以其強烈的藝術字體視覺效果，吸引了當時廣大群眾的關注。肥皂、牙膏、醫藥品、醬油、奶粉等日用品，和發動機、自行車、幻燈機、手電筒、理髮器、風琴、鋼琴等商品廣告開始大量出現。

19世紀末、20世紀初，百年前日本的報紙廣告如實表現出日本的經濟滲透，以及近代產品、文化進入朝鮮的實際情況。

研究認為，日本最早的廣告出現於1683年。當時，一家和服店以分發傳單的形式，向人們宣傳自己的店鋪。而在進入江戶時代以後，不僅出現了文字廣告，而且也已經出現了極具吸引力的廣告設計和圖片，強調的是視覺的審美效果。據說，當時的才藝學校、文學書籍、樂器廣告

投放量也相當大。（《世界廣告史》今野展男）

明治時代是一個報紙的時代，因此報紙廣告作為一種戰術，發揮了巨大的威力。當時，廣告過於氾濫，以至於報社不得不專門制定廣告標準。明治18年（1885），《朝日新聞》上首次出現了有關廣告規定的內容。

被稱為近代廣告先驅者之一的岸田吟香，同時也是一位著名學者。他生產的眼藥水（精錡水）產品，從1873年10月29日開始，連續一周在《讀賣新聞》上刊登了廣告。這條廣告以連載形式，每期登出3400多字，產生了極好的促銷效果，所以賣出了大量眼藥水產品。後來，岸田吟香還把他的眼藥水產品出口到中國，並用它從中獲取的巨大利益，創建了日清貿易研究所和東亞同文會。據說，岸田吟香的名聲在當時傳遍了中國的18個省。

日本的「仁丹」首創者森下博據說也是廣告的先驅者之一。1914年2月20日，他發表了《廣告革新宣言》，並將廣告視為服務社會的一種手段。據說，他的廣告語被當時的人們視為是金玉良言，而受到熱烈追捧。

有人認為，其實，「廣告」這個單詞本身也是誕生於日本的。這個單詞傳入中國，並被中國接納的時期，正是1900年代初期。朝鮮比這稍早一些，是於1890年代在日本的影響下，開始使用「廣告」這個單詞的。

1906年，清政府發布的《政治官報》章程中，首次出現了「廣告」一詞，並替代一直沿用下來的「告白」、「預告」等詞，並成為一種固定用法。

當然，廣告本身的歷史在中國並不算短。尤其是在上海，隨著租界地的出現，西方文明直接湧入上海，因此在1843年以後，上海便成為近代中國廣告的發源地。

《老上海廣告的軌跡》（徐百益）一書中介紹說，自古以來，廣告

的形式無外乎「七分賣唱，三分賣糖」，多以賣梨膏糖的商販沿街叫賣為主。

據說中文報紙廣告起源於1862年發行的《上海新報》。英國人經營的《申報》於1872年4月30日創刊以來，一直到1949年5月停刊，都是一份值得特別一提的中文報紙。因為這份報紙刊登了大量圖文並茂的廣告。

1893年2月17日創刊的《新聞報》是一份中外商人合資經營的報紙，同時也是《申報》的廣告競爭對手。1923年左右，《新聞報》對外宣稱自己的發行量達到了15萬份，而「廣告版面佔了六、七成」。

1904年，由商務印書館創辦的《東方》雜誌刊登了大量廣告。其中，美國產品廣告佔了絕大多數。

繼報紙、雜誌以後，戶外露天廣告隨後開始展現出其多姿多彩的風貌。豎立在街道兩旁的廣告開始流行起來。上海南京路和浙江路、黃浦江外灘上的立式廣告，開始吸引人們的視線。

作為一種電影廣告手段，電影院等部門至今還在採用在入口處張貼海報的廣告形式。同一時期，宣傳單、印刷品廣告也十分流行。其中，1910年3月1日刊登於《申報》的「奉送燕醫生藥掛圖廣告」，和3月15日刊登的「月份牌廣告」較為著名。

廣告代理企業自然而然出現。當初，這些廣告代理企業通常取名某某廣告公司。1909年成立的維羅廣告公司，和中西、偉達、上海、好華廣告公司，都是當時著名的廣告企業。

近代上海廣告，通過各種廣告畫，誕生了廣告藝術這一新的美術形式。這一點是值得關注的。當時，西方公司、日本公司都是自己設計本公司專用廣告的，但雇傭的基本上都是中國著名畫家。當時介入廣告畫領域的中國畫家，有胡伯翔、倪耕野、梁鼎銘、吳炳生、馬瘦紅、唐九如等人。他們的廣告作品，受到了廣大市民熱烈歡迎。

當時的廣告作品，真可謂是一種具有藝術價值的收藏品，完全可以

拿來當作藝術品來欣賞。其中的古代仕女畫,和民國時期美女畫,完全
超出了廣告畫的界限,將中國傳統審美意識和近代精神完美地結合在一
起,成為一種完美的美術作品。

如果說廣告作為一種經濟、文化現象,成為反映一個時代的象徵,
那麼,這其中也反應出百年前剛開始接觸近代文明的東亞面貌。因此它
也成為我們解讀那個時代一個媒介。在這一點上,近代廣告具有重要的
歷史價值。

60. 花鬥、名片以及賀年卡

花鬥(一種類似於撲克牌的紙牌)是朝鮮民族最具大眾性質的遊戲
項目。花鬥成為朝鮮民族傳統遊戲項目已經有很長的歷史了。我們當中
有很多人以為,花鬥是朝鮮民族固有的遊戲項目,但實際上,花鬥是一
種徹頭徹尾從日本引進的近代遊戲項目。

所以,直到今天,韓國具有強烈愛國意識的知識份子還經常說:
「韓國從日本學來的,只有花鬥和日本蘿蔔。」這些人的愛國心倒是可
以理解,但作為知識份子,如此簡單地理解近代日本帶給韓國的影響,
總覺得是一種幼稚的行為。這種行為,無異於是在否認通過殖民地這種
過濾裝置形成的近代韓國歷史。

百年前的19世紀末期,對馬人經常往來於朝鮮居住的村落,向他們
傳授花鬥的玩法。但據說,在當時,花鬥還沒有在朝鮮普及。朝鮮開埠
以後,日本人在自己的居留地或漢城等地區,通過花鬥這種遊戲方式,
進行賭博活動。朝鮮民眾看到這種情況,產生了好奇,開始學起了這種
遊戲。

那麼,花鬥是如何產生的呢?下面,還是讓我們首先來了解一下花

鬪的歷史吧。淡路守在他的《花鬪的遊戲方法》中指出，花鬪出現的年代並不十分明確，但在此之前，日本早已出現從葡萄牙引進的南蠻歌留多（うんよんかるた）、由中國傳入的麻將、西方的撲克牌等，但花鬪卻是百分之百屬於日本固有的遊戲牌。

這種花鬪沒有受到外國文化的影響，而是日本結合了一年四季的花草、鳥獸、天氣、和歌短冊（一種用來書寫和歌或俳句的厚長紙條）等因素，創造出來的遊戲牌，因此也體現了日本人的生活趣味。

於是，傳統的遊戲方法於1818年至1843年間形成，而花鬪牌上的圖案也都是由日本傳統畫面構成，因此完全不同與西方的南蠻歌留多。花鬪牌就這樣誕生了。

花鬪在明治初年被禁止出售，但隨著西方文明的湧入，日本開始大量進口撲克牌，花鬪牌也開始重新公開銷售，並成為深受廣大日本人歡迎的一種健康遊戲。從花鬪牌的結構特點上看，每種花樣，是按照依次開放的花卉順序排列的。一月為松樹、二月為梅花，依次為三月櫻花、四月藤蘿、五月菖蒲、六月牡丹、七月胡枝子、八月芒草、九月菊花、十月丹楓、十一月雨中柳條、十二月梧桐。

根據一年四季，花鬪牌上的動植物也發生符合節氣的變化，這和東方社會吟風詠月的思想趣味是一致的。而這一點，也吸引了身處儒教文化傳統中的朝鮮貴族和商人。他們很快學會了花鬪牌的玩法，並參與日本人的賭博活動。據說，剛開始的時候，由於不了解更多的遊戲秘訣，很多朝鮮人為此而傾家蕩產。

花鬪牌的圖案非常形象，而且玩法也很容易掌握，因此很快成為深受廣大朝鮮人民喜愛娛樂活動。至此，花鬪牌替代了賭博和骨牌，成為朝鮮人主要的娛樂活動。殖民地統治時期的朝鮮人一直都很喜歡玩花鬪牌，而孩子們的遊戲對象也慢慢變成了日本式的玩具。直到今天，花鬪仍是韓國民眾最喜愛的遊戲娛樂活動。

在韓國，名片最早出現於1880年代。據說，開化派領袖人物金玉均、徐光范、朴泳孝、閔泳翊等人首先通過日本接受了名片這種新生事物，並將其使用於自己的社交場所的。當然，在名片還未得到普及之時，最初使用的人是那些外交人員、留學生或部分官僚。

閔泳翊於1883年以「報聘使」身分出訪美國時，已經印製了自己的名片。其正面印有用漢字寫成的姓名，下面還有用英文寫成的位址等內容。當時的名片，偶爾在漢字姓名旁邊，標注了英文。

1904年，著名獨立運動家安昌浩在平壤創立了大成中學。當時，安昌浩的名片，使用活字印刷印製的。名片正中央印有「安昌浩」三個漢字，下面手書平壤大成學校等字樣。當時的名片，與現在的名片大小相仿。

名片作為近代一種產物，通常在初次與人接觸時遞交給對方，所起到的作用有些類似於向對方進行自我介紹的物品，或自我履歷書。從這種意義上講，名片也行施了使用者的「面孔」職能。

1900年，日本政府下令同意使用私製明信片，於是一種被稱為「繪葉書」的明信片開始在日本流行起來。1902年，日本為了紀念加入萬國郵政聯盟25周年，發行了六套明信片。這也是日本第一款管制明信片。1905年，日本在日俄戰爭中取得了優勢，於是政府部門發行了紀念日俄戰爭明信片，掀起了日本史無前例的明信片熱。

明信片上設計了各種圖案和畫面，可以在上面寫一些簡短文字，因此可以作為與親朋好友或家人間傳遞簡單資訊的媒介。這種資訊媒介，藉助近代郵政系統的日益完善，很快在民間形成一股潮流。

現在，尤其是在新年前後，日本人都會大量使用明信片向對方賀年。而這種傳統已經有了一百多年的歷史。現在，每年的新年即將來臨之際，日本人都會寄出大約數億張賀年明信片。

隨著日本對朝鮮的殖民統治，這些明信片、賀年卡也傳到了朝鮮。1900年，朝鮮通信院成立，專門負責與電信、郵政相關的業務。從

此，郵政事業開始在朝鮮，以及日本、中國發展，於是明信片也開始和傳統書信一樣，被人們廣泛使用。原來，近代也曾在這一張張名片和明信片中走過。

61. 百年前的漢城是如何轉變為近代城市的？

首爾（舊名漢城）是一座極富魅力的城市。在經過了600年的歷史以後，首爾正在以其成熟的形象，向世人展示著它獨有的魅力。世界水準的時尚文化，和東方禮儀之國的歷史，在首爾得到了很好的平衡。

每次更換執政者，首爾的城市建設方式就會發生變化。因此在歷史上，首爾曾多次變更過它的名稱。如漢陽、漢城、京城等。所以，我們在今天漫步在首爾的大街上， 也仍能從四處發現首爾歷史在各個歷史時期的遺存。

這些名稱，也很好地反映了首爾的歷史。漢山州 、陽州、光州、南京、京都、漢陽、漢城府，這些的都是首爾曾經用過的名字。從新羅時代開始，一直到日本殖民統治時期，首爾的這些城市名稱也向我們展示了它悠久的變遷史。

首爾從在李朝時期被定名為漢陽，此後變化為一座要塞都市。後來在日本殖民統治時期又更名為京城，在韓國獨立以後又改稱為漢城。在首爾誕生的背景之中，影響最大的是風水文化。首爾是朝鮮根據中國的風水地理思想被確定首都的。在高麗時代末期的無學大師，和李朝太祖李成桂看過風水以後，把當時的漢陽確定為首都。

在朝鮮語的固有詞語中，「首爾」一詞代表的就是首府之意。因此，首爾既是一個固有名字，同時也是一個普通名詞。

從100年前起，漢城開始變成一個近代城市。作為朝鮮的首都，漢

城在近代急劇變為一座時尚城市，其原動力在於日本的殖民統治。當然，漢城的變化，也和日本殖民統治以前西方文化的影響是分不開的。

在1880年代，漢城都城內駐有日本、美國、俄國等國的公使館，因此已出現了外國人聚居場所。所以，把漢城的貞洞一帶統稱為建築博物館也毫不為過。因為大韓帝國時期的建築物，和日本殖民統治時期的建築物鱗次櫛比地分布在那裡。這一地帶作為韓國近代史的發祥地之一，誕生了韓國第一份報紙，也是外國人和韓國人第一次舉辦大型社交聚會（party）的地區。

在開化時期，西方的外交設施雲集於此，逐漸形成外國人街區，因此當時的人們把這裡稱為「洋人村」。逃離了高宗景福宮的俄國公使館，也在貞洞落戶；簽訂第二次日韓協約（《乙巳條約》）的場所「中緬甸」也在這裡。在開化時期、大韓帝國時期及日本殖民統治時期，貞洞地區四處散發著外國文化氣息。在這個具有歷史意義的空間裡，各國勢力圍繞著朝鮮半島，在貞洞展開了激烈的角逐。

截至1900年，俄國公使館、英國公使館、法國公使管先後在貞洞竣工。另外，也有教會、醫院、賓館、俱樂部等建築也相繼在這裡出現。貞洞日益變成外國人的街區。在這些建築當中，屬俄國女性孫鐸建立的賓館最為著名。

高宗維修了慶運宮，並委託外國人為其打造新古典主義建築風格的石造殿，以此來構建他的西方國家模式。高宗通過獨立門、公園等建築，希望把漢城建設成一個近代西方城市。但是，高宗的大韓帝國終被日本瓦解，並以1905年《乙巳條約》的簽署及日本統監部的成立為契機，於1910年8月淪為日本的殖民地。在日本殖民統治時期，漢城被定名為京城。

京城在日本主導下，確立了新的城市建設計畫，並迅速發生巨大變化。1912年，根據城市規劃法規定，京城市區改造計畫開始實施。

首當其衝的便是道路翻新拓寬。第一期工程從1913年開始，到1918年結束；第二期工程也從1919年開始動工。第二期工程期投入了巨額資金，形成一個大規模城市建設產業。

　　京城市區改造的模式和東京一樣，是以法國巴黎為典範的。《京城市區改造規劃新圖》顯示，漢城的道路都是呈直線狀態，以巴洛克式的放射線狀向外擴展的。孫貞睦在《日本統治下漢城城市規劃史研究》中指出：漢城的改造工程和巴黎的大改造相類似。雖然漢城的道路事實上並沒能按原計劃以放射狀向外擴展，但城市的形象已經發生了巨變。

　　漢城的形象隨著日本殖民地資本主義的成長，發生了巨大的變化。對此，慶熙大學建築學院教授安昌模這樣指出：

　　「隨著殖民地化，在這塊土地上出現了市場經濟系統；而這也催生了殖民地資本主義的形成。1906年，出現了三越百貨商店（現新世界百貨商店）；1912年出現了Josiah百貨商店（現樂天瑪特）；1922年三中井百貨出現；1926年平田百貨商店成立。到了1930年代，「本町通」和「南大門通」周圍的商業圈完全被日本人掌握。小公路和太平路一帶則變成典型的服務街區。這種變化，也對韓國商業圈產生了影響，因此鐘路街上也相繼出現了金潤百貨商店、雞林商會、婦女用品商店——東亞婦女商店等。因近代交通網絡，新的商業圈開始形成。1937年，又出現了和信百貨商店，使韓國商業圈的發展達到了頂點。另一方面，隨著漢城迅速成長為一個資本主義城市，同時也成為一個頹敗的消費城市。劇場和咖啡廳為代表的大眾文化設施經常以近代文學的體裁出現在各種文學作品當中。當時，北村區建有團城社、朝鮮劇場、優美館、東洋劇場等。除此以外，日本人經營的電影院有黃金座、若草座、明治座、喜悅座、大正館等。

　　「與此同時，殖民地資本主義城市的陰暗面也開始暴露出來。被稱為『土幕村』的貧民窟，在古市町（現厚岩洞）、桃花町、新堂里、北

阿峴里等地出現。據說在1940年，非公開的貧民人數多達36000人。這些貧民區，也是今天首爾市郊貧民區的主要組成部分。」（安昌模《歷史城市首爾的近代變化》）

100年前，漢城在迎來近代化的同時，在日本這一「他者」的統治下更名為京城，逐漸向一座摩登城市發展。這究竟是首爾的幸還是不幸？在百年前的近代，漢城透過日本作為過濾裝置改頭換面。這也成為朝鮮民族近代史的一個縮影，留在了歷史的記憶之中。該如何逃避或如何重建殖民城市結構，這也成為朝鮮一個重大的後殖民地課題。

62. 近代漢城市內的日本人街區

殖民地時期的漢城有日本人街區。百年前，朝鮮的首都漢城，在被更名為京城的同時，實際上也成為僅次於東京的「日本的第二首都」。

隨著日本逐步實施定居式殖民政策，朝鮮半島終於變成日本「領土」；而作為這一新領土的「國家首都」，把漢城更名為京城，也意味著日本人以他的殖民政策，對這座城市進行徹底的改造。

那麼，京城內的日本人街區究竟是什麼樣的呢？

伊莎貝拉・露西・伯德・畢曉普女士曾於1890年代訪問過漢城。她在自己的《朝鮮紀行》中說，漢城市內的日本人街區「南山」給她留下了很深的印象。她說，在南山腳下，建有簡潔樸素的木結構日本公使館，還有茶館、劇場設施；在那一帶居住著5000多名日本人。這一地區與朝鮮人聚居的地方形成鮮明對照，能看到乾淨整潔的商店和房屋。朝鮮婦女不再用頭飾遮住自己的面孔，而和日本人一樣自由活動在這個街區。

這些內容表明，在日本人聚居的地區，當時的朝鮮婦女可以摘掉用來遮掩面孔的頭飾。

那麼，日本人街區南山究竟是什麼樣的呢？據說，被當時的朝鮮人稱為「南山」的地方，並非位於漢城南側那座有城牆環繞的南山，而是南山的北角一帶地區。在朝鮮時代，人們對應於「北村」這個地名，把這一帶叫做「南村」。而伊莎貝拉‧露西‧伯德‧畢曉普女士拜訪的地方，正是南村一帶。

今天，南山一帶仍有首爾市最大的繁華街明洞。與此相仿，在當時，南山一帶也有鱗次櫛比的商鋪。但在那時，明洞還不叫明洞，而是叫本町。

日本人是從1882年締結《朝清商民水陸貿易章程》以後才開始居住在漢城的。如果說西方人在漢城的貞洞形成了西方人街區，那麼日本人則是在南山形成了他們日本人的街區。而清朝人，也在漢城擁有他們的聚居地。

南山腳下有一個被稱為倭城台地方。「倭城」指的是豐臣秀吉侵略朝鮮時在這一帶壘砌的山城或陣地。因其位於漢城南山北側的一處高台上，所以被朝鮮人稱為倭城台。

倭城台上建有日本公使館、京城神社及倭城台公園、韓國駐在軍司令部等日本人居留地的主要設施。1876年簽訂《日朝修好條約》以後，日本方面便在1880年在此設置了日本公使館。1882年，日本公使館在壬午軍亂中被燒毀，後來於1885年搬遷到了倭城台。

在這一時期，日本人獲得了在倭城台範圍內售買土地、房屋的權力。於是，南山日本人街區的擴建也開始快馬加鞭地發展起來。

從朝鮮時期開始，南山一直被稱為南村。每逢雨季，從南山流下來的雨水便匯入江河氾濫成災，把這一帶變成一片汪洋。而日本人，正是在這樣一個水災頻發的地方建起他們的聚居地的。在南山腳下的明洞，建有一座高聳入雲的法國聖堂（明洞聖堂）。

很多人都以為，《朝清商民水陸貿易章程》將一直以來的朝貢貿易

變成了近代貿易，但同時也打亂了傳統朝鮮王朝的商業空間。中國商人和具備了「町人」（Chonin，町人是日本江戶時代一種人民的稱呼，他們主要是商人，部份人是工匠以及從事工業的工人）文化的日本人大量進入漢城，對鐘路一帶朝鮮商人帶來了很大的打擊。朝鮮商人和日、清商人之間的紛爭也很頻繁，但南山仍然發展為日本人聚居的地區。日本人修建了大量下水設施，以改變這一地區水災氾濫的現狀。最終，南山發生了翻天覆地的變化。

1906年，掌握了朝鮮外交大權的日本，把統監部設立在南山。伊藤博文作為第一任朝鮮統監部統監前來赴任，並設立了京城理事廳。由於京城理事廳的成立，日本居民數量進一步增加。根據1905年制定的居留民團法相關規定，1906年在京城出現了居留民團組織，1907年在龍山也出現了日本人的居留民團組織。

1910年，「日韓併合」成為現實以後，軍人出身的寺內正毅出任朝鮮第一任總督。他也是朝鮮第三任統監，並以用「武斷政治」手段治理朝鮮而聞名。後來，寺內正毅還曾出任日本的總理大臣一職。

隨著「日韓併合」，漢城府直接變成了京城府；隨後作為行政區劃，把內城地區設為部，外城地區則設為面。當時，漢城的行政區分為5部8面。於是，日本人居住地變成了町，而朝鮮人的居住地則變成了洞。

日本人街區有什麼特徵呢？日本人聚居地區，首先出現了神社，和以性交易為目的的紅燈區。而這兩種事物，在其他外國人聚居地是未曾有過的。

京城居留民團於1898年第一個在南山大神宮設立了神社，並在1913年以後，正式改稱為京城神社。日本人原封不動地帶來了他們的建築風格，以及祭禮形式。後來，朝鮮政府在京城神社原址創建了崇義女子大學，而臭名昭著的朝鮮神宮則搬遷到了南山腳下。

當時的紅燈區位於南山東側，即現在的東國大學北側。這種場所與

朝鮮原來由那些娼婦經營的酒館有所不同，都是經日本政府部門許可以後開設的公娼。紅燈區於1904年正式對外開張。

日本人的紅燈區主要集中在南山一帶。據說，一到夜晚，那裡就會傳來男人飲酒作樂的喧嘩。朝鮮人經營的紅燈區集中在山下，光顧這裡的主要是些朝鮮男人。

此外，南山附近的龍山駐進了日本軍隊。他們的任務是保護朝鮮境內的日本公使館、領事館、居留民團的生命財產安全。

在朝鮮時期，日本人就是這樣進駐到朝鮮人未曾居住過的地方，開始建設他們在朝鮮境內的「日本國」。

63. 近代殖民地城市──香港

在閱讀近代亞洲史，尤其是近代中國史的時候，筆者的一個重大發現，是「邊緣」城市所具有的近代性象徵意義。在近代史中，像香港這樣的邊境城市，基本上都會被認為是一座「殖民地城市」而一筆帶過。人們很少關注作為「國際都市」、「異文化視窗」，它們所具有的巨大意義，和產生的影響。

近代香港和上海一樣，作為中國的「邊緣」城市，作為殖民地、租界地城市，在接受西方或日本的統治過程中，形成了具有深厚外來文化內涵的世界。

在這裡，近代文化、思想、制度的激流，比中國其他任何地方都要澎湃。有眾多偉人和風雲人物，活躍在這裡；他們把自己的目光聚集在中國和世界上，立志促進中國的近代化進程。

如果把上海比作近代都市的大哥，那麼香港就是近代都市的小弟。1842年，《南京條約》簽訂以後，香港被清政府割讓給英國。這就是

香港這座城市誕生的開始。英國政府本來就希望能獲得中國南方（相當於葡萄牙領地澳門）的貿易據點。而位於大清唯一開埠地廣州入口處的香港島，正是一個滿足這個條件的地方。

香港本來就有一個用來堆砌香木的小碼頭。在割讓當初，香港島上居住著7500多名保持水上生活習慣的客家人和閩南人。當然，當時香港還是一個不值一看的小漁村。

最初負責香港建設的是進入澳門或廣州的商人或傳教士。以香港總督為最高行政長官的行政機構也已具備，於是逐漸開始建設碼頭或倉庫、監獄等設施。

到了1860年以後，居住在香港的中國人增加到了11萬4千餘名；1865年，香港成立了上海銀行，於是金融、保險、造船、海運等公司相繼誕生。

1900年9月1日踏上留學道路的日本大文豪夏目漱石路經香港，並寫下了有關香港的日記。在夏目漱石的眼裡，香港「與其說是萬盞燈火映照在海面，還不如說是把寶石鑲嵌在萬山上。」

在這時期，香港人口急劇增加到了28萬，成為一個欣欣向榮的殖民地國際城市。《南京條約》規定，在割讓香港的同時，開放五個沿海城市。其中，位於長江下游的上海，對香港的繁榮產生了積極的影響。

1930年，上海人口達到了314萬（包括3萬西方人口，和2萬日本人口）。與此相比，香港人口僅為85萬，不過是上海人口的1/3左右。1936年6月，武漢至廣州鐵路開通，從此香港直接與中國連接在一起。而在此之前的1911年，連接廣州和九龍的廣九鐵路（全長179公里）已經開通。

針對香港的繁榮，外國學者認為「香港是一個所有因素混合在一起的殖民地國際城市、城市國家」。也有一些學者把香港高度評價為：英國殖民地統治成功的典型。英國在香港進行的殖民統治，改變了英國在

非洲、中東及位於南半球的澳大利亞執行的野蠻政策。據說，英國在香港實行了具有開明的、啟蒙性質的統治政策。

對於香港的文化狀況，美國的中國現代文學研究學者李歐梵教授曾在他的論文《香港文化的周邊性序說》中指出：「香港永遠要比上海異端，而且上海的文化地位也比香港正統。上海具有悠久的歷史。但香港的歷史反而產生異化，因此也沒有什麼特別值得自豪的部分。一言以蔽之，在近百年來，香港一直是隸屬於上海的，而且在殖民地主義統治下，也沒能創造自己的身分。」

李歐梵先生認為，中國知識份子把香港的從屬地位視為一種理所當然的結果。由於中國的「五四」新文化運動的影響，香港於1920年代、1930年代誕生了近代小說，但這不過是中國的一種影響而已。

但由於英國的努力而誕生的香港大學所起到的作用，也是不可忽視的。香港大學就是在被稱為中國近代革命之父孫中山曾經就讀的香港醫學院基礎上擴建而成的。這所大學拒絕招收英國學生，是一所專門培養中國精英的教育機關，也是香港唯一（同時也是亞洲）具有國際水準的大學。

即使是在今天，香港大學也和香港中文大學一樣，在國際上擁有很高的知名度。鴉片戰爭以來，外國商會、香港的上海銀行等龐大的實業、商業資本，開始進入香港。

當時，把這些規模龐大的資本和英國系統的西方資本稱為大班；與此相對應，香港人所謂的「番頭」則被稱為買辦。通過這種大班和買辦的結合，香港的貿易、金融、服務業獲得了快速發展。

於是，人們認為，「香港可以稱為是一個徹底實踐了亞當‧斯密的自由主義貿易哲學的殖民地。」從1937年到1945年期間，香港曾被日本佔領，因此遭受了強制的高壓統治。所以，香港的著名街道也變成了「明治大街」。據說，香港人的反日情緒也就是在那時開始流露出來的。

　　此後，在吸納南下的中國資本家、文化人的過程中，英國對香港的統治慢慢復甦。1997年，直到回歸中國以前，香港都是作為近代西方文明的窗口，以南方近代文明象徵的姿態存在的。

64.《論語》和算盤

　　《論語》和算盤——這個標題本身或許會被認為是一個奇妙的組合。可是，在近代，真就有那麼一個人把這兩個風馬牛不相及的事物聯繫在一起。

　　這個人，正是被人們稱為近代日本資本主義之父的大實業家澀澤榮一（1840-1931）。澀澤榮一也被稱為日本近代實業界的創始人、近代日本的設計者之一。明治維新以後，澀澤榮一的名字，在日本經常被人們和伊藤博文、大久保利通等日本政治元老相提並論。可以說，澀澤榮一是日本近代資本主義實業界的設計者。

　　澀澤榮一創立的公司多達470多家。除此而外，他也曾參與500多家社會慈善、福利機構的建設。作為日本近代具有代表意義的人物，澀澤榮一受到了日本人一致的敬仰。澀澤榮一以他在實業、慈善事業領域獲得的成就，甚至榮登諾貝爾和平獎候選名單。

　　百年前，澀澤榮一發現了資本主義實業包含的問題，並努力找出解決這一問題的系統。資本主義實業一向以提高自己的富裕程度和擴展實際利益的欲望為引擎，大肆向外擴張。而這種引擎一旦運轉過速，就會無視人類的道德而傾向於獲取實際利益，從而把一個社會引向經濟危機或人性危機。

　　有一種良藥可以將這種內在的危險性控制在未然狀態。而澀澤榮一正是在孔子的《論語》中，找到了這種良藥。作為儒教文化經典，作為

人生的指南，《論語》包含著豐富而深刻的內容，也很好地回答了人將如何生活下去的問題。

澀澤榮一以《論語》的教誨、人生方法、道德實踐等為主要內容，創作了《論語和算盤》這本書，以阻止資本主義欲望的膨脹。

在書中，算盤成為資本主義欲望的象徵，而《論語》則象徵著人類的道德性。澀澤榮一通過自己獨特的思想，把這兩者有機地貫穿在書中。

日本的資本主義之父通過自己的一生總結出來的人生經驗和人生哲學，在他的《論語和算盤》這本書中得到了充分體現。《論語和算盤》提示了從事經濟活動的人應該尋找的發展方向——「協調利潤和道德」。這本書超越了日本人這一範疇，指明了東亞乃至全人類應該回歸的方向。

現在，中國以其獲得的輝煌經濟成就，表現出飛躍發展態勢。但與此同時，過度追求經濟利益而無視道德建設的弊端，在中國的各個角落開始顯露出來。而《論語和算盤》所提供的和諧思想，或許將在經營、勞動、人才培養、慈善事業、福利事業、教育等諸領域提供巨大的幫助，而且也將日益產生更加重大的意義。

我們不妨在這裡把澀澤榮一的人物形象和他的一生結合起來，探尋一下他的思想中所具有的近代價值。澀澤榮一在回顧自己的一生時曾這樣說道：「我的身體和一枚蟲卵一樣，反覆經歷了由蟲化蛾，再到破繭而出的過程。在24、5個歲月裡中，我始終處於這樣的變化之中。」

1840年，在中國爆發鴉片戰爭當年，澀澤榮一出生於日本一個從事農業和養蠶業的富裕家庭。從六歲開始，澀澤榮一開始學習《蒙求》、《論語》。到了七歲那年，澀澤榮一開始接觸《左傳》、《史記》等中國經典和《日本外史》、《日本正氣》等名著。

正如日本大文豪幸田露伴所說，「他是一個時代的孩子」。他生活的時代，正是日本尊王攘夷、文明開化、明治維新、殖產興業的時代。

當時，日本隨著世界發展潮流，正在發生山鄉巨變。

澀澤榮一紀念館館長井上先生曾說，澀澤榮一具有卓越的資訊收集能力和判斷能力。他收集資訊過程時非常徹底，而分析資訊時則非常冷靜。在這種廣闊的視野背景下，他發揮自己絕妙的平衡感覺，在一生中四次脫殼而出，並實現了飛翔。

1867年，在明治維新時期，澀澤榮一作為日本的代表之一參加巴黎萬國博覽會。當時，他是以企業總務會計身分，帶著考察西方先進文化的目的前往巴黎的。到巴黎之後，澀澤榮一用一年時間相繼考察了歐洲多個其他國家，為他日後進入歐洲市場奠定了堅實的基礎。奠定歐洲繁榮基礎的資本主義系統，使澀澤榮一深受觸動。他由此判斷，歐洲的強大，其原因就在於資本主義的經濟實力。

於是，澀澤榮一在歸國以後，於1868年運用他在西方獲得的經驗，在日本創建了第一家銀行兼商社——「商法會所」。此後，他的才華得到日本政府部門的認可，並將其任命為經濟部官員。於是，澀澤榮一開始著手改革日本的測量、度量衡、貨幣制度，並取得巨大成功。

1873年，澀澤榮一辭去了官職，開始進入實業界，並於1875年就任第一國立銀行總負責人。以此為基礎，澀澤榮一設立了王子製紙、東京海上保險會社、日本郵輪、東京電力、日本液化氣公司、國際賓館、札幌啤酒會社、日本鐵路會社等470多家公司。由於這樣的成績，澀澤榮一被後來的日本人尊稱為「日本資本主義之父」。

澀澤榮一不僅是在實業界創造了奇蹟，同時在慈善事業、福利事業領域留下了輝煌的業績。東京慈善會、日本紅十字會等就是他一手創建的。此外，他也參與了日本著名大學一橋大學、早稻田大學、同志社大學、日本女子大學等日本一流大學的創建。

此外，作為一名民間外交家，澀澤榮一也對日美關係的建立做出了貢獻。直到年逾七旬，澀澤榮一也曾四度訪問美國。即使在82歲高齡

那年，他還出訪美國。在美國，澀澤榮一與美國石油大亨約翰‧D‧洛克菲勒、美國總統等人會面，圖謀日美親善和平。因此，在1926年和1927年，澀澤榮一兩度當選為諾貝爾和平獎候選人。

92歲的澀澤榮一於1931年11月11日因患直腸癌病逝。他以自己的實際行動，宣揚了《論語》和算盤在經濟領域的一致性，並因此在東亞經濟史產生了重大影響。

65. 近代中國的海外移民熱

從某種意義上講，人類歷史也是一種移動、跨境的歷史。通過跨境實現了移民的群體，不僅對當地經濟的發展產生了巨大的影響，而且有時還能改變當地的文化版圖。

100多年以前，中國的海外移民主要是以東南亞為目的地的。但這一範圍很快擴大，並經過香港，沿著太平洋航線向美國擴展。

在向美國移民之前，大量中國的平民百姓已經漂洋過海，移民到東南亞地區。當時，人們把移民東南亞稱之為「下南洋」。南洋指的是現在的新加坡、印尼、菲律賓、馬來西亞、泰國、越南等地區。從廣義上講，南洋也包括今天的印度、澳大利亞、紐西蘭以及附近的太平洋島嶼國家。

根據刊載於《中國社會導刊》（2008年第3期）的統計資料，在印尼的2億人口當中，華人佔了1000萬；馬來西亞2500萬人口中，華人佔了600萬；泰國6500萬人口中，華人大約佔2000萬人口，即佔了約三分之一。新加坡有華人300萬，佔全部人口的90%。

在中世紀、近世紀期間，由於不堪戰亂和社會動亂，大量中國平民和敗落貴族移民到南洋。南洋移民潮從1860年開始興起。相關統計資

料表明，到1950年為止，在大約100年間，共有1500萬中國人移民到了南洋。

進入21世紀以後，大量中國的朝鮮族到韓國打工。這其實也可以看成是一種特殊的移民形式。古往今來，以追求個人或家庭經濟改善為目的的移民，並沒有本質區別。

100多年以前，前往東南亞移民的中國人，在經由香港以後取道美國。這也是當時的一大特色。美國加利福尼亞州等地，當時彙聚了大量從事鐵路開發和在金礦採礦的中國勞工。此外，漢族人通過「闖關東」大量湧入東北三省，有些甚至移民到了西伯利亞等地。

大部分移民都是為了尋求更加富有的生活，為了獲得新的成功，才離開人口密度高的地區，前往異地他鄉。當時，針對黑人奴隸的批評聲浪正在高漲，而各地又急需吸納高品質的新勞工。

香港的外國商社，在從事鴉片貿易的同時，也把移民事業作為一項重要業務。他們會給那些移民者先行墊付移民費用，等他們到達目的地以後，再從他們的工資中扣除。

這些移民者，在礦山、農場、莊園、鐵路建設工地埋頭苦幹，其中也有不少人通過多年努力積累了一定資金，成為小商販、企業經營者。這些人根據故鄉、姓氏的不同組成同鄉會、會館、宗親會等。以這種秘密組成的社團為基礎，他們在各地組建了華人社區。他們把自己在適應當地社會過程中賺到的錢匯回國內的故鄉，並鼓勵其他人移民國外。

在泰國，屬廣東潮州人最為活躍。他們幾乎壟斷了泰國稻米事業。泰國政府出台了一系列同化這些華人的政策，而潮州人也對此做出了積極的回應，以適應社會環境。

另一方面，福建省南部地區的移民，則保留了自己原來在中國的生活習慣，以抗衡當地的同化政策。廣東惠州的移民則在馬來半島的礦產業中獲得了成功。而福建省同安縣出身的陳嘉庚，在新加坡經營起橡膠

圍過程中獲得巨大成功，以此為基礎，創建了廈門大學；福建省永定縣出身的胡文虎在新加坡創建了他以萬金油為龍頭的醫藥產業，獲得巨大成功。這些人可以說是福建省移民的成功代表。

福建、廣東地區利用這些移民匯回國內的資金來支援鄉村建設。這些資金被用來創建學校、購置醫療衛生設施等近代各種制度和經濟基礎的建設方面。

在政府部門幾乎沒有參與的情況下，這些地區自行促進了「僑鄉的近代化」。這些移民，用他們在外國賺來的錢，自發地為家鄉的近代化建設作出了貢獻。

現在，在韓國等地打工的朝鮮族人也可以在這些福建移民的身上，摸索出一條類似的建設家鄉道路。

當時，在海外移民當中，有些人也很關心中國國內的政治形勢，因此也對孫中山等人的革命事業提供了資金支援。也有人在當地建立海外華人社會，以確保自身的利益。中國的文化也通過這些移民向世界傳播。

19世紀後半葉，由於金礦業和鐵路事業的發展，美國加利福尼亞州的華人移民數量急劇增加。其中也包括那些被稱為「豬花」的賣春婦。但隨著移民數量的增加，美國政府部門開始實施不再接受中國移民的「歸化」的歧視政策。據說1894年，在大約35萬中國移民中，有大約28萬人回到了國內。

1904年，美國相關部門決定將移民禁止法延長十年，於是中國各地及海外移民將其視為民族歧視政策，發起聲勢浩大的反美運動。

中國的學者評論說，移民作為一種民眾自發的越境行為，是「民眾不滿於現有文明條件，排除千難萬苦而進行的創業史。」

所以，「這種民族大遷徙是中華民族在特定歷史背景下進行的，因此具有史詩性質和豐富的文化內涵」。「將近一億的中國平民百姓在形成自己的生活空間的同時，也為當地的發展做出了巨大貢獻」。

　　事實上，這也不僅僅是局限於中國移民的故事。人類通過跨境移動、移民過程，踏上了一條文化傳播、吸納，以及與異文化相融合的發展道路。這一進程無論在過去還是現在，仍然在還在持續。

66.「國語」和近代東亞

　　「國語」這一單詞以及其中包含的思想，是近代的產物。所謂「國語」指的是該國國家性的語言、公用語，在學校教育中，則相當於「語文」科目。比如，日本的國語是日本語，韓國的國語是朝鮮語。事實上，中國一直到民國時期，也都把漢語稱為「國語」或「國文」。至今為止，臺灣仍統稱其為「國語」或「國文」。

　　「國語」這一單詞最初是由日本創造出來的，後來逐漸傳入朝鮮和中國、臺灣等地，形成近代史的一個「縮影」。

　　1868年，明治維新以後，日本在西方文明的衝擊下，開始致力於建設一個近代統一國家——國民國家。為了消除語言的地域性差異及階級性差異，創造出了國家的標準語——「國語」。

　　通過相關研究，我們可以了解到這樣一個事實：「國語」實際上作為國民國家的統一語，是人為打造出來的。要想消除國內的方言，地域及階級之間口語的差異，當務之急便是創造一種國家性的標準語。

　　於是，「國語」應運而生。這一被稱之為「國語」的近代產物，將國民整合在一起，並在其中賦予一體感。「國語」的位置及價值也正在於此。

　　通過學術手段打造而成的「國語」也對國家的語言政策產生積極影響，並就此催生出「國語學」。

　　近代日本語言學家安田敏郎教授的研究表明，日本在快速步入近代

化過程中，經明治維新時期，創造了「國語」，並在形成覆蓋全國的教育網的同時，使日本的教育滲透到各個角落。伴隨著國民國家的進程，日本將入侵臺灣（1895）、朝鮮（1910）、東北（1931）等東亞地區，使其淪為日本的殖民地，隨後在這些地區促進統一的國語教育。

現在，讓我們來了解一下殖民地和「國語」的關聯，以及在殖民地的「國語」教育情況。

中日甲午戰爭以後，日本成功地將臺灣變成了它的殖民地。隨後經過「保護國」階段，於1910年8月併合朝鮮。在日本的殖民地，日語也被稱為「國語」。當時，「國語」在臺灣領先於日本本土，率先以教育科目粉墨登場。這是一個具有象徵意義的事實。1896年3月，臺灣總督府做出相關規定，設置了國語學校、國語學校附屬學校及國語專習所。從這些學校的名稱中我們也可以感覺到，「國語」作為這些學校的教育科目出現在課程表上。

這種語言教育並非是單純的日本語教育。當時的「國語」教育事實上是把受教育者視為日本帝國的臣民，而對其進行的語言教育。日本將「國語」視為在明治時期享受西方文明的一種手段，並將其當成「文明」的體現，試圖將其傳播到東亞國家。在這種「使命」意識下，確定把「日本語」作為這些地區的「國語」。

隨著日本陸續佔領殖民地，國語也將超越國境。因此，國語不僅應該在國民國家內部具有有效性和普遍性，同時也應該在殖民地具有這種有效性和普遍性。

所以，在殖民地普及「國語」的過程中，日本方面採取了巧妙的方法——以自古以來同享共同「文化」、「傳統」的名義，向這些地區灌輸同根同源的意識，以此來實現「國語」傳播。日本方面大肆鼓吹朝鮮語和日本語「同祖論」，也正是在這一時期。日本著名的語言學家金澤庄三郎（1872-1967）通過比較語言學方法，提出了他的「日朝同

祖論」。他在自己的博士論文《日韓兩國語同系論》（1910），以及
《日鮮同祖論》（1929）等論著中聲稱，朝鮮語和琉球語一樣，都是
日本語的一個分支。

「國語」日本語在向殖民地滲透過程中，成為「日本帝國」殖民的
一種象徵。朝鮮漫畫家安夕影（1901-1950）在《朝鮮日報》（1930）
連載的漫畫作品中稱，「國語」成為朝鮮的一種時尚和流行。據說，用
日本語進行小說創作的朝鮮作家，也在這一期間對「國語」的普及起到
了推波助瀾的作用。有學者分析認為，朝鮮知識份子或臺灣人使用「國
語」（日本語）的行為中，充滿了希望（透過日本語）吸納西方現代性
的憧憬心理。

在近代史上，日本為了整合國民而利用「國語」的概念，強迫殖民
地人民接受日本的國民意識。這一做法在當地遭到抵觸，並促使殖民地
國家形成獨立於日本的「國語」意識。具有諷刺意味的是，朝鮮和臺灣
等殖民地區，是通過日本和日本的「國語」，培養了自己的國民及「國
語」意識的。

1928年，普通學校（小學）的朝鮮教師對學校的「國語」和朝鮮語
教育，提出這樣的主張：「應通過『國語』涵養國民性；也應努力通
過朝鮮語，涵養全國的民性。」從中不難看出，對於朝鮮人而言，「國
語」就是朝鮮語。

著名愛國主義者周時經和他的弟子崔鉉培也認為，應把熱愛「國
語」之心，轉變為熱愛「朝鮮語」之心。

東亞的「國語」是在日本「國語」的影響下，誕生、培育出來的。
在這一過程中，逐漸成為國民國家統一的語言。「國語」作為一種文
化，在近代成為守護民族和國家的堡壘。「國語」的這一作用，不僅在
今天，也將在未來繼續發揮其功效。

67. 近代日本的「中國通」

從清末到民國這段期間，日本有一大批人被稱為「支那通」。這些被稱為「支那通」的中國通，實際上指的是那些日本的漢學家，或者是這一序列中的漢學研究者。

專欄作家鵜崎鷺城在1913年10月的《中央公論》中這樣定義「支那通」：「過去的支那通，大體上都能說一口流利的支那語，喜歡詩文，大多數都是研究支那的漢學家。」

但是，經過中日甲午戰爭和義和團運動以後，日本資本主義「謝絕了亞洲東方惡友」，「與西方文明共進退」，實行了「脫亞入歐」政策（福澤諭吉的主張），出現了另一種形式的「支那通」。

鵜崎鷺城接著說道：「志士浪人的介入，極大地壯大了『支那通』的勢力範圍，並打破了支那學者狹隘的範疇。其典型代表正是荒尾精。」

荒尾精於1890年在上海創立了日清貿易研究所，致力於培養翻譯，廣泛收集和分析中國資訊，為日本確定對中國的政策做出了巨大貢獻。鵜崎鷺城在這裡所說的，也正是荒尾精的這項「豐功偉績」。荒尾精的出現，意味著在中日甲午戰爭和義和團運動以後，出現了新型「支那通」。

鵜崎鷺城把新型「支那通」分為如下四類：外務省派、陸軍派、實業派、浪人派。由此我們可以發現，「支那通」這塊招牌已經不再是漢學家的專利了。

三石善吉的相關論文表明，隨著日本近代資本主義的侵略日益猖獗，康有為、梁啟超、孫中山等人意識到中國動盪的形勢，紛紛逃亡日本，日本也開始更加關注中國。在這一過程中，宮崎滔天、平山周、內田良平等「大陸浪人」型的「支那通」開始紛紛湧現。

日本現代漢學家指出：「支那通」數量的急劇增加以及新聞出版業

的發展，降低了「支那通」的品質水準。這一階段，正是1911年中國的
辛亥革命時期。

鵜崎鷺城這樣直言不諱道：「現在，很多『支那通』，一旦出現
『支那』問題，就一定會越俎代庖地推測『支那』的形勢，試圖左右日
本的對『支』政策。」

在日本國內，經常有人非難和揶揄這些想要了解中國、關注中國的
「中國通」。但從整體上看，在日本貪婪地吸納和消化西方文明的同時，
也有一部分人仍然保持了對中國的極大關注。這些人試圖更多地了解中
國，喜歡中國。從積極意義上看，他們對中日兩國的友好往來與彼此的了
解，也產生了積極的影響。當然，其中也不乏被日本侵略中國的政策所利
用的層面。但我們也不能因此就完全抹殺他們起到的積極作用。

當時著名的中國通還有後藤朝太郎。後藤朝太郎是廣島出身，畢業
於東京帝國大學，對語言學懷有濃厚的興趣。大學畢業以後，後藤朝太
郎以一個文字學家、少壯語言學家身分開展學術活動，並表現出旺盛的
創造力。

1912年，在大學畢業以後，後藤朝太郎開始提倡創建「新支那
學」，通過研究「國民生活、社會的實際生活領域」，從文明史角度綜
合研究支那學。

他認為，過去的支那學已經落後於時代，因此對中國的認識，也應
通過訪問和調查中國來進行和完善。後藤朝太郎主張，應該像魯迅所說
過的「支那中毒症」患者那樣，投入地去了解中國。

從1918年左右到1926年，後藤朝太郎共訪問中國20多次。通過接
觸活生生的中國現實，他對中國的民俗產生了濃厚興趣，並開始執筆有
關中國平民生活、民俗的著作。

在這一時期，後藤朝太郎兼任東洋協會大學主事及教授職務，利用
休假多次訪問中國。

　　隨著對中國人的認識逐漸加深，後藤朝太郎推出了他的新作《支那文化解剖》。在書中，他這樣說道：「『支那』民族的生命，其實就在於支那文化的偉大。」他認為，「從文化層面上，不應該考慮國界。」

　　從1927年到1945年，後藤朝太郎依然頻繁訪問中國，並在實地考察的基礎上編寫新的著作。後藤朝太郎經常帶著「支那帽子」，身穿「支那服」，以一個道地的「支那人」自詡。在蔑視中國的聲浪中，後藤朝太郎以一身中國打扮，大搖大擺地行走在日本大街上，有時甚至還在公眾場所發表演講。這是因為他已經具備了成為一個「中國通」所需要的勇氣和信念。

　　從1920年到1940年，後藤朝太郎出版了眾多有關中國的專著。1927年，他幾乎是每個月推出一本專著。

　　如此旺盛的創作，實際上是以他頻繁訪問中國、長期在中國進行實地考察為基礎的。筆者也收藏有幾本後藤朝太郎出版於1920年至1930年間有關中國的著作。他對中國的記述通俗易懂，而且多配有照片。這是後藤朝太郎著作的一大特點。

　　從社會、歷史、人類學、政治學意義上講，他的著作都是很好的資料，有助於我們了解當時的中國。

　　當然，後藤朝太郎無法擺脫明治時期、大正時期延續下來的「文人趣味」式的局限性。但他堅持通過親身體驗，撰寫中國留給他的印象，這種治學態度也是難能可貴的。日本近代正是通過這些「中國通」認識中國的——這麼說似乎也毫不為過。

68. 近代中韓兩國留學生的日本體驗

　　在近代中日韓三國文化史上，中韓兩國學生到日本留學，具有深遠

的意義，它構成了中韓兩國的精神史。處於落後地位的中韓兩國，是通過日本這個先進國家吸納西方文明的。所以，這些學生在日本的體驗，也不僅僅是一種留學形式。

比如說，他們通過留學日本，接觸並吸納了西方文化、日本文化等不同的文化。不僅如此，這種體驗本身，也構成中韓兩國文化主體的重要組成部分。

北京外國語大學學者嚴安生認為，留學日本作為中國近代知識份子的一種行為軌跡，也確定了中國知識份子的精神史方向，因此具有重要的歷史意義。

100多年前，中韓兩國大量年輕學生到日本留學，其根本性的原因，並不在於想要去學習日本本身，而是想要通過日本這一大熔爐，學習西方近代文明。

由於中日甲午戰爭和《乙巳條約》的簽署，日本人針對中韓兩國產生的優越意識也急劇膨脹起來。所以中韓兩國留學生在日本的體驗，並非都是愉快的。他們在日本看到的是日本的複雜形象。很多當時曾在日本留過學的中國人回憶說，日本人清淡的飲食，尤其是缺少肉食、在冷飯上打一個生雞蛋拌吃的習慣，在他們看來全然是難以接受的。所以，當時的中國留學生經常光顧東京的神保町一帶的中華料理店。另外，中國人很不習慣裸體示人，到日本的「錢湯」（澡堂）洗澡，讓他們感到很難為情。

另一方面，也有不少中國留學生，在日本人日常生活中使用的漢字，以及日本保留的中國傳統和服裝上，發現了中國唐朝的影子，因此還覺得有幾分親近感。周作人和魯迅等人由於在日本發現了中國的「唐風」而禁不住大喊「快哉」。尤其讓中國留學生大吃一驚的是，日本人沒有裹足的習慣，所以日本女性都是非常活潑的。

當然，日本也在政治、革命層面上給他們帶來了很多的刺激。革命

派、立憲派和韓國的獨立運動家，他們各自發行著自己的雜誌、報紙，開展自己的革命活動。日本民間也有不少人採取了與政府相悖的立場，從人力物力上盡可能對他們提供幫助。當時的中國留學生多以姓氏、地域為單位來劃分他們的活動範圍的。但即便如此，他們在日本還是衝破了這種局限，在統一的日本身上學到了國家意識、愛國心。

事實上，日本也為中韓兩國年輕學生打造了近代的框架結構。在日本形成自己世界觀、價值觀、思維方式的學生也不在少數。蔣介石也是在體驗日本軍隊生活過程中，形成自己的生活方式，並終生保持了日本的近代生活方式。梁啟超則坦誠，自己是通過日本的國家意識，領悟到了近代國家觀念和「愛國心」的。

不同的文化，起到了一面鏡子的作用。人們經常通過不同文化這面鏡子，發現自己，反省自己。中國留學生在日本看到日本人的近代短髮髮式，也發現了自己留辮子習俗的落後性。民國以前的中國男子，都按照滿族人的習慣，在腦後留著一條長長的辮子；而中國人當時也把它看成是中國的一種文化。

試圖逃離清政府統治的中國年輕學生，產生了「反滿興漢」意識，因此有很多人在日本剪掉了自己的辮子。因為在日本，短髮髮式也是一種「文明開化」的象徵，所以中國留學生也積極加入這一短髮行列，以宣示自己的進步。有一種說法認為，「中國近代的產房是日本」。而日本留學體驗，終於以革命形式表現出來。

當時，也有很多渡過「玄界灘」（朝鮮海峽）來到日本的朝鮮青年。他們認為，通過在日本的體驗，可以看到祖國的文明未來。

1910年5月20日，留學生創辦的報紙《大韓興學報》第13期發表文章稱，「日本是東洋的先進國家。日本是世界一流強國。日本40年來的文明步伐，就是日本40年間教育的結果。」另一期報紙則刊登了這樣一篇文章：「日本大體上講是東洋的先進國家，因此其文明學術以一

種有效手段，改良了東洋固有的素質，並增添了歐美嶄新的物質文明內容。所以，我們韓國人在研究日本學問方面，從地理、風俗方面上，都十分便利。」（《大韓興學報》第7期，1909年11月20日）

朝鮮留學生在日本也發現了日本侵略者的本來面目。尤其是在1905年的《乙巳條約》和1910年日韓併合期間，朝鮮留學人深刻地意識到，日本雖然是他們學習的對象，但同時也是他們需要克服的帝國主義。1910年8月，朝鮮留學生舉辦大韓興學會總會，計畫議論反對「合邦」運動。但是由於日本員警的阻止，他們的計畫未能如期執行。

對於這些朝鮮留學生而言，日本是一個既要學習，也要克服的先進國家。通過這種「學日」與「克日」的雙重結構，朝鮮在日本學到了近代性，而這種學習過程也轉變為戰勝日本的力量。

著名的趙素昂（1887-1958）志士，就是一個對日本的先進文明大加感歎的同時，尋求國家獨立的人。

總之，對於中朝兩國留學生而言，鄰國日本既是他們學習的對象，也是他們需要超越的對象。對這些年輕人來說，通過日本學習先進文明和近代化，是他們超越日本必須的選擇。而這種體驗，也分別融入中朝兩國的近代化進程。

69. 近代「漫畫」文化

在21世紀，隨著韓流席捲東亞文化圈乃至世界，日本漫畫也以其獨特的魅力產生了重要的影響。

2003年12月27日出版的《華盛頓郵報》刊登了一篇以「酷帝國日本——文化是最大的力量」為題的報導文章稱，「日本現在轉變為地球上最具文化魅力的國家。」

日本的文化實力，當首推以日本漫畫為基礎發展起來的動漫產業及遊戲業。據說，在今天這個時代，幾乎沒有哪一個年輕的學生沒有接受過日本漫畫、日本動畫、日本遊戲的洗禮。

充分展現日本及亞洲軟實力的日本漫畫，是何時以什麼方式誕生的呢？它又經歷了哪些發展過程呢？

日本的漫畫研究家清水勳在他的《漫畫的歷史》（岩波新書，1991年）中指出，漫畫的歷史與東亞近代史是同步發展的。1830年，諷刺漫畫雜誌《La caricature》在法國巴黎誕生。與此同時，《北齋漫畫》也在日本東京掀起了一股旋風。據說，這是東亞漫畫的開始。

早在中世紀時期，日本就出現了眾多稱為鳥羽繪詞源的戲畫。據說，這個單詞後來被用於指稱近代意義上的漫畫。漫畫從它誕生之日起，就包含了充分的「娛樂」與「諷刺」的因素。清水勳曾指出，在現代漫畫的功能中（尤其是日本漫畫），娛樂功能得到進一步強化，但同時其諷刺功能卻被弱化了。

實際上，「漫畫」這一單詞，是在1920年代後半期在大眾語言中固定下來的。「漫畫家」、「漫畫雜誌」、「漫畫書」等詞語也都在這一時期開始被廣泛使用。漫畫家這一職業，在1880年代以後才確定下來。一直到了1910年，北澤樂天、岡本一平等漫畫家才開始活躍在畫壇上的。

100多年前，由於近代印刷技術的發展，日本漫畫得以大量印刷。同時漫畫也被刊載於各類報刊雜誌，引起廣大民眾熱烈迴響。

在明治時期後期和大正時期（1912-1926），日本的近代技術促進了新聞出版業的發展。於是，日本漫畫通過這些報紙刊物粉墨登場，在日本社會形成一種諷刺文化。

漫畫的發行量及其速報性，都達到了版畫時代所無法企及的高度，已經變成一種文化內容。換句話說，日本漫畫與西方同步產生，並在東

洋社會形成了厚重的漫畫文化。

在回顧東亞近代史過程中，漫畫記錄的內容，其實也是「另一個近代」本身。漫畫以其「嘲諷」這種輕鬆灑脫的文化形式，受到了廣大群眾的熱愛。在批評、批判、記錄近代文化方面，漫畫起到了良好的社會作用。

筆者深感驚訝的是，在百年前，日本已經存在民族主義、自由主義風情。因為當時日本已經開始通過漫畫形式，對被人們偶像化的天皇和皇室進行諷刺、揶揄。

在幕府末期，受英國人查理斯・威格曼（Charles Wirgman）創辦的漫畫雜誌《裁判 punch》的影響，日本一度流行暗指諷刺時局的單詞「潘趣」（punch）。而進入明治時期以後，在文明開化浪潮中，提倡自由民權的諷刺漫畫如雨後春筍般湧現出來。

福澤諭吉經營的《時事新報》也開闢了「時事漫畫」專欄，並連載一些諷刺時局的卡通漫畫。

前面提到的岡本一平於1912年進入《朝日新聞》報社，專門從事漫畫創作，並誕生了「戰爭漫畫」、「漫畫小說」等辭彙，使得漫畫、漫畫家這些概念更加深入人心。

1909年10月26日，伊藤博文被朝鮮獨立鬥士安重根擊斃以後，日本迅即推出了嘲笑、譴責他的漫畫《好色之徒的最後下場》。當時，伊藤博文在日本具有很高的威望，但這組漫畫，卻帶著飽滿的情緒，從另一個角度對他進行了批判。

還有一組題為《軍事訓練》的漫畫，說的是日本政府部門對農民進行的軍事訓練，使他們深受其苦……日本漫畫甚至敢於太歲頭上動土，大膽嘲諷在日本具有至高無上地位的天皇。日本漫畫通過這種獨特的方式，記錄了無法用文章或影像表現出來的人民大眾的感情，以及時代的步伐。1900年的《團團珍聞》、1905年的《東京包袱》、1907年

的《東京滑稽新聞》、1908年的《滑稽新聞》及《漫畫天地》、1909年的《漫畫與新聞》、1910年的《遊行畫集》、1911年的《漫畫與翻譯》、1912年的《樂天包袱》、1914年的《日本及日本人》、1915年的《純一漫畫見本》等……這些漫畫雜誌和漫畫作品，成為百年前日本漫畫的主力軍。

中國本來是沒有漫畫這種繪畫形式的。因此，對中國來說漫畫是一種舶來品。但自從漫畫通過留學生傳入中國以後，逐漸被中國接受，並開始在中國流行起來。韓國漫畫同樣是在學習日本漫畫過程中起步的。

現在，日本每年平均發行17億冊漫畫雜誌和動畫雜誌。這也是目前世界上最高的漫畫發行紀錄。不僅如此，日本以漫畫為基礎，大力發展動漫畫產業，在質與量上同樣創造了世界最高紀錄。日本的漫畫文化、動畫文化已經超越了單純的漫畫概念，成為可以傲視世界的新興文化產業。

70. 國民與「明太」

在學習歷史知識過程中，筆者經常想到，歷史並非是一種觀念性的東西，而是隱藏在歷史塵埃之中的具體實體。掃清歷史塵埃，我們也許能發現一些寶藏，也許會發現骯髒的垃圾。執政者通常會把那些寶藏作為美化自己的工具加以運用，但卻盡可能遮掩那些垃圾，甚至會極力忘卻它們。

但隨著情況的不同，寶藏也可能變成垃圾，垃圾也可能變成寶藏。關鍵在於如何加以利用。所以，一些看似毫無關聯的、彼此相異的實體或意識，在歷史這一特定時空中，有時也會意外地表現出某種一致性。

那麼，國民和明太──這二者之間究竟有著什麼樣的關係呢？

「民族」這一單詞於1880年代誕生於日本，並被朝鮮民族史學家、

獨立運動家申采浩率先使用於1908年的《讀史新論》，從此開始在朝鮮得到普及。而「國民」這個單詞，同樣也只有不過百年的歷史。和「民族」、「國家」、「革命」、「民主」、「自由」等無數近代專用術語一樣，「國民」也是來自日本的漢字詞。

高麗大學李憲昶教授考證指出，《大韓每日新聞》於1905年使用「國民」這一單詞76次，1907年使用243次，1908年使用324次，1910年使用了319次。這些統計資料表明，在20世紀初期，「國民」的使用頻率急劇增加。

當然，國民是一個近代「國家之民」的概念。在朝鮮時期初期，也存在「國民」這樣的單詞。但其中雖然也包含著「百姓是國家的根本」這樣一種民本理念，但「民」始終是處於被統治的地位，他們不過是一個臣民階層。因此，在當時看來，守護國家的勢力不是「民」，而是士大夫階層。

在開埠時期，隨著日本勢力侵入朝鮮，「國民國家」概念也傳入朝鮮。尤其是通過金玉均、俞吉濬等朝鮮末期知識份子等人留學日本，朝鮮才開始逐漸吸納近代西方文明，國民意識才得以普及開來。

近代朝鮮第一位留學生、知識份子俞吉濬（1856-1914）在其著作《西遊見聞》中，明確定義了國民的自由、權利以及守護國家的義務等概念。《西遊見聞》在向朝鮮民眾介紹西方近代文化、概念的同時，也向朝鮮民眾傳播了這樣一種啟蒙思想：國民才是國民國家的主人、主體。

在以日本為榜樣進行的甲午改革（又稱甲午更張，指西元1894年朝鮮王朝進行的一系列近代化改革）時期，朝鮮政府也接受了社會精英們的主張，出版了《國民小學讀本》，致力於提高國民素質，培養國民的愛國主義精神。

申采浩於1910年2月22日，在《大韓每日新聞》上發表了題為《20世紀新國民》的文章，主張「20世紀的國家競爭，其原動力不在於一二

人，而在於國民全體。」在這一時期，韓國的知識份子通過日本以及中國的梁啟超、嚴復等人的著作，開始吸納國民、愛國主義等思想意識。

現在讓我們來講一段有關明太的故事。明太是所有朝鮮人都非常喜歡的最大眾化的海鮮食品。國民和明太的聯繫也正在於此。即，「明太是國民的海鮮食品。」不同的國家以及不同的地理環境和歷史經驗，也培育出不同的國民氣質，因此由這種國民氣質決定的飲食文化也都具有不同的特點。

在指稱有關飲食的國民性時，筆者經常使用「食民性」這樣一個新潮語。中國國民喜食榨菜、臭豆腐等食物，而日本國民則喜歡新鮮的海鮮（生魚片等）；與此相仿，韓國全體國民（朝鮮民族全體）都喜歡吃明太魚。這種飲食習慣，不僅與一個國家的飲食文化相關，同時也與一個國家的地理風土相關。

朝鮮半島是一個三面環海的半島，所以在近海海域，一直以來都大量捕捉明太魚。據說，在19世紀末期，明太魚已經成為朝鮮國民性的海鮮食品。1877年出版的《日東遊記》（金綺秀）中這樣記述道：「由於大量出產，且價格低廉，我國人無論男女老幼，沒人不識乾明太。」

「新鮮的稱為明太魚，曬乾的則稱為乾明太。」正如這句話指出的那樣，乾明太有利於運輸和儲藏，因此成為所有朝鮮國民都喜歡的一種海鮮食品。

據說，在19世紀時期，明太魚已經作為鱈魚的替代食品出現於朝鮮宮廷（李圭景《五洲衍文長箋散稿》）。而且，「朝鮮百姓也把明太魚作為一種祭物供奉給祖先，因此它既是一種尋常之物，同時也是一種珍貴之物。」

1870年代以後，由於日本勢力的介入，朝鮮被迫開埠，通過鐵路、汽船等交通運輸工具，明太魚的流通量急劇增加。1910年，通過京

釜線（漢城至釜山間的交通線），由地方運往漢城的明太魚總量多達10000袋（1袋100條），可見當時明太魚的消費量。

日本人雖然也喜歡吃明太魚，但其喜歡程度還是遠遠不及韓國人。據說日韓併合以後，偏遠地區的明太魚運輸幾乎都掌握在日本人手裡。

就著明太魚喝白酒，或者就著明太魚喝啤酒，這樣一道飲酒文化的風景，即使是經過了百年以後的今天，也仍是韓國國民的「飲酒風俗圖」的主要景觀。

韓國國民（朝鮮民族）可謂是世上最早的明太國民、明太民族。因此，把朝鮮民族稱為「明太民族」似乎也不為過。

71. 近代日本的「恥部」──女性為國賣春

一定有很多中國觀眾還記得影片《望鄉──山打根八號娼館》。1980年代，隨著中國國內掀起日本熱，與《追捕》等影片一起引入中國的日本電影，曾強烈刺激中國觀眾的眼球。

《望鄉》是根據1970年出版的日本著名女性研究者、非虛構類文本作家山崎朋子的《山打根八號娼館》改編的一部影片。這部影片於1974年拍攝完成，當時啟用了眾多著名女演員。本片通過描寫一個海外賣春婦的一生，來回顧明治時期的日本女性史，另外也嘗試從這個角度來觀察日本現代史，並以這不幸的、沒有人性的近代女性悲慘歷史，嚴厲地控訴日本軍國主義與資本主義的罪惡。這部影片作為日本近代的「恥部」（恥辱部分），在日本社會內部也引起了強烈迴響。

實際上，筆者曾讀過山崎朋子的原作。從她年輕時的照片上看，她的美貌完全可以讓眾多女明星相形見絀。自從被一個暗戀者毀容以後，她便退出了演藝界和模特兒界，轉而投身於研究日本下層女性的工作。

其處女作便是《望鄉》。

早在幕府末期開始，一直到第一次世界大戰後的1920年代，日本確實有大量稱為賣春婦（Karayuki-san）的日本少女，來到中國、朝鮮、東南亞等地。據說，當時這些少女甚至被輸送到西伯利亞，甚至印度和非洲國家。

在中國，大量日本賣春婦集中在上海、香港、關東等地。南洋各地也有眾多日本賣春婦在進行性交易。1886年，僅上海市，就有大約700名日本定居者，其中，日本人的設施有半數以上都是娼妓館。此外，還有少數三井物產等日本企業和藥房。

1903年，有多達201名日本賣春婦在中國關東地區活動。在日俄戰爭以後，這一數字急劇增加到了1403名。這相當於對應地區日本定居者數量的一半以上。滿洲地區當時定居著5000多名日本人，統計資料表明，其中70%以上為日本賣春婦。

日本在性事方面實行開放政策要早於中國或朝鮮，而且歧視妓女的意識也十分薄弱。所以，娶妓女、賣春婦、娼妓為妻的現象，在日本上流社會男性當中也很普遍。

伊藤博文的夫人梅子，就是京都藝妓出身。另外，在這一時期，也有很多日本著名人士，迎娶歌舞伎組成家庭。

《日本性事‧近代篇》中指出，從近世紀開始，日本家庭買賣女兒的現象十分普遍，而這些被賣掉的少女，大多數都淪為娼女。家庭貧寒的農家，經常以極其低廉的價格賣掉女兒。但由於這些女兒認為這是在為了家庭犧牲自己，因此也沒有引起過度的不滿。作為女兒，理應為了家庭，向父母盡孝——她們從小就接受了這樣的教育。因此在她們看來，賣身為娼也是一種盡孝的行為。正因為有這樣的傳統，日本在第二次世界大戰中無條件投降以後，有很多滯留在滿洲的日本女子，為了養活家庭而賣給了中國人。在黑龍江方正地區，至今還有這樣被賣給中國

人的日本婦女。筆者曾經看過一部紀錄片，其中就有日本女子為了自己的哥哥和父親，嫁給了中國的年老鰥夫。

在日本，忠誠心、奉公精神一向都是武士社會的傳統精神；而女性為了家庭和祖國奉獻自己，也被視為一種美德。因此，在傳統日本社會，紅燈區的生意（妓女、娼女經營場所）一直都很興旺。有一份統計資料表明，在明治時期，東京吉原地區的紅燈區，僅在晚上8點到9點這一個小時內，就湧入多達1900名男性嫖客。其中，14歲以下的嫖客佔50名，14-17歲的佔170名，17-24歲的佔500名。

隨著紅燈區生意興旺，國家的國庫收入逐年增加。所以，雖然也有一些主張廢止、取締紅燈區的運動，但紅燈區依然門庭若市。由於日本政府實施了賣淫合法化的政策，在幕府末期到明治初期期間，有三成日本人曾患有梅毒。即便如此，在1894年至1895年中日甲午戰爭期間，紅燈區的生意越發火紅起來。一份歷史統計資料表明，中日甲午戰爭時期，日本的軍事城市廣島的人口僅為10萬，但軍人和娼妓生下的私生子卻多達2000多名。另外，在1904年至1905年間，由於日本在日俄戰爭中獲勝，東京地區的性交易產業進一步得到發展。

此後，在進入1910年以後的大正時期，日本實施了公娼制度，於是大量娼館、妓院、私娼街應運而生，急劇增加到原來的兩倍。

「從軍慰安婦」這種機構，是戰爭期間日本政府為了向軍人提供性方面的滿足，而實施的國家層面上的措施。在這些從軍慰安婦當中，除了日本人以外，還有韓國、中國等國外的女性。她們當中有些人是被強迫的，而有些人則是自發的。這在中日韓三國近代史上，和南京大屠殺一樣成為爭論的焦點。

以日本的奉公精神為基礎，再加上國家主義、軍國主義推波助瀾，男兒為國獻身便成為理所當然的事情；與此相對應的是，女子向這些男子奉獻自己的「奉公精神」。這種荒謬的賣淫行為，一度被日本合理化。

實際上，這是日本在戰爭時期，從國家政策層面上強制執行的近代日本的「恥部」（恥辱部分）。像日本女人一樣成為國家制度裝置犧牲品的，在世上實屬罕見。

72. 百年前的海嘯與日本

2011年3月11日，席捲東日本地區的超強海嘯震驚世界。日本人在超強自然災害面前，保持秩序井然，表現出非凡的獻身精神，以及道德素養。日本人這種精神，也令全世界為之驚歎。

島國日本由於所處的特殊地理環境，在漫長的歷史發展過程中，一直飽受地震、海嘯等自然災害的侵襲。在百年前的1896年6月15日，日本東北地區岩手、宮城、青森三縣發生了地震和海嘯。當時，人們把它稱為「三陸大海嘯」。以這次3‧11海嘯為契機，筆者翻閱了百年前的日本大海嘯相關資料，以考察當時日本人在面對超強自然災害時的反應和態度。筆者吃驚地發現，百年前日本人的國民素質，也處於相當高的水準。

這次海嘯使22000餘名日本人喪生，12000餘戶家庭的房屋被捲走或遭到破壞，受損的船隻多達7000多艘。這是百年前一場超強海嘯。當時的日本人是如何應對的呢？

著名出版社博文館的編輯大橋乙羽通過報紙了解到「三陸」地區的慘狀以後，立刻趕往現場。大橋乙羽自幼就是一個樂於讀書的少年，很早就開始了小說創作活動。在成為博文館創始人的女婿以後，他進入博文館。介紹人正是日本近代著名的文豪、小說家尾崎紅葉。

作為一個出版人的大橋乙羽認為，自己所能做的就是救助災民，通過雜誌將海嘯導致的災情公之於眾，並通過提高雜誌的銷售量，將其收

入捐獻給災區。結束對「三陸」地區的考察以後,大橋乙羽回到東京,立刻向文壇和畫壇各界人士發出協助邀請。僅在6月27日、28日這兩天時間內,大橋乙羽便拜訪了所有自己認識的筆友、作家、畫家,向他們約稿。同時也通過各種關係,向其他畫家和作家寫信約稿,要求他們務必在7月3日以前把稿件投到雜誌社。當然,也提前向他們聲明沒有任何稿費。

截稿日期推遲了5天。最終,大橋乙羽收到了91件稿件。其中,著名的作家、詩人多達84位。這些來稿者都是日本文壇的風雲人物。我們不妨例舉一下部分名單:森鷗外、尾崎紅葉、幸田露伴、齋藤綠雨、島崎藤村、山田花袋、德田秋聲……肖像被印在現5000日圓紙幣上的女作家樋口一葉也寄來了一篇短文。

小林清親、淺井忠等9位畫家寄來了多幅封面設計、插圖等作品。大橋乙羽責編的《文藝俱樂部》增刊《海嘯義捐小說》於1896年7月25日正式發行。

所有銷售收入全部捐給了災區。受災地區是大橋乙羽的故鄉,但他的義舉,並不是出於這樣一種地緣感情,而是因為他一直都熱愛日本的自然;而喜歡到日本各地名勝旅遊的愛好,逐漸養成他熱愛祖國山川,關愛他人、關愛民族的情懷。

此後,每當遇到地震、海嘯、火山噴發等自然災害發生,大橋乙羽便一定會親往災區。根據在災區的見聞,大橋乙羽寫作出版了《萬水千山》等多部隨筆集。

曾在岩手縣從事醫療工作的鈴木琢治,了解到海嘯引發的災情以後,立刻動員年輕人,著手醫療救治工作。他將自己的家作為避難所,向所有受災民眾開放,連續多日不眠不休,全身心投入工作。缺乏繃帶時,鈴木琢治便將自家拉門上的宣紙撕下來代用。後來,宣紙也很快用完,於是鈴木琢治便義無反顧地撕下家裡代代相傳的藏書(用日本紙印

製的書籍），為傷患包紮傷口。據說，這些書籍中，有很多都是他們家的傳家寶。

後來，米缸也很快見底，於是鈴木琢治帶著獵槍，劫下米店運輸途中的糧食，解決災民的果腹問題。等到災難過去，鈴木琢治一一找上門去，親手償還曾經搶劫的糧食。傷患源源不斷，自己原來的房屋根本不夠他們暫住，鈴木琢治見狀，毫不猶豫地傾其所有，另外搭建了一所房屋，用來收容災區傷患。

有很多人為他拿出藏書，撕下書頁給傷患包紮傷口的義舉感動得熱淚盈眶。當時，也有部分外國人經歷了這場海嘯。他們為日本人在災難面前爭先恐後地投入救助的行為所感動，紛紛稱讚日本人：「日本人了不起！在遭遇這種罕見的自然災害之際，日本人仍然能毫不驚慌，保持井然秩序，而且始終親切待人。這種事，在我們國家是絕對不可能發生的。」

通過災難，百年前的外國人也重新發現了日本人的國民素質，並為之讚歎不已。

73. 近代名士與「豬尾巴」

長辮子也曾是清朝的象徵。百年前，在辛亥革命爆發前後，革命最為可視性的表現並不是革掉人頭，而是革掉人頭上的長辮子。

當時，清朝男子的長辮子，一度成為西方人和日本人嘲笑的對象，同時也成為一種落後的象徵。在蔑視、歧視中國人的浪潮風起雲湧的時代，西方人把中國男子腦後的長辮子戲稱為「Pigtail」——豬尾巴。

著名作家馮驥才先生的小說《神鞭》中的主人公身懷絕技，可以將三丈長的辮子當鞭子來用；這門「神鞭」功夫威力無比，令敵人聞風喪膽。

最後，在西方軍隊的炮擊下，加入義和團的主人公失去了他的長辮子。

中日甲午戰爭爆發以後，東洋的佼佼者日本學著西方人，開始嘲諷和歧視被日本打敗的清政府，並嘲笑清朝男子的辮子為「豚尾」，即豬尾巴。當時，日本的報紙上也經常出現這樣的報導：日本的孩子三三兩兩聚在一起，尾隨著清朝男子，高呼「豚尾！豚尾！」。

眾所周知，清朝推翻明王朝以後，滿清政府便按照滿族人的風俗習慣，要求漢族男子也留辮子。從某種意義上看，由於這樣一場改朝換代的風雲驟變，漢族人淪為被滿族人殖民的對象，因此漢族人腦後的辮子，也是一種奴隸性的象徵。

留日學生接受了當時日本的近代思想，對自己恥辱性的象徵物──辮子非常忌諱，很多人都自覺地剪掉了自己的辮子。孫中山、魯迅、黃興、鄒容、張繼、蔡鍔……無數的近代中國革命和思想界、知識份子階層的精英人物，都是在日本發起了剪掉辮子的自覺革命。這就是當時所謂的「革髮」運動。百年前，魯迅在東京嘲諷將辮髮盤在頭上的形象為「日本的富士山」。1903年，魯迅在東京剪掉了自己的長辮子，以示對清朝的抗拒。這些留學生在日本學到的不僅是西方的自然科學、人文科學知識。明治維新寄希望於以近代的學術、教育體系為基礎，建立一個國民國家。而這種追求西方精神的政策，也改變了日本人的著裝習慣。因此，中國留學生也從中領悟到了日本的服裝時尚。

有很多關於名士剪掉辮子的軼聞趣事。北京大學學者嚴安生在其《日本留學精神史》中指出，短髮、學生服、運動服成為時尚，在當時的學生當中很流行，當時，居住在日本東京的駐日公使館留學監督姚氏，專門負責監督清朝留學生，以阻止其剪掉辮子。可是，這位姚氏與一位清朝女留學生發生了姦情，於是一向仇視他的留學生設計捉姦。

有一天，早有準備的留學生，當場將姚氏捉姦在床。當時，三個留學生破門而入；鄒容（《革命軍》的作者）上前抱住姚氏的腰，張繼緊

緊攫住姚氏的辮子，而陳獨秀趁機將姚氏的辮子一刀兩斷。結果，姚氏不僅丟掉了辮子，同時也丟掉了官職。這三個留學生當然也被「逼上梁山」，變成叱吒風雲的革命巨匠。

無論從哪方面看，百年前的東京都起到了中國革命產房的作用。留學生學到近代革命思想回到國內，開展各項革命活動。

當時，無數短髮留日學生被清政府神學堂聘請為教師，而他們的清新形象，很快在中國年輕學子當中引發了轟動。清政府急忙下令這些海歸派留學生戴上假髮，以至於假髮生意一度十分紅火。魯迅當年回國以後，也曾購買過這樣的假髮。

軍隊系統有關辮子的趣聞也多有流傳。1904年，清政府以北洋軍為榜樣，在全國範圍內組建新軍，聘請西方或日本的教官對其進行訓練，以形成西方式的近代軍事力量。但是，中國軍人的辮子在腦後晃來晃去，儼然一條豬尾巴，惹得外國教官忍俊不禁。不僅如此，還有更嚴重的問題。在操作新式武器機關槍或大炮的時候，長長的辮子礙手礙腳，稍不留意就很容易捲進機械裡，使武器發生故障，而且肇事者本人也很容易負傷。

所以，在新軍中，剪掉辮子的人開始陸續出現。如此一來，滿族軍官也不得不寧可受罰，對此予以默認。1911年，保定陸軍速成學堂公開招收新生。其中，1000餘名學生幾乎全部自覺地剪掉了辮子。校長段祺瑞也出面對此加以解釋，而學生們則彼此包庇剪掉辮子的人。滿族陸軍部尚書蔭昌也是一位有過留學經歷的人，他也和其他人一樣剪掉了長長的辮子。隨著革命的不斷發展，留辮子的人逐漸消失，而短髮儼然變成了理所當然的髮式。

74. 近代的紀念碑

　　除了傳統的節日以外，中國在進入近代以後，又增加了很多現代政治意識形態、愛國意義上的節慶日。筆者在小學、中學期間，每逢節慶日，學校就會安排我們前往瀋陽市內的抗日英雄紀念碑、戰鬥英雄陵園等地，去緬懷革命英雄。這種愛國主義教育形式，筆者至今還歷歷在目。

　　中國有很多政治、革命意義上的英雄人物或歷史事件、戰爭遺蹟紀念碑。筆者長大成人以後，成為一名比較文化學者，經常訪問日韓以及其他一些西方國家。筆者在對當地進行實地考察過程中，始終放在心上的一件事，就是拜訪當地的博物館和紀念碑。

　　中日韓東亞三國有很多作為文化歷史遺蹟的紀念碑。小時候，一提到紀念碑，筆者就會聯想到北京天安門廣場上的人民英雄紀念碑。刻有開國領袖毛主席筆跡的人民英雄紀念碑巍然聳立在天安門廣場中央，它與其說是一座紀念碑，倒不如說是一種紀念塔更為確切。這也是給好幾代中國人帶來影響的一種有形遺產。

　　韓國有很多文學家、文化人的紀念碑、詩碑。探訪這些詩文碑的過程，似乎是在觀看韓國文學、文化地圖一般。

　　而日本簡直可以說是一個紀念碑的王國。正如日本頻發的地震和颱風一樣，日本到處都是紀念碑，這也是這個國家的一大特色。日本的大小紀念碑實在太多，以至於在都市的廣場、大路旁、百貨商場玄關附近、神社或寺廟內、鄉下的驛站前，甚至是在一座位於小盆地的村莊裡，也都能看到一座座紀念碑。

　　中文詞典裡，對「紀念碑」這個詞條的解釋是：「為紀念偉大功績、重大事件或重要人物而建立的石碑。」

　　從近代意義上講，紀念碑是一種紀念物（monument）。所謂紀念物，是指為了永遠紀念在社會上產生重大影響的事件，或與其相關的

人物（個人或集體）而建造的物品。這種紀念物，包括碑、廟、堂、塔、墓、門、像等。

紀念碑通常用金屬或大理石材料建造而成，以確保其永世流傳。紀念碑在世界上大量普及，也是從近代開始的。「紀念碑」這個單詞本身也是在明治時期的開化年間誕生的。

作為近代的新潮語，有關紀念的實例數不勝數，我們不妨例舉一二：紀念郵票、紀念號、紀念特輯、紀念章、紀念塔、紀念日曆、紀念碑、紀念日記、紀念物等等。自從明治23年（1890），日本頒布「憲法發布紀念章制定」法案以後，紀念碑開始作為比記功碑更通俗易懂的詞語，被人們廣泛使用。

總之，近代日本在明治時期接受西方各國文化影響過程中，致力於文明開化，並希望國家得到發展。紀念碑就是在這種國民思想中產生的。其中，最重要的紀念碑，應該是戰爭紀念碑、軍人及烈士紀念碑。

百餘年前，豎立在近代入口處的紀念碑象徵著我們無法想像的重大戰事。其中浸透著的並非是個人的思想，而是明治乃至大正時期的意識。這些大大小小、形色各異的紀念碑，也是為了紀念當時從各個部落、村落，以及城市中趕來，為了國家大業前赴後繼，英勇參戰的人們而建的。另外也有一些紀念碑是為了開戰而建的。還有一些紀念碑，則是日本戰敗以後，為了緬懷那些未能從戰場上回來的犧牲者而建的。這類紀念碑在日本的紀念碑中佔有重要的位置。

日本在創造出「紀念碑」這個單詞的同時，通過侵略殖民地，也在被殖民的地區樹立了眾多紀念碑。朝鮮各地與日本神社和寺廟一起落成的各種戰爭紀念碑、公園以及紀念碑，都是日本殖民侵略歷史的見證。

日本在殖民統治朝鮮過程中，也給朝鮮展示了近代紀念碑的形式。在日本的這種影響下，進入近代以後，朝鮮也出現了很多日本式的紀念碑。

1909年10月26日，為了紀念在哈爾濱火車站被安重根擊斃的伊藤

博文，日本政府部門在哈爾濱火車站設立了伊藤博文胸像紀念碑。但在日本戰敗以後，這座紀念碑於1946被拆除。本以為可以永久存在的紀念碑，即使採用了無比堅固的石材，又怎能經得起時間的風化呢。

75. 近代朝鮮的博物館和美術館

近代朝鮮的博物館也和朝鮮的近代化一樣，是在接受日本殖民統治過程中，因日本人而建立起來的。

1907年，日本人吞併朝鮮以前，就已經試圖在朝鮮境內建立博物館設施，並於1908年正式開館。

人們通常把這座博物館稱為「李王家博物館」，但實際上，當時它還有皇室博物館、李王家設博物館、昌德宮博物館、昌慶宮博物館、李王職博物館等稱謂。

現在，我們可以通過1912年在京城出版的《李王家博物館珍藏品圖冊》，及1936年出版的《李王家美術館要覽》，對這座博物館有一個大致的了解。

當時，這座博物館位於現在的首爾市昌慶宮內。那麼，設立這座博物館意圖和目的何在呢？參與博物館建設的當事人李王職事務官末松熊彥說：「本來是想向李王家一家提供趣味生活，同時也希望保護和收集朝鮮古代美術作品。」

事實上，在日本的統監部領導下，大韓帝國皇宮內部正在按照日本的意願進行改革。而博物館、動植物園都是作為重要的施政環節予以落實的。所以，在昌德宮建立博物館和動植物園，首先是以伊藤博文為首的日本統監部的意思。（《朝鮮王朝的象徵空間和博物館》）

1910年日韓併合以後，大韓帝國純宗皇帝被封為王，得到和日本皇

室一樣的待遇。12月，根據皇室令設置了專門負責李王家家政的事務官——李王職；李王職歸宮內大臣管轄。

大韓帝國宮內部的事務被轉移到李王職，而朝鮮總督府負責監督這一部門的工作。當時，在動植物園和博物館開始建設之初，從日本引進種植的200棵櫻樹花開滿枝。因此從1924年開始，為了便於夜間賞花，相關部門對外開放了昌慶苑，成為殖民地朝鮮最大的娛樂場所。

日本就是這樣在建設昌慶苑的名義下，對朝鮮王朝象徵空間——皇宮進行改造的。

日韓併合以後，1915年9月，景福宮舉辦了「施政五周年紀念暨朝鮮物產共振會」。景福宮由此成為博覽會場館。當時加建的建築物永久保存下來，並於12月份以當時展出的展品為基礎，改建成「朝鮮總督府博物館」。這是一座由石灰石構成的2層建築物，內部則以中央大廳為中心，三面各設2間，共設有6間展室，展出各種展品。可以說景福宮變成一個「面積為12萬坪的大型博物館」。

設立這座總督府博物館的目的，是展出從伊藤博文統監時代開始，通過對朝鮮古籍的調查活動收集到的資料，以此來展示朝鮮文化。（《博物館導讀》，朝鮮總督府博物館）

總督府一直在促進古籍調查和歷史編撰事業，而朝鮮半島歷史編撰的著眼點在於：①揭示朝鮮和日本同宗同族關係；②為了強調逆流追溯朝鮮歷史是一件非常麻煩的事情，所以才通過併合手段使朝鮮獲得新生。在景福宮設立的總督府博物館，就成了展示日本對朝鮮統治這一國家項目成果的場所。

除景福宮以外，李王職還於1933年在德壽宮內的石造殿設立了德壽宮美術館（李王家美術館）。當初，總督府還通過報紙展示李王家珍藏的古代書畫藝術品，以及從東京帝室博物館或其他藏家那裡借來的藏品。

可是，隨著開館日期的臨近，朝鮮美術作品暫時被取消，而只展出

近代日本美術作品。這座美術館每年都展出日本美術作品，而在1938
年，總督府下令在石造殿西側新建了展館，並計畫將其作為李王家博物
館新館。1938年6月，李王家博物館館藏品中，11000餘件新羅、高麗、
朝鮮時代的陶瓷、繪畫作品被轉移到新館。從此，新館和德壽宮美術館
併合，改稱「李王家美術館」。

李王家美術館和德壽宮美術館合為一體，改稱李王家美術館。在這
裡展出的朝鮮美術品，只起到了襯托和對比作用。

昌慶宮、景福宮、德壽宮始建於19世紀，是朝鮮王朝權力的象徵。
但日本把它們變成博物館、美術館，其原因就在於對外展示，日本已經
成功將朝鮮王朝神聖空間變成日本帝國主義的空間。

在殖民化過程中，設立於朝鮮的博物館，也是朝鮮王朝權利被瓦
解、剝奪的過程本身。另外，被視為衰退象徵的朝鮮王朝美術作品，在
與日本近代美術作品對比展出過程中，日本的威嚴得到強化。

總之，博物館負責管理調查古籍善本的事業，並實現了調查、保
存、陳列的一元化。而這種積蓄，在解放以後，一直被韓國延續至今。

76. 成為「東洋文庫」基石的莫理循收藏

東洋文庫在世界上享有盛譽，是日本最初、也是最大的亞洲研究圖
書館。只要是一個有關東亞的研究者、學者、知識份子，幾乎沒人不
認識日本的東洋文庫。東洋文庫藏有100萬部與亞洲相關的圖書，其中
也不乏被日本確定為國寶、重要文化遺產的藏品。2011年10月，在辛亥
革命100周年之際，東洋文庫新館和博物館同時開館。東洋文庫新館位
於東日本旅客鐵道（JR東日本）駒込站附近，建築面積達6700平方公
尺，是一座巨大的八層建築物（地上7層，地下1層）。

　　東洋文庫的誕生，莫理循是功不可沒的。換言之，莫理循才是真正意義上的「東洋文庫之父」。莫理循不僅是一個記者、冒險家、政治顧問，而且還是一位偉大的藏書家。他在擔任倫敦《泰晤士報》特派記者及中華民國總統府顧問期間，共在北京生活了20年之久。

　　在中國生活期間，莫理循收藏了24000餘冊歐洲各國出版，以中國為中心的相關書籍、宣傳冊，還有地圖、版畫等共1000餘件。此外，他還收集到了200餘種定期刊物。莫理循參考現存有關東洋學文獻目錄，並通過歐美或日本古籍書店編輯的出版目錄，按圖索驥，一一尋找這些圖書。

　　其中包括馬可波羅的《東方見聞錄》各種版本共計54種、用中國地方方言編輯而成的詞典300餘冊、各種中亞探險隊的調查報告以及在今天看來仍是極其珍貴的其他藏品。當時，莫理循把幾乎所有收藏品都陳列在自己位於北京家中的「亞洲文庫」，並允許訪客無償閱讀。他收集了當時規模最大，用歐洲文字編著而成的有關東亞的文獻藏品。

　　從1910年前後開始，亞洲文庫及莫理循本人的名字，逐漸被世界學者和相關收藏家所熟知。到了1916年，擔任中華民國總統顧問的合約期滿以後，莫理循最終決定回國。他開始尋找轉讓這些藏書的買家。

　　在此期間，美國對亞洲的研究活動已經開始興起。因此，哈佛大學和耶魯大學相關部門都向他表示了購買意向。與此同時，中國的研究學者和知識份子也希望能把這稀世藏品留在國內。莫理循花費了多年時間才好不容易收集到這些藏品，所以也希望買家能在將來對其進行擴充，並對外開放。他指出，這些藏品需要放置於一個能夠自由解讀歐洲文字和漢語的環境，才能發揮其應有的作用。

　　能滿足莫理循這些條件的地方，當然就是日本。當時，莫理循喊出的轉讓價格為35000英鎊（相當於現在的70億日圓），而立刻著手準備購買的，也是日本方面。這個日本買家，正是著名企業三菱的第三代社

長岩崎久彌。岩崎久彌出生於1865年，死於1955年，可以說是一位老壽星。他的父親也是一位明治時期的產業界先驅者。岩崎久彌本人早年有過留學美國的經歷，因此具有廣闊的國際視野。

美國駐日本大使羅伊德（Lloyd Griscom）曾這樣評價岩崎久彌的人品：他是一個「懂得關心別人的善良而冷靜的日本人」。岩崎久彌逐漸成長為一個學者型人才。1901年，他曾購買牛津大學馬克思·穆勒（Friedrich Max Müller, 1823-1900）博士的文稿，捐贈給東京。岩崎久彌花巨資買下了莫理循的藏書，並於1930年將其運往日本東京。

在東洋文庫的資料中，包括了中國古代殷商時期（西元前17-前11世紀）的甲骨卜辭片614件，作為東洋史上歷史最為悠久的一種文字，這些甲骨卜辭片，都是國寶級的珍貴史料。此外，史上絕無僅有的《永樂大典》也被完整無缺地保存在這批藏書中。曾親眼目睹這些藏品的中國學者張競先生說，看上去，這本《永樂大典》根本不像是明朝年間的書籍；內頁宣紙白淨整潔，手寫字體異常工整。他同時指出，立場鮮明的收藏人，也讓人心生感動。此外，這批藏品中還包括了大量宋本《隋書》、《魏書》等價值千金的稀世珍本，以及不計其數的西歐版東洋資料。

其中，有日本國寶5件，重要文化遺產7件，而這些藏品則是岩崎久彌個人的藏品。岩崎久彌本人就是一個學者型的企業家和酷愛收藏東西古今書籍的藏家。

1924年，岩崎久彌繼承了莫理循的意志，發起組建了東洋文庫財團，並確定建立一座有別於簡單保管性質的圖書館，即這座圖書館不僅要持續擴建，還要對外開放。此後，東洋文庫繼續著手收集與此相關的書籍、繪畫、地圖等資料，並將這一傳統延續至今。

現在，對外開放的文庫、博物館中，《莫理循書庫》完全對外公開，同時對外展出《岩崎久彌文庫》。莫理循留給我們的是一份珍貴的禮物，這些與東洋文化相關的文化遺產的價值，將隨著時間的推移變得

越來越珍貴。

77. 日本的中國留學生街——神田神保町

　　位於東京的神田神保町是國際上著名的古書店一條街。分布在街道兩旁的古舊書店鱗次櫛比，蔚為壯觀。這裡是日本古書市場的一大中心，它以自己悠久的文化傳統，成為東京的一大旅遊景點。不過，這條古書店一條街還有另外一重身分——百年前，這裡也曾是中國留學生聚居的中華街（華人街）。作為中國近代革命的發源地之一，以及中日文化交流的中心，這條街也是中日近代關係的見證者。

　　筆者至今仍經常前往神保町古書店瀏覽或購買古書和文獻資料。每當散步在這條古街上，我都會感受到魯迅、郭沫若，以及李光洙、崔南善等先輩們的呼吸。

　　古書一條街上有咖啡廳和酒吧。百年前，這裡也以中國留學生聚居地區而聞名於世。當時，中國留學生紛紛聚居在這條街上，不僅因為在這裡可以找到眾多古書和資料，同時也因為這一帶有眾多可以寄宿的地方，以及向留學生開放的日本語學校。這條街周邊有各種性質的預備學校，以及著名的明治大學等可接受中國留學生的大學。

　　這條街在變成留學生一條街的過程中，街面上出現了新開張的維新號（1899）以及戰後開業的漢陽樓（1911）等中國餐廳。中國留學生很不習慣日本人生吃雞蛋的飲食習慣，所以自然會經常光顧以豬肉為主菜系的中餐館。這些中餐館成為中國留學生在日本留學生活過程中經常光顧的場所。

　　蔣介石在日本留學期間，曾和他所在的振武學校教員發生衝突，事發現場正是當時的神保町中餐館。據稱，參與那次鬥毆事件的還有他的

同級生張群等人。此外，當時還有很多各種形式的社團，也都把辦事處設在這條街上。

據說，日本是於1899年開始允許外國人居住在街區的。1871年，根據《中日修好條規》相關規定，治外法權得到確認，因此當時並不允許外國人居住在內地城市。直到1899年，日本政府部門才允許外國人居住在城市街區。據說，事實上，在1899年以前，就已經有中國留學生居住在神保町街區。而在1899年以後，一些商人和其他組織開始在這裡掛出招牌，正式粉墨登場。

1896年，入住這條街的中國留學生僅為13名，到了1905年至1906年間，這一數字急劇增加，最多的時候甚至達到了10000名以上。當時，日本接收中國留學生的情況大致如下：1899年，星城學校開設了類似於陸軍士官學校預科班留學生部，並從1899年開始正式接收外國留學生；嘉納治五郎於1899年創辦亦樂書院；1902年，提倡中日兩國聯合的東亞同文會創建東京東文學校。

此外，實踐女子學校也設置了中國女子學部。1904年以後，法政大學設置中國留學生法政速成科；明治大學也增設了專門接收中韓兩國留學生的部門。1905年，早稻田大學開設中國留學生部。

中國留學生在日本留學期間，神保町成為他們體驗日本文化的起點。通過從神保町書店購買的書籍或教科書，他們學習新的知識，隨著大批留學生學成回國，這些知識和學養也被他們帶回中國。在明治時期，日本翻譯的單詞的影響力非常之大。蔣介石、汪精衛、周恩來、陳獨秀、李大釗、魯迅、郭沫若、周作人等都曾體驗過神保町生活。

除了文科或理科生以外，也有不少留學生是清政府公派的陸軍士官學生。他們進入星城學校或振武學校，學習軍事專業科目。著名將領黃興每次訪問日本，都會造訪神保町。

1902年，神田神保町出現了中國留學生會館；到了1907年，中華

青年會館在這條街上成立，從此，神保町成為中國留學生經常聚集的地方。清政府在駐日公使館內設置了學生監督處，以發放獎學金等形式，對留學生進行「監督和管理」。但是，政府部門越來越難以控制這些留學生。另外，在中日關係日益惡化過程中，神保町於1918年出現了日化學會。

神田神保町雖然是一條留學生街，但並不是一條學習的街道。中日甲午戰爭以後，在戊戌變法過程中遭遇失敗的革命家陸續逃亡到日本，在這裡聚會。

不僅是中國，就連朝鮮、越南的革命家也經常在此聚會，使這裡成為名副其實的亞洲革命策源地。革命活動家經常在這裡以數千名留學生為對象，開展各種輿論活動。集會、出版物發行等活動非常活躍。而集會基本是在上面提到的留學生會館進行的。在這條街發行的主要出版物中，同盟會機關報《民報》最具代表性。當然，除了《民報》以外，當時還有很多中國革命家編輯的雜誌，也都是把這裡當成了根據地。

1920年以後，日中關係進一步緊張。到了1937年，盧溝橋事變引發中日兩國全面開戰，隨後留學生開始大批撤出這條街。但隨著偽滿洲國以及汪精衛政權的成立，又有很多留學生陸續聚集到這條街上，使其重新成為一條留學生街。即使是在今天，神保町仍是一面反應中日近代史的「鏡子」。在這裡，至今仍能經常看到中國留學生的身影。

78. 近代中國的南北文化論

在中國近代史上，由於南北文化間存在的差異，各地區在接受西方文明過程中也表現出不同的樣貌和特徵。換句話說，南方地區較早接受西方文明，並在改革領域處於領先地位；而北方地區仍處於落後、保

守狀態。在中國近代史上，南北地區形成了對立局面。從這樣的脈絡上講，中國近代史也是南方和北方對立的歷史。在這一時期，南北方在文化領域形成了鮮明對照。當然，即使是在今天，中國南方和北方仍存在不同形式的對立局面。

中國南北方在地理、自然環境方面存在巨大差異，而南北方文化也同樣表現出很大的異質性。從近代史中我們可以發現，從百年前開始，這種南北文化衝突便已經激烈發生了。

梁啟超從達爾文的文明論角度出發，對中國南北文化進行了對比闡述。1902年，梁啟超在其名著《中國地理大勢論》中，從地理環境的角度出發，分析說明了中國南北方文化不同的特徵。中國的大河流是東西向的，由此將中國分為南北方。因此，在文化、藝術、風俗、哲學、音樂、美術、傳統等諸多領域，也都表現出很大的差異性。

梁啟超很早就接受了西方文化影響，因此他希望以達爾文的文明論思想，將中國文化區分為黃河文化、長江文化、珠江文化，並將地理因素作為劃分文化圈的依據。

1905年，以反清傾向著稱的報紙《國粹學報》連載了劉師培的論文《南北學派不同論》。這篇論文與梁啟超的思想有異曲同工之妙。自由主義知識份子劉師培以類似於梁啟超的觀點，強調中國從古代開始，南北方之間就表現出很大的差異性；而在進入近代以後，「南盛北衰」現象尤其明顯。

梁啟超將地理和國民性、文化因素聯繫在一起，提出了他的「地理心理因果論」思想。他的文化觀在當時產生了不小的影響。在《地理與文明的關係》等文章中，梁啟超對西方和中國進行了比較；他認為西方屬於海洋國家，因此具有很強的進取心，而且西方國家多屬山地國家，易於分隔治理，所以他們選擇了「民主立國」的方向。與此相反，中國是一個擁有廣闊平原的陸地國家，而且人口眾多，所以選擇了「專制立

國」方向。著名海外華裔學者、文化史學家孫隆基先生推測，梁啟超和劉師培可能是受到了日本學者的影響。（《中國地域發展的差異──南方和北方》2000年）

日本近代代表性的美術史學家、文明批評家岡倉天心在1894年出版的《支那南北之區別》一書中，從中國南北方氣質上的差異出發，闡述了他的中國文化論思想。不僅是岡倉天心，日本近代著名學者，也對中國南北方文化差異紛紛發表自己的看法。他們提出的學術思想，分明對當時留學日本的中國學生，或亡命日本的中國知識份子產生了巨大影響。

王國維在日本學者的影響下，在其著作《屈子文學的精神》中分析指出，南方人性格溫和，多傾向於出世；而北方人性格熱情奔放，多傾向於入世。此外，和沉迷於玄學思想的南方人相比，北方人更注重實際行動。

林語堂先生在其名作《中國和中國人》（1935）中這樣指出：「南方人和北方人在性格、體魄、習俗上的差別之大，不亞於地中海人與北歐日耳曼人的區別。」

在民國時期，由於接受了大量西方文化思想，以及日本學者的影響，中國文化的南北比較論、異質論思想盛行於思想界、學術界及政治界。

學者丁文江通過分析「二十四史」中的歷史人物，對人才分布情況進行了統計學意義上的考證。他認為，在宋朝以前，中國文化的中心位於北方，但自南宋以後，中國文化的中心發生了改變。（《歷史人物和地理的關係》1923）潘光旦、張君俊等人的觀點也大致與此相似。張君俊於1930年代，通過調查13000名大學生的體質，得出這樣一種結論：華北人在身高、體格、壽命以及幼兒夭亡率等方面都優於華南人。與此相反，北方人雖然體格健壯，但在智力方面不如南方人；由於這兩者之間失去了平衡，所以導致民族總體素質下降。

流行於當時的四字成語也成為反映南北文化差異的關鍵字。南柔北

剛、南船北馬、南甜北鹹、南拳北腿等，至今都成為象徵南北文化、自
然、國民性差異的用語。

　　1946年，學者李長之上溯到中國古代，進一步指出在周文化、楚文
化中也存在這種南北對立。他說，周文化強調地理性、秩序性以及科學
性；與此相比，楚文化強調的則是飛躍性、流動性以及感受性。（《司
馬遷的人格和品格》1946）

　　即使是在今天，上海對北京人的態度，也在一定程度上反映了南北文
化之間存在的差異。「北京有政策，上海就有對策。」這種說法就是其典
型表現。在文化層面上，京派和海派之間的對立意識依然非常強烈。

　　中國在進入21世紀以後的重大社會課題有縮小貧富差距、環境保
護、政治改革等。但事實上，如何協調南北文化差異，消除南北文化對
立，也是不容忽視的一大文化課題。這是不爭的事實。或許，構建和諧
社會的政治理念，將成為解決這一問題的關鍵所在。

79. 百年前的中國人是如何認識日本人的？

　　在回顧百年前後的世界史，尤其是東亞歷史過程中，我們可以發現
這樣一個現象。1868年，日本進入明治時期以後，特別是在中日甲午
戰爭以後，中日之間先進與落後的關係發生了逆轉。原本為師傅的中國
（清國）淪為日本的徒弟，繼而努力向日本學習西方文明。這種努力貫
穿了前近代史。

　　在此期間，研究和了解亞洲領導──日本，不僅是中國，同時也是朝
鮮的重大課題之一。那麼，百年前的中國人是如何認識日本的呢？這是一
個有趣的課題。要想充分回答這個問題，想必至少能寫出一兩卷書。

　　在這裡，筆者只能選擇一些重要內容加以介紹。事實上，直到近代

為止，中國人仍然習慣於把日本視為不值一提的東洋島國，藐視其為「小日本」。不僅如此，中國掌握的有關日本的知識、資訊也非常有限，所以就連魏源那樣的知識份子，對日本地理、地形的認識，也都不如現在的小學生。

後來，在進入1870年代以後，中國人才開始真正踏上日本國土，並通過自己的親身體驗，了解到日本的現實面貌。明治維新以後，第一個訪問日本的中國人是浙江稅務官員李圭。1876年，在參加美國建國博覽會途中，李圭路經日本。當他發現明治維新以後日本的嶄新面貌，不禁為之大吃一驚。李圭在他的《環遊地球新錄》中這樣讚美日本：「私塾、郵政局、電報局、電線公司等完全可以與西歐媲美。」

10年以後，大清國第一任駐日公使何如璋在《使東述略》中，也提到日本的明治維新成果，並為之讚歎不已。在此期間，隨著駐日公使館、大使館的成立，擔任外交官的知識份子經常來往於中日兩國。日本在明治維新以後，通過吸納西方文明，極大地促進了社會的文明發展，這種現象在中國是聞所未聞的。這些外交官和知識份子見到這種情況，也都對此讚美有加。

其中具有代表性的著作有王韜的《扶桑日記》、王之春的《東遊日記》等。他們對日本的鐵路、電報、電話等西方文明事物大加讚賞，並高度評價日本的教育系統。由於在日停留時間短暫等局限性的影響，他們對日本的認識，多為浮光掠影式的印象。

即便如此，他們仍然超越了以往中國人對日本的認識，並以一種生動的記述、遊記等形式，描畫出日本接受西方文明所帶來的變化。他們在自己的紀行文字中，並非無條件讚揚日本，有些人甚至還從保守立場出發，對新生日本橫加指責。李修圃於1880年寫下了他的《日本訪問記》，並在其中批判了日本所進行的改革。「日本極力模仿西洋，以至國家日益貧困；由於苛捐雜稅，日本人民甚至希望回到德川時代。」

可是，進入1880年代以後，中國的知識份子擺脫了「印象記」形式的認識方法，著手對日本的歷史和現實展開調查，提出了有份量的見解。

當時，在研究和認識日本方面，成績最為突出的當屬駐日使館參贊黃遵憲。1877年，黃遵憲以參贊身分隨同何如璋來到日本。在此後5年時間裡，黃遵憲深入了解和調查日本社會，並通過報紙、文件、統計表等文獻資料，寫作完成了他的長篇巨製《日本國志》。《日本國志》共49卷，50餘萬字；黃遵憲在地理、天文、政界、新文化、軍事、刑罰、習俗、物產、文藝、外交等諸多領域，對日本進行了詳細的介紹說明。這是一部中國近代史上研究日本的集大成者，也是這個領域難以逾越的高峰。

中國人對日本的認識，通過黃遵憲的《日本國志》發生了劃時代的變化，並就此開始升級。借用黃遵憲的一句話說，幾乎就是「進步的速度，古今中外未曾有。」

軍事官員傅雲龍也推出了他的《遊歷日本圖經》（30卷），這也為中國人認識日本提供了豐富的資料。這是一部涉及到日本天文地理、兵制、官職、外交、文學、民俗等諸多領域的百科全書式的著作。

駐日公使隨行人員姚文棟於1884年出版了他的《日本地理兵要》。這是百年前中國近代史上第一本正式出版的日本地理書。另外，駐日公使隨行人員陳家麟於1887年編著的《東槎聞見錄》，分十多個領域，對日本社會情況進行了詳細介紹，成為認識日本的重要著作之一。

1880年以前，日本對於大多數中國人而言，還僅限於道聽塗說。但在此以後，中國人對日本的認識變得越發具體、形象起來。隨著越來越多的中國人親歷日本，以此為基礎開展的實地考察，以及相關的著述活動，活生生的日本展現在中國人面前。一向把日本視為東洋小小島國、野蠻國家的中國人，自從明治維新以後，對日本人的看法發生了180度的轉變。以這種認識為基礎，在19世紀末至20世紀初期的30年間，中

國大地掀起了留學日本的熱潮。

80. 百年前的京師大學堂是如何講授近代西方科學的？

百年前，中國對西方文明的學習、吸納，具體是如何進行的呢？北京大學的前身京師大學堂採取的措施，很好地回答了這個問題。

法國國立科學研究院研究員巴斯遞以及其他一些日本學者考證認為，1898年戊戌變法前後，中國教育開始採納近代西方的科學及學術體系，而這也被評價為啟動近代化進程的基本標準。

1895年，「強學會」成立；1896年京師官書局（京師大學堂的前身）替代「強學會」，開始提倡「引入世界知識，將其傳授於民」。在這種思想指導下，他們聘請西方知識份子前來舉辦有關科學的專題講座。後來，孫家鼐於1896年3月24日奏報官書局章程，將農務、製造、測算之學置於律例、公法、商務的同等地位，並率先提出了京師大學堂分科立學的主張。

1898年12月31日，京師大學堂在戊戌變法以後正式開學，但當時尚未設置有關科學的科目。到了1899年秋天，繼文科以後，京師大學堂開設了科學（數學、化學等）科目。

1900年，由於義和團運動爆發，京師大學堂中止營運。1902年，在清政府的命令下，京師大學堂重新恢復營運，張百熙被任命為官學大臣，專門負責相關教育工作。張百熙上任以後，解雇了當時的「西學總教習」馬丁，並聘請吳汝綸為總教習，使其按照日本大學的模式，指導京師大學堂的教育工作。

首先被聘請的人物，就是著名的東洋哲學界權威、長期擔任東京帝國大學教授（此後也曾歷任京城帝國大學總長）的服部宇之吉。

作為預備科和速成科，京師大學堂設置了師範館和仕學館（即行政教育）。當時，除了官學大臣以外，還沒有其他官僚具備有關新教育的知識。於是，服部宇之吉在師範館學科課程中增加了各種規則，增建教室、實驗室、宿舍、圖書館等設施，並親自負責購買圖書，甚至著手制定了相關入學考試制度。

服部宇之吉作為師範館的正教習（相當於系主任），在擔任授課的同時，也致力於管理和指導其他日本教習，以及師範館的日常營運。除了服部宇之吉以外，當時還有日本京都帝國大學法學教授岩谷孫藏被聘為仕學館的正教習。他不僅在京師大學堂仕學館執教，同時也在京師法政學堂執教，在培養法律界人才領域做出了重要貢獻。他還協助修訂法律大臣沈家本，開設了修訂法律館。服部宇之吉和岩谷孫藏因對中國教育事業卓越的貢獻，而被清政府授予勳章。

學堂的學習、教授是按照日本教習制定的課程內容進行的。當時的學生們證明：「學堂在聘請教員時非常慎重。」大多數日本教習當初還不會講漢語，所以僅憑課堂上的口語翻譯，還無法完成教育任務。因此，全部學員都需要學習日本語。正如畢業考試成績表所證明的那樣，第二屆畢業生全都掌握了英語和日語。

仕學館開設了11個科目，其中3個科目為算學、博物學、物理學，每周授課36課時。師範館開設14個科目，其中科學科目有算學、博物學、物理學、化學等，每周同樣授課36課時。

日本教習除了在課堂上向學生授課以外，同時也帶領學生進行實際練習。1905年5月26日，26名京師大學堂學生在兩名日本教習帶領下，到山東進行為期一周的動植物實地考察、採集標本活動。師範館的學生們在日本教習指導下，各自製作了動物標本，以此來節約教具購買支出。這些在不同程度上接觸到近代科學、人文學知識的中國學生，逐漸成長為中國近代科學、人文學領域的人才。

　　1910年，科學教學已經步入正軌。京師大學堂在1898年至1911年間，培養了200餘名科學專業人才，奠定了中國近代科學基礎。京師大學堂使中國人深刻認識到「科學超越民族和國界的真理」，同時也創設了結合科學知識和應用科學的大學課程。在科學認識論、科學教育論方面，京師大學堂對近代中國起到了先驅作用。

　　辛亥革命以後，人們基本上淡忘了京師大學堂。但事實上，此後以北京大學為首的眾多大學，仍然延續了這種科學認識論及科學教育論思想。

81. 近代中國語、韓國語中的日語單詞

　　在看到這個題目的時候，或許會有很多讀者直搖頭。這怎麼可能呢？近代中國語、韓國語中，有70%的單詞都來自日本？

　　說得更確切一點的話，近代中國語、韓國語中，有關人文、社會領域的用語，有60-75%是通過吸收日語的方式創造出來的。我們通常認為，文明大國中國通過朝鮮向日本傳播了文明。這種傳統觀念也很容易使我們忘記在百年前的近代，亞洲文明局面發生逆轉的情況。事實上，近代單詞、名詞都是日本首先以日語漢字形式創造出來，然後反向輸出到中國和朝鮮半島的。

　　韓國人現在自如地使用著的漢字詞，並非是中國創造出來的，其中有70%都是日本首先創造出來的新名詞、新潮語。這一點是值得我們重新認識的。在「中華人民共和國」這一名詞中，除了「中華」以外，「人民」和「共和國」也都是日本造出來的漢字詞。「社會主義」中的「社會」、「主義」同樣也都是日語漢字詞；「改革開放」中的「改革」、「開放」同樣也是日語漢字詞。這些詞語，都是日本人基於他們對西方文明的認識，率先創造出來的新單詞。

那麼，這些單詞為什麼首先被日本創造出來，又輸出到中國了呢？在清朝末年，日本的近代文明在即將傳播到中國和朝鮮之際，日本社會湧現出大量新的辭彙，並逐漸固定下來。

日本以其獨有的理解方式，翻譯和創造了有關西方近代文明、思想、意識的名詞和專用術語。人類思想本來就是通過單詞這種媒介得以表現和傳播的。

日本從江戶時代開始，一直到進入明治時代，創造出了眾多新的漢字詞。比如說，科學、進化、經濟、自由、哲學、物理、組織、國家、國民、權利、民主主義、共產主義等，都是包含西方近代思想意識的新漢字詞。

清末時期，中國的知識份子當然也推出了不少新潮語。比如按照「電話」的英語發音，將其稱為「德律風」；把「進化」翻譯為「天演」。梁啟超把經濟學翻譯為「資生學」，把哲學翻譯為「智學」，物理學翻譯為「格致學」。但這種借用中國古典概念的做法，在表現西方近代意識方面，具有很大的局限性。

所以，來到日本的留學生、革命家、知識份子精英認為，日本創造的近代新漢字詞更簡單明瞭，而且更充分表達了原來的意思。於是，他們開始認識到日本創造的新漢字詞的魅力，並開始接受這些辭彙。

19世紀末，梁啟超在橫濱創辦的《清議報》、《新民總報》，在向中國讀者傳播西方新思想、新概念過程中，也大量使用了日本的新漢字詞。因為用現有的中文詞，根本不足以表達像洪水一樣潮湧而至的新思想，所以只能依賴具有新鮮感的「日製」漢字詞。日本為了吸納西方新文明，創造了20萬個新漢字詞。他們從英語、德語、法語中，通過翻譯手段，「批量生產」了難以數計的漢字詞。朝鮮的知識份子將其稱為「新名詞」。當時，強烈刺激中朝兩國知識份子眼球的新名詞有很多，比如革命、解放、鬥爭、運動、民主、民族、思想、同志、理論、階

級、計畫、近代化等等。

孫中山也是通過日本的報紙了解到「革命」這個新名詞的。當時，中國通常把「革命」稱為「造反」。當孫中山通過他的秘書了解到這個單詞以後，決定取消「造反」，轉而採用「革命」這個詞語。

1911年出版的《普通百科新大辭典》的範例中稱，「我們國家的新詞（用語），其基礎是從日本引進的。」實際上，現在在中韓兩國的日常生活領域，以及政治、經濟、制度、法律、自然科學、醫學、教育、文化領域，來自日本的單詞數不勝數。很多人誤以為，這些辭彙本來就是中國或韓國的。我們不妨在這裡列舉一下日常生活中來自日語漢字的辭彙：

國際、學校、建築、作用」、員警、工業、意識、理想、傳統」、營養、圖書館、現實、歷史、常識、體操、幹部、廣場、化學、放送、見習、市場、出口、入口、取消、手續、價值、汽車、自動車、浪漫⋯⋯

此外，文學界中的「界」，新型、大型中的「型」，可能性、必要性中的「性」，好感、優越感中的「感」，革命的、暫時的中的「的」，想像力、生產力中的「力」等用法，也都是來自日本。此外，韓國語中「關於⋯⋯」、「因⋯⋯」、「認定⋯⋯」「被認為⋯⋯」等也都是日語的表現形式。

中國社會科學院的學者李兆忠先生說：「統計資料表明，在金融、投資、抽象等領域的現代中國語中，有關社會科學的辭彙，60-70%是來自日本的。如果沒有這些日本漢字詞，現在的中國語會是一個什麼樣子呢？或許因缺乏強烈的刺激及營養價值，而難以進入近代。」

近代韓國語（朝鮮語）也和日語有著千絲萬縷的淵源。相關研究結果表明，在近代韓國語中，有75%以上的單詞是來自日本的。此外，由於語言學、語法的類似性、接近性，日本語的很多結構原封不動地被韓

國語全盤吸收。這是顯而易見的事情。除了漢字詞以外，有很多日語固有名詞按原樣使用於韓國語中。如「벤또」（韓國語盒飯，飯盒）、「리야카」（韓國語，兩輪拖車）、「오야지」（韓國語，父親）、「앗싸리」（韓國語，乾脆）等等。有很多韓國的地名和人名也都是以日語形式命名的，其中韓國女子名字中的「子」，或者韓國男子名字中的「雄」等，也都是來自於日本人的命名方式。

單詞作為包含文化的重要形態，如果中韓兩國沒有在近代從日本引入如此眾多的辭彙，中韓兩國的近代化也將遇到很大的障礙。這是明擺著的事實。此外，從日語極大地豐富了中韓兩國語言這一點上看，無數日語單詞已然與中韓兩國語言融為一體。這可以說是日語對東亞文化的一大貢獻。

82. 浸滿淚水的「關釜聯絡船」

在韓國的傳統歌曲中，經常出現港口和「聯絡船」這樣的字眼。《離聯絡船而去》、《回到釜山港》、《心痛》、《港口的悲傷》等耳熟能詳的歌曲。這些歌曲，都從不同的側面，真切地反映了當時的朝鮮人在碼頭上惜別父兄及戀人，乘坐聯絡船前往他鄉時的悲傷心情。

百年前，把韓國釜山和日本下關連接起來的「聯絡船」，不僅是把韓國和日本、日本和中國連接起來的大動脈，同時也是承載著朝鮮民族無限冤仇與淚水的航線。

日本下關至韓國釜山之間的定期航線，被稱為「關釜線」。這條航線由日本的山陽鐵路株式會社於1905年9月11日建設完成。這是發生於日俄戰爭結束以後，《朴資茅斯條約》正式簽署後的第6天的事情。從此開始，一直到因美軍的襲擊（1945年6月）而癱瘓以前，在漫長的40年期

間，這條航線都作為連接日本和韓國的大動脈，發揮了重要的作用。

「聯絡船」承載著日本人的希望和喜悅，同時也承載著朝鮮人的希望與悲傷、離別的傷痛與重逢的歡樂；「聯絡船」同時承載著日韓兩國人不同的情感，在百年前的近代往返於日韓兩國間，是那段歷史的見證者之一。在「關釜線」開通以前，日韓之間的往來多是通過大阪至仁川航線進行的。但是，1905年伊藤博文確定日本對朝鮮的統治政策以後，東京至下關、漢城至釜山的鐵路開通營運，於是，下關至釜山的航線應運而生。

朝鮮總督府編輯出版的《朝鮮的港灣》（1929）表明，釜山被日本確定為「聯絡船」起始港，有如下一些歷史背景：首先，日本在朝鮮半島鋪設完成了京義線鐵路；由於中日甲午戰爭、日俄戰爭的爆發，日本需要通過朝鮮半島，向中國內地運送兵力，因此貫通朝鮮半島並連接中朝的軍用鐵路建設完成。1905年1月，釜山至京城（漢城）鐵路建設完成，如此一來，連接釜山、漢城、新義州這條縱貫朝鮮半島的鐵路全線貫通。在此之前，日本山陽鐵路株式會社已經於1901年建設完成了神戶至下關的鐵路；而山陽鐵路株式會社之所以開通關釜線，就是為了進一步促進漢城與東京之間的人員與物資往來。

最初投入營運的關釜線客輪是「壹岐丸號」（排水量為1681噸）和「對馬丸號」（排水量為1679噸）。對於開通關釜線，日本方面指出：下關和釜山實際上是把日本和歐亞大陸連接起來的兩個支點，開通關釜線便也意味著日本和歐亞大陸實現了連接。

1905年9月，駐朝鮮的日本公使館調查顯示，在朝日本人總數為55075名，而在日朝鮮人總數則僅為303名。但隨著關釜線的開通，這一組資料開始逐漸增加。廣島鐵路管理局編輯出版的《關釜聯絡船史》相關內容表明，1905年，乘用關釜聯絡船的乘客總數為35000餘名，但到了1908年，劇增為116000餘名；到了1920年，更是猛增到442027名。

隨著鐵路、港灣設施的完善，外出旅行日益變得簡便，於是前往朝鮮半島的日本人也隨之增加。相關部門不得不從民間租賃客輪，投入關釜線營運。1907年，「會下山丸號」（排水量為1458噸）下水；1908年又有「薩摩丸號」（排水量為1946噸）投入營運。

當時，前往日本的朝鮮人，主要由商人和政府官員組成。以1904年為分水嶺，前往日本的留學生人數急劇增加；1907年，在日朝鮮留學生總數達到了886名（東京朝鮮留學生校友會，《學之光》）。這一年，在日中國留學生人數也超過了10000名。

1910年8月22日，《日韓併合條約》簽署以後，乘用關釜聯絡船的人數進一步增加。1910年，乘用關釜聯絡船的人共有14萬。為了應對客源急劇增加的情況，日本方面退掉從民間租賃的客輪，重新投入了兩條排水量更大的客輪「梅香丸號」（排水量為3272噸）和「櫻丸號」（排水量為3204噸）。

大多數朝鮮北方地區的農民生活艱難，舉步維艱，紛紛遷移到了中國東北，南部地區充當日本下層苦力的朝鮮人，則乘坐關釜聯絡船遠渡重洋，前往日本。《在日朝鮮人的待遇之演變和現象》（森田義雄，1955）表明，日韓併合以後，日本的工廠開始大量招募工人，於是，朝鮮人紛紛湧入日本。1916年，前往日本打工的朝鮮人有5600名。到了1917年，這一數字增加到了14500多名。於是，進入1918年，乘用關釜聯絡船的人員總數增加到了365000餘名。

在日朝鮮作家金贊汀在其著作《關釜聯絡船》（1988）中考證認為，1910年日韓併合以後，日本政府部門已經充分考慮到日後對朝鮮半島的經營，於是，1913年投入營運的兩艘船分別命名為「高麗丸」和「新羅丸」。1922年，這兩艘船分別更名為「景福丸」和「德壽丸」，1923年又重新更名為「昌慶丸」等。這也意味著日本帝國主義對朝鮮的殖民統治步入完成階段。

　　此外，1936年，關釜聯絡船又改稱為「金剛丸」；中國抗日戰爭爆發的1937年，又被命名為「興安丸」。興安取名於中國東北地區的大興安嶺，反映出日本已經全面控制了中國東北地區。

　　在這40年間，大量日本人和朝鮮人乘用聯絡船的歷史中，飽含著無數人間悲喜劇。在船上投海自盡者、帶著客死他鄉的親人屍體返回祖國的朝鮮人……類似的情節在關釜聯絡船上無數次上演。朝鮮國民詩人尹東柱的屍體，正是他的父親通過關釜聯絡船帶回故鄉延邊龍井的。這是一條充滿血淚的漫漫歸鄉路。1945年2月，父親和叔父二人，經新京（長春）和安東（丹東），最後乘坐關釜聯絡船抵達日本，並帶著死於日本福岡監獄的尹東柱的屍體原路返回。他們在北方天寒地凍的二月翻山越嶺，最終越過圖們江，將其安葬於故鄉龍井。

　　1945年，日本方面啟用「天山丸號」客輪，暴露出日本意欲控制中國新疆地區的野心。但在當年8月，日本天皇宣布無條件投降，其吞併中國的野心也以破產告終。充滿血淚的聯絡船，就此停運。戰後，日韓兩國政府通過協商，在將關釜聯絡船更名為「關釜ferry」以後，重新開通了這條航線。從此，這條航線一直營運至今。

83. 說說鴨綠江鐵路大橋

　　很多人誤以為，鴨綠江鐵路大橋是中國修建的，事實上，鴨綠江鐵路大橋是日本在百年前修建的近代橋樑之一。和漢城火車站、長春火車站、瀋陽火車站等近代建築一樣，鴨綠江鐵路大橋也是日本修建而成的眾多近代著名建築之一。從民族感情上出發，無論如何強調日本帝國主義的侵略、掠奪、屠殺等暴行也都不為過。但是，一旦超越了民族感情的局限，從另一個高度去觀察這段歷史，我們將會發現日本的另一種形象。

這就是日本推行的近代化進程。對於朝鮮而言，似乎將這一進程稱為「殖民地近代化」更為準確一些。中日韓三國近代史不僅是一種抽象存在，它同時也是一種看得見摸得著的物質存在。在這個層面上，近代史更具有啟發意義。具有諷刺意味的是，在日本的作用下，朝鮮的近代不可避免地被視覺化了。尤其是在近代交通、通信、教育等領域，朝鮮都是通過日本殖民地經營項目，實現近代化的。

以《韓國史故事》（全22冊）著稱的韓國史學家李離和先生曾這樣說道：「近代設施陸續在朝鮮半島出現。這也提升了朝鮮資本主義市場的地位，使工業商品購買力得到提高；同時，這也是日本掠奪朝鮮資源的目的所在。於是，在交通、通信、教育等領域，朝鮮半島發生了許多的變化。」

1911年冬，鴨綠江上寒風凜冽。朝鮮人戴著皮帽，身穿厚厚的棉衣，沿著鐵路橋附設的人行橋渡過鴨綠江往返安東（今丹東）。過去，朝鮮人都是在冰凍三尺的江面上，步行往返丹東。當然也有人利用冰鞋，滑冰往返。朝鮮的獨立鬥士或逃亡人員，躲過邊防軍人的嚴密監視，經常在深夜潛逃到中國。這一年11月，橫跨鴨綠江的鐵路大橋修建完成，並附設了人行橋。

這座鐵路大橋位於距鴨綠江入海口45公里處，它將朝鮮的義州（今新義州）和中國安東連接起來。日本帝國主義在鋪設完成京義線鐵路以後，為了把朝鮮半島和滿洲連為一體，與清政府協商，最終確定架設這座鐵路大橋，建橋費用由日本和清政府對半負擔。但由於日本更急於建成這座大橋，所以在建設過程中，日本表現出更大的積極性和主動性。（《韓國史故事》第20卷）

日本於1907年在中國創建了南滿洲鐵道株式會社（滿鐵），完全掌握了大連至奉天（瀋陽）、安東至奉天的幹線鐵路的營運權。架設鴨綠江鐵路大橋，是形成鐵路網路的國家重要項目的一部分。由於鴨綠江鐵

路大橋的建設完成，使日本、朝鮮半島、滿洲地區透過海陸交通線連為一體，形成交通網絡。

在此之前，日本已經全線貫通京釜線和京義線，於是計畫統一滿洲鐵路和朝鮮半島鐵路的鐵軌規格及相應設備。

鴨綠江鐵路大橋的建設，先後投入多達51萬名人力，經過兩年多，終於在1911年架設完成。將中國和朝鮮半島連接起來的這座鐵路大橋全長944公尺，其雄偉壯觀的氣象震驚了當時無數的中國人和朝鮮人。

這座橋樑的特別之處在於，中間部位每天兩次旋轉90度，以便於橋下的船隻通行。每當這時，鴨綠江兩岸便站滿了前來觀看這一盛況的中朝邊民。

李離和先生指出，這座橋樑的意義，遠大於「以漢江鐵橋為首的京釜線洛東江鐵路大橋，以及京義線的大同江鐵路大橋」。由於這座鐵路大橋的建設完成，朝鮮半島出現了新的城市「新義州」，並很快超越原來的城市義州；對於中國而言，這座橋樑的完成，也使原本為一個小碼頭鎮的安東縣（丹東），發展成為一座城市。這座鐵路大橋也把安奉線（丹東至瀋陽鐵路線）直線連接起來，於是，在奉天出現了滿洲地區最大的火車站──奉天火車站。1943年，鴨綠江鐵路大橋升級為複線鐵路大橋，並成為日本侵略中國的重要交通路段。

通過這座鐵路大橋的建設，日本帝國主義把滿洲、朝鮮半島、日本連接起來，形成東亞同一經濟圈，由此實現了在人員和物資領域的東亞體系。從此，只需購買一張火車票，就能從韓國的南大門火車站（漢城火車站）出發，通過鴨綠江鐵路大橋以後直接到達中國的奉天火車站。通過這座鐵路大橋，乘火車移民到中國的朝鮮人不計其數。

1950年，「6‧25戰爭」（韓戰）爆發以後，中國人民志願軍高喊著「抗美援朝」的口號，「雄赳赳氣昂昂跨過鴨綠江」，投入戰鬥。至今為止，這座鐵路大橋，仍是連接中朝兩國的重要交通路段。作為東亞

近代歷史的見證者，鴨綠江鐵路大橋至今還在默默述說著那段往事。

84. 漢文實力即為國力

　　在東亞近代史中，為什麼只有日本率先成功地實現了近代化呢？這至今仍是一個極具魅力的研究課題。通常，人們認為日本的成功，在於首先發起了向西方學習的文化運動。

　　這種認識本身存在著巨大的缺陷。因為這樣的回答，並沒有從理性角度出發，解釋這樣的問題：為什麼只有日本會取得成功？其原因究竟何在？

　　雖然中國有龐大的對日研究機構，也有龐大的研究隊伍在從事這項工作，但由於這些研究通常局限於民族的、感性的認識，甚至在政治層面上原地踏步，因此未能在這些研究領域有所突破。這實在是一件令人遺憾的事情。

　　一提到日本，就會立刻聯想到「猿猴的模仿」，這種從感性角度出發貶低日本的浮躁態度，無形中在中國人深刻認識日本的道路上架設了障礙。筆者在閱讀近代史過程中發現，日本絕不像我們想像的那樣，只是在進行「猿猴的模仿」。因為日本已經具備了強大的文化實力。

　　其中最為突出的，是日本早在100多年前的江戶時代（1603-1867）末期，就已經在全國範圍內普及了漢文素養。這對筆者而言，是一個巨大的衝擊。日本在東亞範圍內率先實現近代化，其原因就在於日本在江戶時代末期普及了漢文素養。換句話說，漢文實力，轉變成日本的國力，並就此奠定了吸納西方文明的基礎。而且這種基礎，比中韓兩國要廣泛得多。

　　不妨讓我們詳細了解一下當時的具體情況。正如東亞漢字文化圈這

種說法所表現的那樣,漢文即為東洋的世界。漢文是當時東洋國家不可或缺的教養之一,而漢字本身,也是統治了亞洲前近代的高層語言。在當時,日本人、朝鮮人通過漢字「筆談」,完全可以與中國人交流。

漢字傳入日本,是在兩千多年前的彌生時代。對於「大和民族」而言,抽象概念都是通過漢語完成的。自「飛鳥時代」以後,經過了「奈良時代」及幕府末期,再到進入明治時期,漢文給日本文明帶來奇蹟般的高度發展。

日本學者研究認為,「大和民族」從西元6世紀前後開始正式使用漢字、漢文。僅僅在200年間,便實現了日本文明的高度發展;進入8世紀以後,逐漸形成「日本人」。此外,日本創造了訓讀漢字的方法,開始以日本的方式解讀漢文。這在漢字文化圈中是前所未有的方法。日本明治大學的文學研究者加藤徹教授對日語漢字的特點,曾做過如下概括:①不把漢字視為外國文字;②創造了音讀、訓讀法,在日本以外的國家,只有對漢字的音讀法;③一個漢字的讀法有很多種。日本以外的其他國家採取的基本上是一字一音的原則;④以漢字為基礎,很早就創造出了日本民族固有文字。假名的發明,都早於朝鮮文或越南文;⑤把漢字逆向輸出到中國,回饋中國的國家只有日本。即,明治時代日本人創造的漢字詞,也在現代中國得到普及。(加藤徹《漢文的素養》)

一提到日本武士,大多數人通常會以為這是一個只懂得舞刀弄槍的野蠻群體。但由於江戶時代漢字的流行,日本武士接受的文化教養,一點都不亞於中國或朝鮮的士大夫階層。在江戶時代,從1607年開始到1811年為止,朝鮮方面向日本派遣了「文化通信使」,以進行文化交流活動。當時,朝鮮通信使深受儒教文化影響,因此更傾向於把日本蔑視為野蠻民族。但就連他們,也都不得不為日本出版業的繁榮,和「漢籍」出版物種類的繁多而驚歎不已。

在朝鮮,能解讀漢文的人僅限於上流知識份子階層。因為朝鮮沒有

像日本那樣的漢文訓讀法，普通老百姓根本不會讀漢文，這是其致命的弱點。這既是日本和朝鮮解讀漢文的差異，同時也是導致朝鮮在近代化進程中落後於日本的原因之一。所以，朝鮮的識字率很低，當時中國的情況也相差無幾。

但是，日本的知識份子認真收集海外的各種資訊，並認真吸取從朝鮮和中國引進的漢文書籍中的營養。所以，當時被中國國內視為禁書而遭到查禁的書籍，日本卻對普通民眾公開出售。

明末清初，記錄了清軍屠殺漢族人的著作《揚州十日記》，或者《嘉定屠城記略》等都屬於清朝的禁書，但在日本，它們都是公開出版物，因此被日本人廣為閱讀。後來，到日本留學的魯迅在接觸到這兩本書以後，將它們重新翻印出來寄回國內。這兩本書也成為「滅滿興漢」運動的引爆劑。

江戶時代的漢文流行熱潮超越了日本，在東亞近代史上發揮了重要作用。中國國內也都難得一見的漢文古典書籍，在日本得到很好保存、普及。當時很多中國的知識份子忙於從日本回購這些古典，根本無暇他顧。他們甚至把這些珍貴的古代文獻稱為「在日本發現的中國文化」。在江戶時代，武士階層和普通百姓（町人）成為漢文文化的中心。但在進入幕府末期及明治時期以後，不僅是武士和町人，就連農民也都開始學起了漢文。1860年代，日本的識字率已經達到54%，這在當時排在世界第一位。不僅是下級武士，就連黑社會成員及農民也都掌握了漢文，這種現象，在當時的東亞範圍內僅存於日本。

在江戶時代，日本已經形成了這種「江戶文明系統」，並以其豐富的漢文素養，具備了可接納西方文明衝擊的文化基礎。在亞洲範圍內，只有日本成功地把漢文實力轉變為國力的國家。

日本成功實現近代化，得益於在明治維新以前，已經在前近代階段的江戶時期，通過漢文文化基礎，養成了可以迎接近代化的國力。關於

這一點，筆者認為我們有必要進一步深入研究。

85. 租界再發現

提到租界地，中國的教科書經常將其視為「西方帝國主義殖民地侵略的據點」，給予全盤否定。對中國而言，「近代」是一個具有消極意味的、充滿痛苦與屈辱的單詞。從鴉片戰爭開始的近代史，大部分都屬於遭到西方列強侵略、殖民的歷史。

但是，作為西方帝國主義殖民地象徵的租界地，並不像我們想像的那樣，只具有否定意義。租界是中國國內的「外國」、「西方」，在其中，我們還能發現另外一種形象和意義。租界原本意指外國從中國租借的地界，但其變遷和發展樣貌也為我們提供了一種有趣的現象。在此，我們可以發現中國應對西方文明的態度，以及中國的對外認識、理解、關係的發展過程。

1840年至1842年間，英國在中英鴉片戰爭取得勝利，這場戰爭的結果，中英兩國簽署了《南京條約》，從此中國繼廣州之後，相繼開放了廈門、福州、寧波、上海等東南沿海地區五個港口。《南京條約》中雖然沒有明確言及與租界地相關的內容，但通過後來的補充協議，開始在以上海為首的開放港口城市出現外國人居住、進行通商活動的地區。

事實上，租界並非是在外國要求下獲得的。作為鴉片戰爭的結果，英國首先獲得了對華對等貿易權。但實際上，英國本來希望的是，允許英國人雜居在中國人聚居的城市進行自由貿易活動。然而，一向藐視外國人為「夷狄」的清政府，非常忌諱中國人和外國人居住在同一地區。清政府希望把在他們看來「骯髒」的外國人集中在一處，以便於監視和管理。於是政府部門為這些外國人劃定了特定區域，作為他們的居住

地。這便是租界產生的緣由。

日本近代史研究領域的權威宮崎市定教授考證認為，租界地劃定以後，外國人開始在租界範圍內，從土地所有者手中購買土地，建起了商館、住宅等建築，引進自來水管道，開拓道路，使其變成了舒適的住宅區。

劃為租界的地區，原本都位於生活不便的區域，但外國人通過近代化建設，將其變成了安全的宜居地區。恍然認識到租界的價值以後，有些中國人甚至開始遷入租界內生活。允許中國人在租界內生活，是從太平天國運動以後開始的。小刀會在上海縣城發動起義以後，附近的群眾為了躲避動亂，紛紛湧入租界地。

此後，繼續有中國人湧入租界地。清末至民國初期，中國在政治上的腐敗、社會上的動盪狀態一直在持續，即使是在大白天也有強盜橫行，於是「有產階級」躲進租界內，以免受到中國國內動盪局勢的影響。隨著這些富裕階層集中到租界地，當地的經濟中心也逐漸轉移到租界。

與此相比，中國人聚居區域作為低收入者生活區，沒有發生任何新的變化。上海超越蘇州，變成了在經濟上富裕的中心城市，而上海租界的經濟，幾乎控制了中國的經濟。

上海等城市的租界，同時也成為中國人最初接觸外國文化的管道。中國人在這些租界地開始接觸西方及日本的文化，引起他們在思想、生活方式、革新意識等方面的變化。由此，租借地變成進步與變革的發祥地，革命思想在這裡產生。一旦革命活動遭到挫折，很多人便躲進租界尋求保護，有時也在這裡獲得重新開展革命活動的資金。

對於中國的革新領袖而言，租界地是個重大的發現。換句話說，租界地成為他們一個「寶島」。因為儘管租界位於中國國內，卻不屬於清政府管轄範圍。

隨著學校、圖書館、教會的建立，報紙、雜誌也開始相繼出現。此外，外國圖書也開始大量湧入，因此中國人在租界很容易買到外國書

籍。對於有產知識份子來說，中國國內還沒有哪個地方能讓他們享受到如此開放的生活。

另外，租界也成為促使無產階級覺醒的場所。租界內的商社、工廠雇傭了很多工人，雖說他們的待遇談不上多好，但還是為他們的生活方式帶來了革命性的變化。在租界內，不存在中國內地普遍存在的多重壓迫或束縛以及來自周圍的壓力，這些無產階級從中發現了生活於近代生活中的自我，於是投入革新運動。

對於清政府而言，租界地是他們無法干預的地區。由於擁有這種特權，革新運動者把租借當成根據地進行策動、準備工作，逐漸成長為引領中國革新的力量。如果沒有這些租界，那些革新運動者，或許在遭到失敗以後早就被清政府處死。所以，對中國革新運動者來說，租界是他們很好的舞台和避風港。

租界就這樣成為中國人遭遇外國文化的世外桃源，成為中國年輕革新者的自由天地。

86. 近代朝鮮的學校是如何建立起來的？

正如「近代」這個辭彙象徵著西方文明一樣，朝鮮的近代政治、教育、經濟、軍事、文化等諸領域，也是在西方文明的侵入過程中逐漸完善起來的。在這一點上，朝鮮和日本及中國沒什麼兩樣。所以，朝鮮的近代教育，尤其是近代學校，也是通過西方文明（經日本過濾）建立起來的。這是其特點之一。

1876年，朝鮮在日本強迫下開埠以後，曾到過日本的朝鮮知識份子，對日本的近代學校產生了濃厚的興趣，並對近代教育系統進行了詳細周密的考察。經過一番思考以後，他們提出主張，認為朝鮮也應建立

日本式的近代學校系統。金玉均、俞吉濬便是其代表人物。此後考察過歐美世界的朴定陽、閔泳煥等社會精英也積極呼籲朝鮮創立西方式的學校。金玉均等開化派知識份子認為，日本沒有傳統的科舉制度，於是主張廢止朝鮮的科舉制，創建近代教育體制。1894年6月26日，軍國機務處在議政府內誕生，由此開始了朝鮮政治、經濟等領域的改革。此後不久，朝鮮廢止了科舉制度，這種改革措施比中國提前了10年。

朝鮮最初建立的國立近代學校是「育英公院」。為了培養能和外國進行交流活動、從事翻譯工作、解讀相關外文資料的人才，朝鮮政府部門於1886年設立了這所學校。當時，聘請了美國傳教士哈爾伯特擔任英語教師；學校同時也設置了數學、地理、物理等近代科學科目。這所學校模仿了當時英國的貴族學校的體制。由於財政壓力，這所學校在建校8年以後，於1894年關閉。但這所「育英公院」，畢竟在朝鮮開啟了近代學校的先河。

1895年，朝鮮教育機關進行改編，將成均館改編為經學院，在強化儒教教育的同時，廢止了傳統教育制度，建立起西方式的小學、中學體制。為了培養教師隊伍，相關部門設立了示範學校，同時也創建了外國語學校、醫學院等近代專業學校。在成為日本的被保護國以後，到1908年以前為止，漢城市共出現了1000餘所學校，在全國範圍內，新成立的學校也多達5000多所。朝鮮的近代教育正式得到普及。

在朝鮮近代學校發展史中，尤其值得一記的有培材學堂和梨花學堂。培材學堂始建於1885年，是朝鮮近代史上第一所私立學校。這所學校的創始人是美國傳教士亞扁薛羅（Henry Gerhard Appenzeller）。開學之初，全校只有兩名學生，但到了第二年，學生人數增加到了16人。「培材」的意思，是指為朝鮮培養人才，據說這個校名還是當時的朝鮮皇帝高宗給起的。當時，培材學堂設置了特別科和本科，開設的學科有英語、漢文、地理、音樂、美術、體育等近代教育課程。徐載弼、

尹致昊等當時的朝鮮經營知識份子都曾擔任該校特聘講師。

培材學堂先後培養出多位朝鮮精英人物，李承晚、周時經等人也都畢業於這所學校。培材學堂的私宅和校舍，後來也成為獨立協會的活動場所。

梨花學堂始建於1886年，這是韓國歷史上第一所女子教育機關。這所學校是在傳教士史克蘭頓（William Benton Scranton）的建議下成立的，但在開學之初，因沒有女學生前來就學，校方很是苦惱了一陣子。所以剛開始的時候，校方不得不請來朝鮮高層官員的年輕妻妾、孤兒、妓女向她們傳授相關的近代科學知識。

1887年，梨花學堂的在校學生人數增加到7人。於是，明成皇后賜校名「梨花」，寓意「像梨花一樣純潔，並結出味美果實。」當時設置的課程有英語、國語（朝鮮語）、聖經等。1908年，梨花學堂第一屆畢業生走出校門。（李離和《五百年王國的終結》）

對韓國的近代教育和學校建設做出巨大貢獻的是西方基督教系統的傳教士。李離和先生考證認為，在此以後，基督教系統的學校也以漢城為中心，在平壤、大邱、光州等地相繼出現並逐漸得到普及。這些西方式的近代學校有別於傳統學堂，並沒有區別對待貴族階層和其他階層的身分，所以受到了人民群眾的歡迎。

繼培材學堂、梨花學堂以後，儆新學校於1886年成立。1887年，貞信女學校宣布成立。在這4所學校之後，貞宜女學校、崇實學校、光成學校、啟聖學校、昌信學校等近代學校像雨後春筍般冒了出來。這些私立學校有力地促進了近代教育的普及，並為提高朝鮮的近代教育的質與量做出了巨大貢獻。

統計資料顯示，從1905年日本開始對朝鮮實施保護政策，到1910年日韓併合為止，朝鮮共創建了2250所私立學校。其中，基督教系統的學校達823所。在日韓併合以後，由於日本近代教育制度的引入，學

校的制度和教育品質進一步得到提升。與此相反，傳統書堂（相當於私塾）則在近代教育系統的排斥下逐漸遭到淘汰。在西方國家和日本的壓力下，朝鮮的近代教育和學校系統誕生並得到發展，從此，朝鮮的教育開始了向近代的轉變，並表現出充沛的活力。

87. 法國人寫的《韓國書志》

多年前，筆者在涉獵近代史資料過程中，偶然接觸到了日本人於1912年翻譯出版的法國學者的著作：《朝鮮藝文志》（淺見倫太郎譯）。可是，漢城是在1946年翻譯出版這本書的，這比日本整整晚了30多年。金壽卿將這本書翻譯成韓文，並將書名改為《朝鮮文化史序說》。

那麼，這本法國人原創的書究竟是一本什麼樣的書？作者又是一個什麼樣的人物呢？

這本書的作者是法國學者、外交官莫里斯‧古郎（Maurice Courant）。這本書以《韓國書志》為題，在1894年至1896年間在法國巴黎出版，1901年，又出版了一卷增補本。

這是一本值得後人廣泛關注的著作。在書中，作者對韓國歷史上自印刷術發明以後，到1899年為止所能接觸到的韓國圖書（總計3821冊）進行歸類整理。作者不僅對其進行了詳細的書志學解釋，同時也對此進行了文化史意義上的解釋和評論，所以成為韓國文化研究領域必不可缺的著作。莫里斯‧古郎將總計3821冊韓國圖書分為語言、儒教、文墨、義範、史書、技藝、教門、交通、教誨等九大類，並從分類學角度對其進行了整理。可以說，這是朝鮮歷史上未曾有過的事情。

莫里斯‧古郎歷任法國駐中日韓三國的外交官，親身體驗了這三個亞洲主要國家的文化。他被後世稱為西方東洋學界泰斗。他的《韓國

書志》（全4卷）作為從近代書志學角度科學地對韓國圖書進行分類、解釋的權威性著作，對此後出現的該領域東洋學研究起到了重要的先驅作用。《韓國書志》與《中國書志》（1904-1924）、《日本書志》（1929）並稱為西方人寫作的東洋書志學史上的高峰。

莫里斯‧古郎於1865年10月12日出生在法國巴黎。從年輕時代開始，莫里斯‧古郎便立志於東亞文化研究，於是在巴黎大學附屬東洋現代語言學校學習了中文和日文。此後，莫里斯‧古郎就職於法國外務省，擔任翻譯官。25歲那年（1890）5月，莫里斯‧古郎來到韓國漢城，就任駐韓法國公使館書記官兼翻譯官。

莫里斯‧古郎在韓國滯留時間不滿兩年（1890年5月至1892年2月），在如此短暫的時間內能取得如此輝煌的成就，實在是一件令人驚歎的事情。莫里斯‧古郎在滯留韓國期間，除了公務以外，經常出入故宮、古城或平民百姓聚集的市場，接觸到了大量珍貴的古文物和古書籍。他被這素有「安靜之國」之稱的朝鮮的風土人情以及文化、書籍深深吸引，開始投身於收集朝鮮古籍事業。

提到韓鮮書籍，其中絕大多數都是用朝鮮文寫成的，因此必須具備有一定水準的朝鮮文解讀能力。莫里斯‧古郎作為一個西方人，顯然具備了相當水平的解讀朝鮮文和漢字的能力。這一點，我們可以從他的注釋和點評中窺見一斑。

莫里斯‧古郎的上司——法國駐朝鮮代理公使普朗西（Victor Collin de Palancy）手中曾藏有許多朝鮮書籍。後來，為了莫里斯‧古郎的研究事業，他把自己的藏書無私地贈送給了他。不僅如此，普朗西還從人力、物力等各方面向莫里斯‧古郎提供了幫助和支持。此外，他還利用公使這一地位，拿到朝鮮王室文庫——奎章閣的藏書目錄和司譯院的藏書目錄複製本，將其送給莫里斯‧古郎。

此後，莫里斯‧古郎調到中國的北京工作。在北京期間，莫里斯‧

古郎依然沒有停止自己的研究事業。在回到法國巴黎休假期間以及在日本京都出任外交官期間，莫里斯‧古郎仍在繼續他的研究。

於是，在京都出任書記官的1894年至1895年，莫里斯‧古郎終於完成了不朽著作《韓國書志》的第一、第二卷。1896年，他重新調回中國天津領事館，並在當年出版了《韓國書志》第三卷。

在1901年，莫里斯‧古郎出版了《韓國書志》第四卷，終於完成了這部大作。1899年，他辭去外交官職務，成為一個專業的學術研究者。1912年，莫里斯‧古郎向法國的里昂大學文學系提交了自己的學位論文《中國古典音樂史考》（附錄《關於韓國音樂》）。迄今為止，莫里斯‧古郎仍是這一領域最具權威的學者。

此後，莫里斯‧古郎著手分類巴黎國民圖書館館藏品中的中日韓三國圖書這項規模龐大的工作。1900年至1912年，他完成了有關中國部分的專著（共8冊，總1550頁，其中收錄有9080種圖書）。令人遺憾的是，有關韓國和日本的分類整理工作卻未能進行。

莫里斯‧古郎還兼任著里昂大學的中文教授、中法協會會長等職務，估計實在是沒有更多的精力繼續這項研究工作了。1919年，在時隔27年之後，莫里斯‧古郎藉訪問東亞之際，重新訪問朝鮮。

韓國學者朴相圭先生研究認為，《韓國書志》是西方人研究、整理的朝鮮國書志領域的開山之作。這部著作除了涉及了韓國的印刷、文字，同時也概括了思想、學術、文學等諸多領域，成為韓國文化論領域的不朽名著。

1974年，韓國方面重新出版了這部著作，成為韓國文化史上的一件盛事。

88.「日本鬼子」的形象是如何產生的

2000年，中國著名電影導演姜文帶著他的影片《鬼子來了！》參加了第53屆坎城影展，並獲得評審團大獎。眾所周知，「鬼子」是抗日戰爭時期（1937-1945）中國人對日本人的蔑稱。直到今天，中國人在指稱日本人的時候，還習慣於使用「小日本」或「日本鬼子」這樣的表達方式。無論是普通百姓還是知識份子，在他們的心目中，「鬼子」已經成為一種固定的代名詞。

這好比韓國人通常把日本人稱為「倭寇」的情況，這種現象十分普遍，甚至還頻繁出現於各種傳媒當中。

姜文由於執導了這部影片，被相關部門封殺了7年之久，其理由就在於他在影片中把「鬼子」描寫成了一個「人」。相關部門認為，「中國民間人士的個別言行被描寫成全體中國人都沒有都對日軍士兵產生憎惡……這是非愛國的，也是對歷史的歪曲。」

那麼，「日本鬼子」這一形象，在中國是如何形成的呢？其實，這一針對日本人的蔑稱，也是近代的產物。經過了近代，進入1950年代以後，被中國視覺化了的「鬼子」，在漫畫、宣傳畫、戲劇、電影、動漫、電視劇、小說、新聞報導中，都是一種日本帝國主義者形象，都是中華民族不共戴天的敵人。

「鬼子」的典型形象大致如下：鼻子扁平、大板牙、小鬍子、禿頭、面孔猙獰、肥胖或者乾瘦……這些形象經常出現在1950年代的電影或連環畫中。「鬼子」的誕生，其實是由來於中國人的世界觀、人種觀的。中國人自古以來，就把其他民族或外國人視為和人類對立的「鬼」。

清朝時期的陳康祺在其《燕下鄉脞錄》中這樣記述道：「西方人一來到中國，人們便紛紛把他們叫做『鬼子』。」魯迅也曾揶揄中國人，

要麼把外國人稱為「洋大人」，要麼便稱為「洋鬼子」。進入清朝後期以後，中國人開始蔑稱西方人或日本人為「洋鬼子」或「東洋鬼子」。

從古代一直到近代，中國曾一直習慣於稱日本人為「倭奴」。西元1世紀的班固在他的《漢書》（地理志）中記載：「樂浪海中有倭人，分為百餘國，歲時以獻來見。」此外，西元3世紀的陳壽在《三國志》（魏志，倭人傳）中，在涉及有關日本的資訊時，也用「倭人」或「倭國」等詞語來指稱日本。

明朝以後刊行的《五車拔錦》（1579）把高麗國描寫為穿衣戴冠的文明人的國度。與此相反，在談及日本的時候，卻認為除了文官以外，所有的武士都很野蠻，並將其描寫為佩刀的形象。

清朝末期，在1884年至1898年間出版的著名畫報《點石齋畫報》，先後刊登了4700多幅圖片。其中，有關日本人的圖片佔了170餘幅。

甲午戰爭爆發以後，中國人開始把日本稱為倭國、倭人、倭兵、倭民、倭寇等。於是，日本軍官稱為倭官，日本商人成為倭商，日本天皇成為倭皇、倭主或倭首，而日本皇后當然也就變成了倭后。

自唐朝以後一直被稱為「日本國」的名稱，到了近代的19世紀末期，就變成了「倭國」、「倭寇」。

當時，《點石齋畫報》把日本人的「混浴」視為一種惡俗而加以譴責；而且也經常指責居住在上海的日本妓女或日本女性的「破廉恥、卑賤、淫亂」。

《點石齋畫報》曾發表了題為《唯妙唯肖》的配圖文章。文中作者對日本人喜歡模仿西方的習慣冷嘲熱諷。作者嘲笑圖中的日本人從德國請來醫生，為自己進行整容手術，以使自己看上去更具有「西洋範兒」。配發的短評這樣揶揄道：「能模仿到這個地步，實在也是一種病態。」在甲午戰爭中失敗的中國人，在對日本人懷有敵意的同時，也暗暗意識到向日本學習的必要性。因為日本畢竟率先在亞洲實現了近代化。《點石齋畫報》

刊登的內容深深地表現了中國人這種愛恨交織的心情。

在中國人看來，日本鬼子歧視中國人的程度是僅次於「洋鬼子」的，所以中國人便把處處模仿西方人的日本人稱為「假洋鬼子」。在甲午戰爭時期，中國人還專門用「鬼子」來指稱西方人，但卻把日本人稱為「假洋鬼子」。

在這一時期，山東省楊家埠製作的戰爭題材年畫作品中，首先出現了「日本鬼子」、「鬼子」等文字說明。

對日本人的稱謂，從「倭寇」逐漸演變為「鬼子」，並成為一種固定的表達方式。這是從1931年「9‧18事變」以後才開始出現的現象，而且這一現象一直持續到了1945年日本無條件投降。本來，從1840年鴉片戰爭開始，一直在侵略中國的西方人才是「鬼子」的鼻祖，但由於半個多世紀以後日本對中國發動了侵略戰爭，使中國人深受其害。出於一種戰爭受害者的仇恨心理，中國人在抗戰期間把日本人稱為了「東洋鬼子」或「日本鬼子」。

於是，在抗日戰爭期間，「鬼子」也變成了專門用來咒罵日本人的話。由於日本發動的侵略戰爭，中國人遭受的迫害是極其深重的，這也反映出受害者、受壓迫者內心的巨大仇恨。總之，「倭寇」變成「鬼子」的這15年間（1930-1945），中國人對日本的仇恨曾達到極致。

這個「鬼子」儘管從文化上接受了中國很多的恩惠，但在進入近代以後，反而開始蹂躪漢字文化的發祥地——中國。所以，中國人也足以用更加歹毒的字眼，稱其為「鬼子」。直到今日天，「日本鬼子」仍然是指稱日本人的代名詞。但我們已經步入了21世紀，是否也應該從尊重「他者」的角度出發，按照原來的樣子，稱其為日本人呢？

89. 大阪博覽會的「人類館」事件

博覽會是近代西方文明產生的「知性空間」。在巨大的展示空間，參觀者可以看到世界各地的文化、產品及民族生態。即，可以博覽天下。這裡所說的「博覽」一詞，也是日本近代創造的漢字詞。

1851年，倫敦舉辦世界最初的萬國博覽會以來，有機會參觀博覽會的中國人還僅限於外交官、知識份子等少數社會精英。中國知識份子王韜在參觀了這場博覽會以後，曾回憶說，當時的盛況令人眼花撩亂，目不暇接。

19世紀末20世紀初，西方列強對中國的印象幾乎都是負面的。在西方世界看來，中國正處於沒落階段，因此在博覽會中也加入了這樣的因素。但是，率先學習西方文明的日本，也把中國人視為「觀賞對象」而大加嘲諷。在這樣的歷史背景下，大阪博覽會於1903年舉辦，展會期間發生了震驚中外的「人類館」事件。

這究竟是一場什麼性質的風波呢？1903年，正在日本留學的中國浙江籍學生創辦的雜誌《浙江潮》（第二期）上發表了這樣一篇翻譯報導：「西田正俊等人在本館正門外，利用50餘坪空地設立了人類館，雇傭北海道、臺灣、琉球、朝鮮、支那、印度、瓜哇等7個地區的土著，公開展示他們古老的生活狀態以及不同階級的風土人情。在人類館裡，人們可以看到這些民族不同的住宅模型、服飾、器具、民俗遊戲和藝術活動。在坪井正五郎（當時日本權威文化人類學家）大力協助下，現在正與上述地區7個民族的人簽訂雇傭合約。」

這篇報導成為人類館事件的導火索。這裡所說的大阪博覽會，指的是將要在1903年3月1日在大阪天王寺公園舉辦的第五屆國內勸業博覽會。對於日本國民而言，這次博覽會是甲午戰爭時期舉辦的第四屆博覽會以後規模最大的一次，因此受到廣大日本群眾的歡迎。對於中國而

言，這次博覽會也是一次向日本學習的很好機會，中國方面將有五位欽差大臣、數十名高層官員和數百名貿易商參加這次博覽會。當時，在日中國留學生人數已達700多名，因此這也是他們翹首盼望的一次博覽會。

接觸到這篇報導的清政府官僚無動於衷，但卻在留學生當中引發了抵觸反應。「學生們看到這篇報導以後，立刻通過協商，寫成文章分發給各部門。」並向日本政府部門提交了呼籲信。他們對日本方面的計畫異常激憤，紛紛號召住在大阪的華僑商人拒絕參加這次博覽會。

留學生寫給日本政府部門的呼籲信中這樣寫道：「我們不明白日本究竟出於什麼想法，計畫這樣行事。」「印度人、臺灣人、愛奴人都是亞洲人，為什麼要展示他們的醜態，將其視為笑柄？」在此之前，日本還煞有介事地提出「黃人戰勝」、「東亞崛起」等口號，以號召亞洲的聯盟。但日本的展示計畫，暴露出他們口是心非的卑劣目的，引發了留學生們強烈的抗議。

在西方列強的侵略和壓迫下，印度和臺灣已經淪為殖民地。日本方面正是想藉此機會，把中國人置於和這些地區的人同等的野蠻地位，進行詆毀和貶損。日本公然歧視中國人的行為，中國的年輕留學生又豈能置之不理、袖手旁觀？即使沒有發生這次事件，中國留學生已經在深刻反省本民族的落後性，而這次事件更是火上澆油，觸發了他們的憂患意識。他們認為，「進行自我反省、自我批判，是我們份內的事情。你們這些日本人又不是我們中國人，為什麼還要把中國的醜陋形象作為觀賞對象展示於人！」

《江蘇》雜誌刊登的相關內容表明，日本方面「最初計畫雇傭兩名中國人。其中一人為裹足女性，另一名為（鴉片）煙鬼。」文章指出，日本方面故意想在世界各國高層官員和紳士雲集的博覽會上，取笑、侮辱中國。北京大學比較文學學者嚴安生先生認為，日本能做出這樣的安排絕非出於偶然。「明治以來，尤其是在日俄戰爭以後，日本人詆毀中

國為衰弱的中華民族,這是事實。」(《日本留學精神史》,1991)

中日甲午戰爭以後,日本人一向蔑視清政府。對於日本人的這種輕視態度,中國年輕的精英非常敏感,立刻做出了對立反應。他們對日本的人類館口誅筆伐,提出嚴正抗議。「我們發現日本各處都建有動物館和水族館。這次在博覽會上設置人類館的目的,是否也是為了把我們當成動物或魚類對待呢?」

中國留學生對日本這種人種歧視行為的強烈反應,事實上也是對日本人「傲慢本性」的批駁。

大阪華僑商人發表聲明稱:「只要日本方面不撤銷人類館,博覽會開幕當天,我們將打出黑旗,以示哀悼。」事情鬧到了這個地步,於是主辦方在開幕以前,不得不取消了人類館內「支那人展示」項目。人種歧視,無論在哪個時代,都是無法通融或容忍的。

90. 中國最初的近代博物館

在中國近代史上,中國人靠自主策劃、自籌資金創建的第一家博物館——南通博物苑始建於1905年。中國近代著名實業家、教育家張謇(1853-1926),這位曾受到毛澤東讚譽的實業家,就是南通博物苑的創始人。

當然,在張謇創建這家博物館以前,中國已經出現了多家博物館和博物院。但這些博物館都屬於西方人在中國建立的。據傳,是黃遵憲、梁啟超等人把英語中的「museum」譯為「博物館」或「博物院」的。

19世紀末,在來到中國的傳教士當中,一些在物理學和動植物學領域頗有造詣的人,率先建起了向世人展示「自然」(中國的各種動植物標本)的博物館。1874年英國人在上海創建的「上海亞洲文會」(現

在的上海自然博物館）、1904年法國傳教士創建的華北博物院、英國傳教士創建的「濟南廣智院」等都是有關中國自然、地理、礦物的展示場所。從當時採用的「廣智院」這樣的名稱中我們可以發現，這樣的用語本身就包含了人們對各領域知識的渴求。

當時，中國的知識份子、外交官王韜、黃遵憲、王之春等人通過遊歷西方或日本，已經掌握了相當多有關近代博物館或博物院的知識。於是他們開始向中國人廣泛宣傳這一新生事物。清末知識份子從「博物」這個陌生的詞語中，發現了巨大的魅力，並希望把博物館、圖書館等公眾空間作為「開民智」的手段，啟蒙中國民眾。康有為於1895年創立「強學會」的時候，也曾把促進「博物院」事業作為其內容之一。

黃遵憲、王之春等人詳細考察過日本的博物館以後，對這種「把珍貴的文物介紹給公眾的知性空間」產生了新的認識。19世紀中期到末期，日本政府部門就已經開始參加萬國博覽會，因此很早就建立了「古器舊物保存所」（1871）、文部省博物院（1872）等博物館。在1890年，日本方面更是在東京和京都兩地設立了帝國博物館，率先在東亞地區樹立了國立博物館的榜樣。

張謇是一個具有卓越國際意識的知識份子，因此從很早開始，他便意識到在中國建立這種公共設施（博物館）的重要性。把博物館建成民眾教育的場所，這就是張謇的用意所在。張謇開始借鑒日本的模式，著手企劃、設立博物館。

1903年，張謇曾親往大阪博覽會現場。張謇在博覽會現場，肯定目睹了《浙江潮》雜誌社麾下的中國留學生發起的「人類館事件」。但是，這也進一步堅定了他創建博物館的信念。在他看來，為了他日免遭今天這樣的屈辱，就應該通過近代意義上的博物院等公共教育，喚醒中國人。通往「新學和富國強兵」之路，就在於通過「物產的陳列與刺激」，激發國人的競爭意識。張謇認識到了以博覽會為首的公共教育制

度、實業競爭的重大意義。

於是，在結束對大阪博覽會的考察返回國內的時候，張謇帶回了將在博物館以前創建通州師範學校所需的日本教員和技術人員。他希望通過教育和公共展示空間，尋找一條救國道路。當年，張謇在日本大阪博覽會的刺激下，向清政府提出了建立國家博物館的建議，但由於遭到清政府的拒絕，他的計畫流產。於是，張謇決定用自己的資本來創建一家民營博物館。

1906年，南通博物苑全面竣工。包括公共植物園在內，佔地面積達到了23000餘平方公尺。後來，博物院規模進一步擴大，佔地面積達到了70000平方公尺。博物院分為中館、南館、北館以及東館，除了展示自然以外，也設立了第一個歷史展館。這是在西方人經營的以展示自然為重點的博物院基礎上，加入了歷史展示內容，是一項重大創舉。此外，張謇還將美術和教育相關文物區別開來，分別進行展示。

博物院內建有假山、人工湖、亭台樓閣等園林建築，充分體現了中國園林特有的美學特徵。1912年，隨著民國宣布成立，這家博物院更名為「南通博物苑」。當時展示的物品主要是各地文物單位及寺院捐贈的文物。

1914年出版的《南通博物苑品目》收錄了苑內展示物品，其中，標本展品共計2973件。到了1933年，這一數字增加到了3605件。據說，真正的展品除此之外還有許多，共計50000餘件。南通博物苑增設了當時的博物館未曾有過的歷史、教育等展館，成為中國人自行策劃創建的知性公共場所，在中國近代文化史發展過程中，翻開了嶄新的一頁。南通博物苑以其開創新的舉動，成為此後中國各地陸續創建的博物館、博物院的模範。

張謇創建的這家博物苑至今仍被當成「普及科學技術」、「進行道德教育」的基地，而發揮著它獨有的作用。

91.「音樂是改造國民性的力量」

在儒教文化圈國家，人們傾向於把音樂視為藝人的雕蟲小技，並據此輕視音樂，因此，受到良好教育的知識份子，就更不應該接觸音樂。可是，在進入20世紀初以後，報紙上開始大量刊載有關音樂的報導。

百年前，在清朝末期，西方音樂開始被人們作為文明之歌而加以採納，並被引入教育體制。在近代中國，最初引入西方音樂的地方，當然是西方傳教士們創建的教會學校（Mission School）。王毓和在他所著的《中國近代音樂史》（人民音樂出版社）中提到，1842年和1850年，香港的馬禮遜學堂和上海的徐匯公學等已經引入了音樂教學課程。

但對中國近代音樂教育的絕對性的影響，主要還是來自於日本。通過早期留學日本的中國學生，音樂在創作、理論、書籍出版等諸領域，傳播到中國。梁啟超在日本吸納了近代文明、思想、哲學、文學、美學等各種新思想、新思潮，並認識到音樂是一種可以改造國民性的力量。他在東京音樂學校與研究音樂的學生會面時，曾這樣說道：

「蓋欲改造國民之品質，則詩歌音樂為精神教育之一要件。……今日不從事教育則已，苟從事教育，則唱歌一科，實為學校中萬不可缺者。舉國無一人能譜新樂，實為社會之羞也。」（《飲冰室詩話》梁啟超）

與梁啟超同一時期在日本留學的中國學生，也發現了音樂所具有的力量。於是，以曾經留學日本的年輕學生為中心，開始在中國廣泛傳播音樂。《中國音樂史略》（吳釗，劉東升等編著）等著作內容表明，1902年，梁啟超便在《新民總報》上發表了三首《日耳曼祖國之歌》。留學生曾志忞、沈心工、李叔同等人在中國近代音樂發展史上也都做出了巨大貢獻。

其中，曾志忞創作發表了《練兵》、《揚子江》等6首歌曲，從而

成為改編日本音樂的著名人物。此外，也相繼出現了有關音樂教育的著作。曾志忞於1903年發表論文《唱歌及教授法》，第二年又發表了譯自美國羅普亞的《教授音樂初步》，同年四月編輯出版了《教育唱歌集》。

這一時期，出現了大量反映愛國主義思想的啟蒙歌曲。1902年，沈心工創作了《男兒第一志氣高》；1905年，由留日學生李叔同編曲的《祖國歌》、《大中華》、《我的國》等一時被人們廣為傳唱。這些歌曲都是以日本曲調為藍本，編曲填詞而成。日本音樂的影響就這樣波及到中國，甚至朝鮮半島，並在朝鮮得到普及。

梁啟超把音樂和中國人的國民性聯繫在一起加以思考，並據此指出：中國人缺乏勇敢的尚武精神雖有很多原因，但音樂沒有得到發展是其中重要原因之一。從此，梁啟超希望以音樂為武器，改造中國人的國民性，培養中國人所缺乏的愛國意識。

《中國近代音樂史料彙編》（張靜蔚編）相關內容表明，中國留學生於1902年設立了音樂講習會，並於1904年創建「雅音會」，1905年又組建了國民音樂會，積極開展音樂教育活動。他們確立的目標是：「發展學校、社會的音樂事業，宣揚國民精神。」

當時，中國軍隊還沒有軍樂。於是他們引入了日本軍樂，並把唱歌作為學校教育課程之一。宣揚愛國主義和尚武精神，是20世紀初中國音樂的宗旨之一。通過當時在日本留學的年輕學生，音樂在學堂、學校得到普及，對學生的身心發展起到了重要作用。音樂通過留學生普及到中國，其原因在於音樂作為近代化教育的一個環節，也是中國教育近代化本身的需要。

總而言之，20世紀初中國的音樂教育，與改造國民性的潮流形成合流之勢。王國維認為，音樂充其量不過是一種「俗樂」，所以做學問的人不應該接觸這種東西。（《音樂世界》1907年第10期）但留學生們

擺脫了這種傳統思想的束縛，通過在學校普及音樂教育，迅速將音樂滲透到國民群體。而音樂也和愛國心、尚武精神等近代意識結合在一起，起到了增強人民體質，改造人民思想意識的啟蒙作用。

中國的知識份子精英通過音樂，提高了近代國民的素質，並在培養國民人格涵養方面發揮了重要作用。在他們的努力下，1907年音樂課程被正式納入教育體制。1909年，相關法規規定初級小學教育課程設置音樂課；1910年，高級小學也引入了音樂教育課程。進入民國以後，音樂教育成為小學、中學的必修課之一，從此，音樂與全國民眾的生活產生了更加緊密的聯繫。

92. 中山裝是革命的象徵符號

1970年代中期，筆者還在讀小學，當時，周圍很多的成年男人也都經常穿中山裝。村裡一位目不識丁的年輕人，裝作很有學問的樣子，經常在中山裝前胸口袋裡插上一支鋼筆，在村裡搖來晃去。有一天，生產隊長突然有事，需要做些筆記，於是借這位年輕人的鋼筆一用。結果，擰開鋼筆帽一看，原來只是一副空殼。顯然，他是想以這身打扮裝成一個有學問的人的樣子。大家看到這個情景以後，禁不住捧腹大笑。一身中山裝，再加上一支鋼筆，曾經是那個時期中國人一種具有象徵性的時尚。

事實上，一直到1980年代為止，中山裝仍是全中國成年男性的常用服。由於這種原因，日本人稱中山裝為「人民服」。此外，毛澤東一生酷愛穿中山裝，因此海外也稱其為「毛式中山裝」。

中山裝是以民國之父孫中山的名字命名的服裝。百年前，在辛亥革命爆發前夕，孫中山最早提出了這款服裝的設計構想。根據《中山裝——一個時代的生命符號》（胡波主編，廣東人民出版社）、《中華

文化習俗詞典》、《洋裁縫時代──日本人的服裝革命》（小泉知子）
等著作相關內容，中山裝的誕生可以追溯到19世紀末20世紀初的美國
軍裝M1899款式。1894年，美國佩里提督率領黑船艦隊打開日本國門，
從此，日本開始接納美國的西式軍服。日本陸軍借鑒的是法國軍服，海
軍借鑒了英國軍服，而下級士官服裝則借鑒了美國軍服。

1872年，日本政府部門決定正式採納西裝，並制定了相關制度，統
一員警、鐵路從業人員、教員、學生的制服。當時，同盟會的絕大多數
成員都是日本留學生，及有過亡命日本或訪問日本經歷的人，他們幾乎
都為日本的制服所傾倒，並紛紛脫掉滿族傳統服裝，轉而開始穿著日式
制服。

直到清朝末期（20世紀初），中國的男性都按照滿族人的生活習慣
留著辮子，而且身穿長袍馬褂。但以孫中山為首的同盟會成員等立志推
翻滿清政權的革命志士，與滿清政府對立起來，把新式服裝當成了一種
「革命」的符號。因為在他們看來，服裝無異於是一種民族文化的象徵
符號。從百年前活動於日本的同盟會成員，或從日本回到國內開展革命
活動的年輕人相關影像資料以及他們的照片中，我們可以確認他們當時
經常穿的是日式學生服。這種服裝比滿族人的長袍馬褂更便利，也更便
於行動；從視覺上看，新式服裝也給人以簡潔大方的爽快感。

關於中山裝的由來，現在有兩種說法。程童一在其所著的《開埠：
中國南京路150年》（崑崙出版社）中考證說，1919年，居住在上海的
孫中山帶著一件舊陸軍士官制服來到亨利裁縫店，要求店員幫他改成便
裝。經過一番改造，這件舊軍裝看上去仍然類似於軍服，看上去既不是
唐裝，也不是西裝，不倫不類。於是店員們便取了孫中山的名字，將其
命名為「中山裝」。顯然，這一說法支持的是「中山裝由來於軍裝」的
說法。

另外一種說法認為，孫中山在越南河內找到經營西裝裁縫店的黃隆

生，委託其為自己設計一款又好看，又便於穿著的中國國服。

　　黃隆生是在1902年孫中山訪問河內的時候與其相識的。當時，孫中山正在組建興中會，所以黃隆生也自告奮勇提出入會請求。事實上，黃隆生也是越南方面第一個成為興中會會員的人，並以他的西裝裁縫店為據點開展革命活動。1911年，黃隆生聽到武昌武裝起義成功的消息以後，立刻啟程回國參加一線革命。中華民國成立以後，孫中山委託黃隆生設計一款新式軍服。於是，黃隆生在借鑒日本和西方學生服的基礎上，設計出了一款軍裝，並幾經修改，於1923年正式確定了款式。而這款服裝被命名為「中山裝」。

　　不管怎麼說，中山裝是在孫中山的授意下設計完成的，這是基本事實。《中華文化習俗詞典》中說，「孫中山基於衛生簡潔、經濟美觀原則，參考了中國原來的服裝特點，並吸收南洋華僑的『企領文裝』和『西裝款式』，親自設計了中山裝，並由黃隆生剪裁製作完成。」

　　孫中山之所以如此計較「國服」，其中自有原因。作為中國的一款新式國民服裝，中山裝的設計也隱含著他的革命思想。孫中山曾就此做過這樣一番說明：前襟的四個口袋象徵國之四維，即「禮、義、廉、恥」。其左上口袋倒寫「山」字形留有插鋼筆的位置，象徵以「文」治國。對襟有5粒紐扣，象徵「行政、立法、司法、考試、監察」五權分立，以及中華民族的道德準則「仁、義、禮、智、信」。其衣袋上的四粒紐，象徵人民有「選舉、創制、罷免、複決」等四項民主權利。左右袖口的三個紐扣則分別表示三民主義（民族、民權、民生）和共和的理念（平等、自由、博愛），衣領為翻領封閉式，表示嚴謹的治國理念；中山裝背部不縫縫，表示國家和平統一不容分裂。

　　總而言之，中山裝代表了孫中山推翻清王朝，建立新的國民國家的革命理念。在民國初期，中山裝普及到中國各地，迅速流行起來。即使是在革命戰爭時期，紅軍、八路軍、新四軍、人民解放軍軍服，也都遵

循了中山裝的設計理念。1949年新中國成立以後，中山裝成為全國人民喜歡穿著的國民服、人民服。至今為止，海外人士還把中山裝視為中國的象徵，而且其魅力依然不減當年。

93. 百年前參考日本假名進行的中國文字改革

　　明治維新以後，日本作為東亞文明的發源地，在思想、意識、概念、語言等方面最先吸納了西方近代文明概念。通過日本這一裝置，這些文明概念和思想意識傳播到東亞社會，並被東亞諸國吸收接納。

　　有學者指出，中國和朝鮮半島的近代生活，是以日語為基礎成為現實的，日語的影響之深由此可見一斑。日本對亞洲的影響也不僅局限在單詞、語言方面，而且也對中韓兩國的文體帶來了新的影響。比如說現代中文中的「關於……」、「由於……」、「認為……」、「視為……」等語句形式，也都是譯自日語，並被沿用下來成為固定語式。

　　當然，近代日語對韓國的影響就更大了。直到最近，仍有部分韓國狹隘的國粹主義者還在呼籲：「為了韓語的純粹性，應徹底剔除日語要素。」具有諷刺意味的是，他們發出呼籲所使用的語言中，就包含了日語成分。

　　所謂「異文化」，只要有足夠的魅力，就會在使用過程中被吸納，並逐漸固定下來，最終被本民族文化消化吸收，成為本民族文化的組成部分。通過政治手段抑制文化，是因為政治家們不懂得文化的軟實力，所以才會犯下這樣的錯誤。任何權力都無法阻擋文化的流向，人類悠久的歷史早已有力地證實了這一點。

　　在思考日語對中國語所產生的影響時，我們不妨先來了解一下百年前的清朝末期，曾提出的文字改革方案。雖然我們一直在熱衷於強調中

國曾經向日本輸出過文化，卻常常忽視我們從他處接受的文化影響。

　　清朝末期，隨著學習日本熱潮的高漲，政府部門或民間人士紛紛決定結團出訪日本。這一時期，這些人經常嘆服的便是日本的平假名和片假名。曾任第一任駐日公使的黃遵憲等中國知識份子，對日本人發明平假名讚歎不止。他說日本「天下的工農、商人、婦女都識字。」於是黃遵憲主張，中國也應對難以掌握的漢字進行改革。

　　當時，也確實有人模仿日本的假名，造出了中文拼音。這個人就是著名學者王照。王照（1859-1923）是中國清朝末期的學者，在1898年戊戌變法期間，他曾上書光緒皇帝，後來被任命為清朝官員。由於戊戌變法失敗，王照亡命日本，這才有機會研究日本文化。

　　此後，他和康有為、梁啟超等人產生了距離，卻逐漸得到日本代表性的意見領袖陸羯南的支持。1900年，王照回國，並被慈禧太后赦免。於是開始投身平假名研究。

　　經過一段時間的研究，王照推出了《官話合聲字母》，即拼音文字。現在中國使用的拼音是羅馬文字，但王照的拼音文字，全都來自於漢字的偏旁部首，共有62個字母組成。他的文言一致的拼音文字，對於全國範圍內的語言統一，即標準語的制定起到了重要的促進作用。

　　當時，處於教育改革領導者地位的吳汝綸對此表示贊同。在他看來，拼音文字是為那些「沒有閱讀能力，也沒有閒暇閱讀的人創造的。」吳汝綸在視察日本時，也曾關注過日語假名。他曾說道：「只有日本是在沒有使用字母的前提下，實施普通教育的。」

　　早在亡命日本期間，王照便發現了假名在普及國民教育過程中的作用。他曾這樣回憶道：「現在，我國共有秀才、舉人、進士20萬名。這個數字與日本接受過普通教育的人數（5千萬）相比，僅為1/250。雖然政府應該致力於下層民眾的教育，但首先應該尋找一條出路，使下層民眾能夠克服語言和文章（文字）之間的障礙。我們應該努力創造一種

文字，實現言文一致。」

　　王照在日本印刷《官話合聲字母》之際，在序言中對中國的語言現狀提出了如下批評：外國普及的是言文一致的教育，與此相比，中國的文人和大眾生活在完全不同的兩個世界；而後世文人又多保守，根本不想對文字和語言進行改革。

　　1903年，直隸大學堂的學生向直隸總督袁世凱提交建議書，要求政府部門採用王照的拼音文字，設置普通語言課程。他們在建議書中說，這樣才有利於「開民智以救大國」。於是，直隸省決定普及王照的拼音文字。但由於清王朝隨後滅亡，這一計畫未能實現，後來由袁世凱領導的新軍引入了王照的拼音文字。這一舉措在當時受到了不識字的將士們熱烈歡迎。

94. 民國初期的標準國語是如何制定的？

　　現在，中國通用的標準語（普通話），事實上是人為創造出來的「人工國語」。在中國的字典裡，普通話的定義是：「以北京語音為標準音，以北方話為基礎方言，以典範的現代白話文著作為語法規範，是通行於中國、香港、及海外華人華僑間的共通語言。」

　　在民國時期，乃至民國以前，普通話通常被稱為國語、國言。當時，中國為了實現近代化，開展文化運動創造了共同語（標準語）。從它的產生背景中可以發現，共同語是在政治理念下在全國普及開來的，因此可以說這是一種「人工共同語」。

　　事實上，被稱為普通話的標準語，一度也被稱為國語、官話。作為一種人工打造的語言，當時並沒有任何一個地方在實際生活中使用這種語言。在實現近代化過程中，之所以需要這樣一種便於在全國範圍內相

互溝通的語言，就是因為中國存在複雜、多樣的地方方言圈。通常，人們認為中國有七大方言圈，但實際上，方言圈要多於這個數字。

至今為止，人們仍然用「南腔北調」來形容中國南北方之間的語言差異。南北方語言之間的巨大差異，聽上去幾乎不亞於法語和德語之間的差異。廣東話和遼寧的北方話，聽上去確實就像是兩個國家的語言。從人類學角度上講，雖然可以說中國是一個漢民族國家，但實際上中國的漢族也是由不同民族構成的。廣東人和黑龍江人是彼此相異的兩個民族。

同樣一個「日本」，北方人的發音是「riben」，但南方人的發音卻是「yiben」或「erben」。由於發音完全不同，據說有些日本人在學了一段時間的中國話以後，終於絕望地放棄了。

中國早在清朝末期就已經認識到了標準國語的必要。光緒年間，在變法維新運動時期的白話運動規模雖然很小，但仍可以視為這一進程的開始。

進入民國初期以後，制定標準國語（普通話）的必要性日益突出。據傳，在這種背景下，國會以投票的方式選定了標準國語。當時，坊間曾流傳這樣一種說法：廣東話以一票之差落選，未能成為國語。

國會議會在選定國語時，有不少人提議把廣東話選定為國語。由於當時廣東出身的議員佔有過半數議席，所以按理說廣東話應該被選定為國語。

但孫中山考慮的是中國的統一問題，於是向各議員遊說，建議以北方語言為標準國語。結果，廣東話以一票或三票之差落選。

事實上，這種坊間傳言，也僅是一種傳聞而已。有文獻資料很好地反駁了這種謠傳。

著名語言學家黎錦熙曾在《國語周刊》（1934年4月14日、21日，第133期、134期）連載相關文章。黎錦熙在《民國二年讀音統一大會始末記》中，詳細介紹了1913年國語制定過程的相關細節。

為了落實國語統一，相關部門於1912年（民國元年）12月，在教育部下設了以蔡元培為總長的讀音統一會籌備處。吳稚暉當選為主任。在吳稚暉的領導下，籌備處制定了讀音統一會章程八項條款。章程規定，讀音統一會的職責便是為每一個字標注標準讀音。當時，這種讀音被稱為「國音」。在制定每個文字的音素以後，再制定相應的字母，以反映音素。

讀音統一會會員共有80人。其中，除了教育部邀請的人員以外，各省還分別派出2名會員，海外也派出了1名代表。說是各省舉薦了2名代表，但實際上，教育部任命的會員中，江蘇省佔了17名，浙江省佔9名，直隸省佔7名；福建、廣東、湖南省各佔4名。

從這些資料中可以發現，廣東省會員僅有4人。也就是說，他們的力量還不足以左右國會。來自北方直隸省的學者王照對會員結構提出不滿意見。他指出，來自江蘇、浙江的會員就多達25人，因此存在不合理性。王照也是創造了漢字拼音字母的人物，在語言學界具有很大的影響力。最終，讀音統一會實施了各省一票制，以選定國語。

讀音統一大會於1913年2月15日正式召開。吳稚暉當選議長，王照當選副議長。在會議中，會員們制定了6500個漢字的讀音（國音）。會議期間，會員們提出了各種制定字母的方案，但最終，注音符號獲得通過成為注音字母。所以，在1958年採用羅馬文字的拼音方案公布以前，中國使用的都是注音符號。

最終，讀音統一會確定「以北京語音為基礎的北方語系」為標準國語。

95. 朝鮮的書店、雜誌引領民族進步

在談論近代朝鮮書店時，我們無論如何都無法落下著名文化巨匠、

實業家崔南善。1904年10月，崔南善以皇室選拔公費留學生身分前往日本留學。在10名留學生中，崔南善的年紀最小（15歲），日本的一切，給這位天才少年帶來了巨大的文化衝擊。

書店就是其中之一。看到日本當時的書店以後，崔南善連連驚歎：「真是不可思議！日本的出版系統比我國還發達！」

崔南善在《青春》（1914年12月）中這樣表白：「定期刊物、不定期刊物的出版發行蔚為壯觀，璀璨無比、芬芳無比。一句話：鋪天蓋地！」

在日本的影響下，崔南善創建了他的出版社新文館，並編輯出版《少年》雜誌。除此而外，他也像其他一流的文人那樣寫了很多文章，積極投身於出版文化事業。他創建了朝鮮光文會，出版了大量朝鮮古典著作，對韓國國語、國語學的發展作出重要貢獻。

出售各類書籍的書店，在朝鮮起到了傳播普及教養、知識的作用。韓國的第一家書店是漢城市大東書市。

1896年，基督教徒金基鉉開始經營出版業，其中也包括書店，並在《獨立新聞》打出相關廣告，這應該就是韓國最初的專業書店。

朝鮮末期代表性的書店匯東書館於1901年3月誕生。此後，中央書館、廣學書鋪等相繼誕生。另外，以《皇城新聞》社社長南宮憶的唯一書館為首，光東書局、廣韓書林、同文館等書店如雨後春筍般在漢城湧現。（鄭鎮碩）

1910年8月，在日韓併合以前，報紙上大量刊登有關歷史書籍、人物傳記、歷史系列叢書、學習類圖書、詞典、實用類圖書、社科類圖書、小說等書籍廣告。但在日韓併合以後，日本政府部門禁止發行涉嫌宣揚獨立精神的書籍。

那麼，雜誌又是一種什麼情況呢？韓國早期的近代雜誌，是由西方傳教士創辦的。當然，創辦雜誌的目的，是為了與西方進行資訊交流。

從1890年代開始，陸續出現了多種雜誌。此外，回國留學生也出於增進交流的目的發行了《會報》雜誌。

民族團體和組織也開始創辦雜誌。當時比較活躍的社團有漢城的大韓自強會、畿湖學會，平壤的西友學會，大邱的嶠南教育會，光州的湖南學會等。這些社團開展了令人矚目的社會活動，其中也包括發行會刊。

從1906年開始，大韓自強會發行的會刊（月刊）厚達80頁，這個協會主張朝鮮應該通過努力培養民族實力。在這一時期，由於伊藤博文採取了比較溫和的統治政策，所以言論自由在一定程度上得到了保障。雜誌的出版發行也因此而出現繁榮景象。

西友學會發行的是《西友》雜誌，厚達50頁，該學會在相當長的時期內，不間斷發行了很多期雜誌。《西友》雜誌的發行人為金明浚，主筆為著名學者朴殷植；李升熏、安昌浩等人在幕後為他們提供支持。

《少年韓半島》雜誌誕生於1906年。這是一份以少年教養、培養民族意識為宗旨而創辦的綜合雜誌。此外，1906年創刊的《家庭雜誌》，則以提倡新文明、風俗改良、女性參與社會活動、批判封建禮教為辦刊宗旨。雜誌社成員都是當時響噹噹的知名人士，其中，申采浩為發行，周時經、張志淵等人擔任編輯。這份雜誌也以純韓文雜誌而著稱。

在這一時期，最為著名的雜誌是由崔南善創刊於1908年的《少年》。崔南善不僅是一個大文豪，同時也是一個出色的文化產業家、企劃人。他不僅親自經營雜誌，同時也親自執筆撰稿、親自發行。以韓國少年為主要閱讀對象的這份雜誌，採取了混用漢字的編輯方法，並以其新穎的版式、柔美的語言、專業的編輯而吸引了廣大讀者。（李離和《五百年王朝的終結》）當時，有很多朝鮮少年都是通過這份雜誌，學習新知識，拓展視野，培養夢想的。

除此以外，還有1908年創刊的《湖南學報》、《畿湖興學會月報》，以及1909年創刊的《嶠南教育雜誌》等，這些雜誌也都在宣揚

自主獨立，為民族啟蒙做出了重要貢獻。同一時期也出現了眾多有關自然科學、工業、數學、法律的專業雜誌。

這些雜誌通過書店普及到讀者群體中，培養了無數讀者的民族意識和獨立思想。即便是在遭遇財政困難時期，雜誌和報紙也都在提高韓國人國民素質和培養民族意識方面，發揮了重要的啟蒙作用。

96. 徹底調查朝鮮

日本繪製朝鮮地圖，從某種意義上看，也體現了日本為所欲為地按照自己的想法，給朝鮮「塗色」的狼子野心。隨後日本對他們曾經認真繪製過的朝鮮半島進行了殖民統治。

在對朝鮮進行殖民統治以前，日本通過實地調查，收集、掌握了大量有關朝鮮的資訊。這些活動，成為日本後來侵略朝鮮的前提條件。日本在對朝鮮進行調查期間，表現出其一貫的綿密、嚴謹態度，動用了一切可動員的力量和手段。

對此，韓國照片文檔研究所所長李璟民先生這樣明確指出：「日本帝國主義以其對各場所的地理學意義上的知識為基礎，開始衍生出服務於殖民經營的新的知識系統。他們通過對朝鮮農產、林產、水產、建築、古籍、土地、民俗、產業等領域的調查，獲得了相關知識。這種全方位的調查，雖然是朝鮮總督府官僚主導的，但日本的科學家也以競爭的態度參與了相關過程。由於這些學者的介入，朝鮮變成了一個『近代學問的試驗場』。日本的考古學家、人類學家、民俗學家、生物學家、建築學家，對通過相關調查活動收集到的資料，進行了分類學、統計學、類型學意義上的整理。他們通過這種學術方法，對朝鮮相關知識的資訊進行了客觀的、實證性的整理研究。」（《帝國的透鏡》李璟民）

　　日本為了捕獲朝鮮這個「獵物」，並沒有一開始就動用武力，而是更多地先從文化、意識形態方面接近目標。表面上看，他們是在強調日韓兩國同屬漢字文化圈，以及兩者之間在地理、人種學方面的相似性和文化的同質性。但實際上，日本是把這種調查當成了侵略朝鮮半島的前奏。

　　由於漢字文化圈這樣一種紐帶關係，日本對朝鮮的早期調查研究事業是以文獻為基礎進行的。因此，日本方面首先著手調查研究的是朝鮮的歷史、民俗、民族學、人類學等領域。

　　在這一過程中，日本方面不失時機地推出「日鮮同祖論」，以製造相應的意識形態氛圍，試圖將其當成實現「日鮮一體」的有力的文化根據。

　　1910年，朝鮮總督府掌握了朝鮮的政權，並開始正式著手調查朝鮮的政治、文化、社會、經濟、民族性等。在1930年和1936年，朝鮮總督府兩次出版了《朝鮮總督府圖書目錄》。從這本書中我們可以了解到，日本對朝鮮的調查之廣泛、深入幾乎到了令人驚歎的程度。我們不妨了解一下日本採取這種措施的政治動機：

　　①日本首先在政治領域，對朝鮮進行「舊慣調查」和「圖書及古文獻調查」，以奠定意識形態統治基礎；

　　②在經濟領域，日本對朝鮮進行「土地調查」，以便於實際統治、經營殖民地。日本希望以這些調查為基礎，把尚未得到開發的朝鮮打造成一個具備近代資本主義體系的國家；

　　③與此同時，為了在社會文化領域推行帝國意識形態和日韓同質性理論，對朝鮮進行「古蹟調查」和「風俗及部落調查」；

　　④在自然領域，日本也對朝鮮進行了「植物調查」。這是為了掌握朝鮮半島的生態系統以及植物分布情況。

　　從上述內容中我們可以了解到，日本為了殖民統治的順利進行，鋪開一張調查大網，對朝鮮的有形、無形遺產進行了全方位的調查，將朝鮮徹底梳理了一遍。

從另一方面講，朝鮮未能盡早實現近代化，近代學術領域都還沒有確立，因此對這些領域的調查還處於真空狀態，暴露出朝鮮整體國力的虛弱本質。這也在客觀上為日本進行相關調查提供了可乘之機。

有一件事筆者尤其希望在此明確指出。日本的殖民地統治，採取的是本地化方法，這與西方的殖民地統治方法有所不同；西方進行殖民統治時，本國人並不居住在被殖民地區，這種統治僅僅以掠奪被殖民地區的資源為目的。但日本對朝鮮進行殖民統治時，大量日本人移居到朝鮮，與朝鮮人共同生活在朝鮮半島，在對其進行同化的過程中共同開發朝鮮。這是日本殖民統治的一個特點。日本對朝鮮進行殖民統治期間，朝鮮的近代性得到顯著提高其原因也正在於此。筆者還想強調的一點是，我們在今天片面強調日本的「殖民統治目的」之餘（即使日本果真是出於這種目的對朝鮮進行了殖民統治），也不應忘記日本的殖民統治在客觀上促進了朝鮮的近代化進程。我們現在理應以一種成熟的目光，綜合看待日本殖民統治的正反面。

97.《朝鮮古蹟圖譜》

在近代人類歷史上，殖民統治曾遍及全球。這種殖民統治，同時也是一種向殖民地去傳播近代文明，強迫殖民地去認識近代化的方式之一。因此，在從正反兩面助長被殖民、被統治地區的民族意識的同時，也強制要求這一地區的人民接受統治者帶來的「近代性」——文明、制度、意識、學問等。雖然是一種強制措施，但殖民統治結果，卻給被殖民地區帶來了「殖民地近代化」。這可以說是不幸中的萬幸。

落後於近代化進程的朝鮮，淪為率先實現近代化的鄰國——日本的殖民地國家。在我們這些後世之人看來，這也是朝鮮當時的命運。日本

在向朝鮮半島注入近代化並強制朝鮮接受，希望以此來推動朝鮮的近代化進程。這一點，歷史已經做出了證明。

在學術方面，朝鮮相當於變成了日本近代學術的「試驗場」。簡單說來，日本帝國主義（主要通過朝鮮總督府）為了順利進行殖民統治，首先要了解和認識朝鮮、朝鮮文化；出於這種目的，他們在朝鮮進行考古學、歷史學及人類學方面的研究活動。而在這一過程中，日本在朝鮮發掘、積累了大量的文獻資料，形成龐大的「朝鮮學」體系。

朝鮮還沒來得及做到的，日本首先通過自己的近代學術及技術、方法一一予以實現。如果一定要明辨這一結果的性質，那麼筆者認為，這仍不失為朝鮮的幸運。至今為止，日本在殖民統治期間積累的相關學術積累，仍成為朝鮮半島堅實的學術基礎，並與今天的學術直接聯繫在一起。

百年前，在朝鮮總督府的囑託下，日本的學者開始致力於朝鮮古籍調查與發掘。其間出現的《朝鮮古蹟圖譜》，可以說是朝鮮研究方面的集大成者。關野貞研究團隊從1909年開始著手對朝鮮古籍開展調查研究活動，並相繼推出《朝鮮藝術研究》、《朝鮮藝術研究（續篇）》。此後又於1911年和1922年將其調查結果結集成冊，推出了《朝鮮古蹟調查略譜》。以此為基礎，編輯而成《朝鮮古蹟圖譜》。《朝鮮古蹟圖譜》對朝鮮歷史進行了縱橫向的考察，並據此繪製出朝鮮「遺產、遺蹟分布圖」。

韓國學者李璟民先生指出，這可以說是「日本帝國打造的朝鮮半島最初的、完備的照片文檔。」（李璟民《帝國的透鏡》）李璟民先生研究考證後指出，《朝鮮古蹟圖譜》總計15冊，形成容量龐大的照片資料庫。其具體內容如下：

第一卷：樂浪郡、帶方郡時代、高句麗時代；第二卷：高句麗時代；第三卷：馬韓、百濟、任那、古新羅時代；第四卷：新羅統一時代1——佛教遺蹟；第五卷：新羅統一時期2——王陵、佛像；第六卷：高麗時

代1——城址、宮址、石塔、廟塔、其他石雕像；第七卷：高麗時代2——石塔、佛像、陵墓、石棺、墓地、石碑；第八卷：高麗時代3——陶瓷；第九卷：高麗時代4——墳墓內發現的工藝品；第十卷：朝鮮時代1——宮殿建築；第十一卷：朝鮮時代2——城郭、學校、文廟、客舍、史庫、書院等建築物；第十二卷：朝鮮時代3——佛寺建築1、高句麗時代佛寺建築補充；第十三卷：朝鮮時代4——佛寺建築2、塔婆、廟塔、石碑、橋樑；第十四卷：朝鮮時代5——繪畫；第十五卷：朝鮮時代6——陶瓷。

除此以外，第一卷至第五卷都單獨出版了附有照片說明文字的《朝鮮古蹟圖譜解說集》。「這種叢書，並非僅靠考古學家、人類學家們的努力編輯而成。朝鮮總督府直接管轄、參與並支持了這一編撰過程，並調動了歷史學、地理學、美術史學、建築學、民俗學、人種學等近代人文、社會科學諸領域的學者共同參與。而朝鮮總督府，則把這樣積累而成的資料（照片文檔）用於對朝鮮的殖民統治。」（李璟民）

李璟民先生進一步指出，《朝鮮古蹟圖譜》的編輯出版是和《朝鮮半島史》同期進行的。這表明日本是將編輯出版這些資料視為在朝鮮半島宣傳殖民主義意識形態的一種方便手段。

關野貞因這套叢書的出版發行，甚至還獲得了法國學士院大獎，並一躍而成為世界著名學者。這套叢書是出於日本帝國殖民主義政策的需要編輯出版的，因此具有一定的局限性。但它形成了由6600多幅照片構成的龐大照片文檔庫，至今還具有重大的學術價值，這一點是不容否認的。

這是考古學、歷史學、人類學、民俗學、美術史學、建築學、地理學、地形學、服飾學、分類學、社會學、風俗學等諸領域近代學術研究中不可替代的珍貴文獻資料。此外，這套書叢書也為跨學科研究提供了題材，因此也具有極大的學術價值。

百年前，日本在殖民統治朝鮮期間，給朝鮮帶來了很多的東西。如

果我們能擺脫政治、民族的思維慣性，從近代學術意義上對此重新評價，那麼可以說，日本在這一過程中對朝鮮文化研究做出了巨大「貢獻」。

98. 日本遺留下來的殖民地朝鮮照片檔案

現在，韓國方面也保存著大量日本帝國留在朝鮮半島的相關照片檔案。在研究韓國近代性過程中，這些照片資料作為記錄當時朝鮮半島人文、歷史、社會、風俗等諸領域的資料，也是一種極其珍貴的歷史文化遺產。

檔案館（Archives）指的是保管公文或歷史重要文件、文獻資料的場所，是一種近代概念。朝鮮文對檔案館的稱謂有很多種，如文件館、資料館、文件保管所、記錄管理所、記錄資料館等。檔案館還含有如下一層意思，即，它是「保管記錄物本身，或按照一定保管體系保存記錄物的場所。」

最近，韓國方面也在致力於保存、整理、研究日本帝國主義時期遺留下來的近代遺產——檔案資料。照片等影像資料研究者李璟民先生在他所著的《帝國的透鏡》中指出，現在，國立中央博物館保管著38000多張日本殖民統治時期拍攝的圖像資料（玻璃底片）。

這些底片，都是日本殖民統治時期，大批日本考古學家、人類學家、歷史學家等相關研究人員在朝鮮總督府領導下拍攝的。這些圖像資料不僅包括文化遺蹟，還涵蓋了生活、風俗、經濟、文化、宗教、體質類型等各個領域，幾乎網羅了朝鮮半島所有關於民族、國土、歷史的資訊。

通過這些影像資料，我們可以了解到日本為了殖民統治的順利開展（認識朝鮮民族），而利用考古學、人類學、民俗學等近代學術方法的

歷史。也就是說，我們可以通過這些資料，重新確認日本殖民統治政策利用學術的史實。同時我們也能通過這些由日本人拍攝的影像資料，考察朝鮮文化的原型、近代韓國學術的起源。在這些學術領域，這批影像資料反而成為一種極其珍貴的歷史記錄。從這個角度上講，說日本人有功於韓國，似乎也並非言過其實。

首爾大學博物館也收藏有1300餘件此類影像資料。相關部門認為，它們都是日本著名的社會學家、民俗學家秋葉隆在調查朝鮮民族文化過程中拍攝的。

正如眾多學者曾經指出的那樣，朝鮮在歷史上留下了很多重要的記錄資料。但這些記錄大都是古書、文集等文字資料，而絕少照片形式的記錄。我們口口聲聲所說的日本帝國主義，在這方面彌補了朝鮮的不足，並如實地記錄朝鮮的生活、文化，這雖令人慚愧，但卻是不可否認的事實。

除了這些照片、底片、玻璃底片以外，在1945年日本宣布無條件投降以前，出版發行的報紙、雜誌、月曆、相冊、報告書、記錄、紀行文等也刊載了大量圖片。

筆者收藏的日本殖民統治時期的相冊、雜誌上有很多圖片，這些圖片也都成為我們了解朝鮮當時生活習俗的珍貴資料。專業研究人士考證認為，在朝鮮的開化時期（19世紀末到日本統治時期），有很多日本的商業、文化攝影師拍攝製作了各種相冊並在朝鮮公開出售。

李璟民先生的統計資料表明，日本殖民統治時期發行的出版物總計達2360餘種，其中，《朝鮮古蹟圖譜》收錄有6633幅文物、遺蹟照片。此外每年一度編輯出版的《古蹟調查報告書》中，也刊登了大量圖像資料。

除此以外，還有以普及、銷售為目的製作的《百濟古都古蹟名勝寫真冊》、《新羅千年古都慶州寫真冊》、《新羅古都慶州古蹟圖冊》

等；日本主導創建、籌辦的博物館、美術館及博覽會也印製了大量畫冊。其中，李王家博物館到1912年為止共收藏12030件藏品，並從中挑選出部分藏品，印製成《李王家博物館館藏品圖冊》（總3卷）。1915年，朝鮮總督府博物館出版《博物館陳列品圖鑒》（總17卷）；1915年，作為施政五周年紀念活動之一，總督府在景福宮舉辦「朝鮮物產共進會」（博覽會），並出版正式報告書《朝鮮物產共進會報告》（全3卷）。

此外，日本在殖民統治時期還出版了《朝鮮風景風俗寫真冊》（總4卷）、《朝鮮旅行導讀》、《朝鮮的印象》、《韓國併合寫真冊》、《朝鮮寫真資料》、《朝鮮的風光》等不計其數的圖書及畫冊。

當時，朝鮮的照片記錄能力非常薄弱。好在日本製作、發行了這些圖冊，使我們今天還有幸能看到當時的人文、自然景觀。如何整理這些文化遺產，充分發揮其研究、文化價值，也將是今後一個重大的研究課題。

99. 日本為何要對朝鮮土地進行調查？

在我們普通人看來，日本帝國主義在強佔朝鮮時期，掠奪了無數的土地和經濟資源。事實上，韓國現行的歷史教科書仍在這樣描述：「農業部門實施的土地調查事業，是以掠奪韓國所有土地為目的進行的。」並煞有介事地斷定，「日本帝國主義通過土地調查事業，非法掠奪的土地多達全國土地面積的40%。」

事實究竟如何呢？日本的朝鮮總督府又為何要在朝鮮開展土地調查事業呢？

為了尋找答案，首先需要認真考察日本帝國主義殖民統治資料。這樣我們就會得知，日本的目的在於永久性地「併合」朝鮮。西方在對殖民地統治期間，從一開始就沒有對殖民地輸出資本、半成品材料以復興當地產

業的意圖，它們的殖民侵略基本上是以「掠奪原料」的方式進行的。

　　與此相比，日本則是想併合殖民地，使其變成永久性的日本版圖組成部分。出於這種目的，日本熱衷於投資、開發殖民地。也就是說，日本的殖民侵略是以「永久開發」的形式進行的。

　　所以，日本在朝鮮進行土地調查事業，就是為了奠定朝鮮與日本統一的制度、社會基礎，以便於日後經營這個國家，使其成為日本的一部分。這是一項野心勃勃的計畫，而日本確立土地調查財產制度，就是實施這一計畫的手段。

　　首爾大學經濟學教授李榮薰先生在接受《韓國日報》採訪（2004年4月22日）時，曾這樣指出：「1990年，我參與對日本統治時期的『土地調查事業共同研究』項目，巡迴全國各地，收集土地帳簿。從那時開始，我對日本帝國主義殖民統治時期的印象有所修正。廣尚南道金海市地區殘存著大量相關資料。在驗證這些資料的過程中，我為所看到的與教科書截然相反的內容而震驚不已。我們的教科書上認為，日本方面要求無知的農民申報自己的土地，並殘酷掠奪了那些未提出申報的土地。但實際情況完全不同。日本方面為了不出現未申報土地現象，繪製了詳細的行政地圖；而且為了防止出現榨取土地的現象，反覆進行了相關指導和啟蒙。朝鮮的農民看到自己的土地經測量後被記錄到『地籍簿』，高興之餘也都積極提供協助。其結果，僅剩下墳墓、荒地部分沒有申報，而這部分土地僅佔所有土地面積的0.05%左右。了解到這一情況的當時，我意識到我對殖民地朝鮮的印象，不過是一種加工過的產物。」

　　現在，讓我們詳細了解一下日本的土地調查事業。朝鮮總督府在1910年至1918年間，共投入了200萬日圓的財政預算，對朝鮮半島所有國土進行了土地調查。在此之前，日本已經在臺灣和沖繩地區進行過相同的近代土地調查，於是聘請在這項工作中積累了豐富經驗的經濟學家、政治家目賀田種太郎為財政顧問，著手朝鮮土地調查事業。

　　總督府甚至下設了「臨時土地調查局職員養成所」（相當於培訓機構），以培養辦公人員和測量技術人員。到1911年末為止，調查局還僅有678名員工。但到了1915年全盛時期，員工人數達到了4713名。韓國方面認為，在日韓併合以前的1910年3月，日本方面已經開始在全國範圍內開展土地調查業務。但需要明確的一點是，這一時期進行的都是一些基礎工作，如調查土地所有者、土地價格及地形、地貌、面積，並據此繪製地圖。

　　直到那時，朝鮮對土地的認識還處於前近代階段，因此在土地面積測量、土地租稅統計等方面非常落後。當時，朝鮮使用的土地面積單位是「結負」（朝鮮時期以水田收成為標準的土地面積丈量法。出產一把稻子的土地面積為1「把」，10把為1「束」，10束為1「負」，100負為1「結」。）「結」是從新羅時期開始使用的專門用語，根據穀物產量的不同，「結」分為六等。由於這種歷史原因，朝鮮當時還無法對土地進行有效的測量調查。朝鮮初期耕地面積的統計資料為1455492「結」；但到了1902年，驟減為988417「結」。1769年（英祖45年）的調查結果表明，朝鮮全境的耕地面積為1411948「結」，但僅課稅800843「結」。

　　1894年，登記在冊的耕地面積為1403171「結」，其中課稅結數僅為759979「結」。也就是說，近半數土地逃稅漏稅。此外還有一種被稱為「隱田」的耕地，是沒有登記在冊的，這些「隱形」耕地的稅收，大都由地方官吏和地主勾結起來，私下裡瓜分掉了。

　　由於朝鮮總督府開展的土地調查事業，這類「隱田」完全浮出水面。逃漏稅者、地方官吏和地主意識到這種土地調查損害了自己的利益，於是紛紛提出上訴。即便如此，土地調查仍然被強制執行下去。結果，在徹底的近代土地調查基礎上，確立了土地、租稅制度，給傳統的土地紛爭畫上了終止符。日本方面還製作完成了比例尺為五萬分之一的

地形圖，使得朝鮮近代社會建設得以進行。因此，日本在朝鮮進行的土地事業，是朝鮮近代史上具有劃時代意義的事業。

日本在臺灣、朝鮮等地進行的土地調查事業，是一項近代科學調查事業。通過這種調查，日本確立了土地制度、租稅制度，為建構朝鮮的近代經濟環境做出了貢獻。土地調查和地權的確立，是近代國家不可或缺的基礎。因此，日本進行這項調查事業，並非是為了掠奪朝鮮的土地，而是為了完善朝鮮近代國家建設的經濟基礎。

100. 日本是如何研究韓文的？

百年前，東亞的近代史，從開始之初便在與日本的相互關聯中發展起來的。尤其是朝鮮半島，由於地理上的關係，受到日本影響的現象更為突出。

從1905年開始，朝鮮實際上已經淪為日本的殖民地，因此也不可避免地在政治、思想、經濟、文化、學術等諸領域受到日本的影響。也就是說，朝鮮的各個領域，都是在日本的影響下發展起來的。

對朝鮮的國語（韓文）的研究也是日本率先著手的，這聽上去似乎有些意外，但卻是歷史事實。有一種說法認為，在日本帝國主義統治時期，日本方面抹殺了朝鮮語。除了全面戰爭時期（1937-1945）的幾年時間以外，這種說法與事實並不相符。朝鮮朝時代，在崇尚漢文的絕對觀念影響下，諺文（即韓文）遭到蔑視；一直到近代初期，朝鮮人對朝鮮語的研究工作，反而落後於日本人。

正如我們在前面已經了解到的那樣，朝鮮是從19世紀末才開始採用韓漢文混用文體的。事實上，這種文體形式，是日本的福澤諭吉首先提出的。所以，最早使用這種文體的是日本。當時，日本鑄造了韓文活

字,用於印刷《漢城旬報》（1886）。

朝鮮最初使用韓文著述的是俞吉濬的《西遊見聞》（1895），與此相比,日本方面提前了近10年。1886年,《漢城旬報》改稱《漢城周報》。據說,正是《漢城旬報》的創始人井上角五郎介紹給福澤諭吉的老儒學家,首先提倡使用韓漢文混用文體的。此後,這一舉措得到朝鮮知識份子的積極回應。於是韓漢文混用文體,以及韓文也被引入近代學校教育,並在大眾群體逐漸普及開來。從這種意義上講,我們一直深信不已的「日本帝國主義在長達36年的殖民統治期間抹殺了朝鮮語」,可謂是對歷史事實的歪曲。

日本近代朝鮮語研究第一人小倉進平（1882-1944）在其著作《朝鮮語學史》中這樣說道:「自古以來,朝鮮人編撰的詞典僅限於《韻書》（有關中文音韻的著作）或《玉篇》（以偏旁部首查尋的中文字典）類,卻不曾存在以諺文（韓文）為基礎,排列單詞並加注解的詞典。不過近年以來,終於勉強開始編撰此類詞典。」

朝鮮人沒有自己編撰的詞典,但外國人卻於19世紀末出版了朝鮮語詞典。1880年,法國傳教士在巴黎曾出版類似詞典。此後,H‧Q‧安德韋德在日本橫濱出版過類似詞典。1897年,英國人葛爾也在日本橫濱編輯出版過朝鮮語詞典。

韓國學者金思燁在其著作《朝鮮的風土和文化》中指出, 1874年至1920年,公開出版的近代朝鮮語詞典總計達13種。其中,俄韓詞典1種,拉丁語-韓語詞典1種,法語-韓語詞典3種,英韓詞典8種。

1872年,日本在對馬市嚴原地區設立了朝鮮語學所,日本人對朝鮮語的研究也自此開始。第二年,朝鮮語學所轉移到韓國釜山,從此,朝鮮語研究領域幾乎成為日本人的天下。他們在近代語標記原則的確立方面,尤其積累了眾多業績。在這一領域,僅廣為人知的日本人,就有金澤莊三郎（1871-1967）、小倉進平等學者。

　　福澤諭吉和金澤莊三郎等學者的相關活動，對朝鮮知識份子產生了重大的知性刺激。於是，朝鮮的學者在進入20世紀初以後，開始關注系統研究朝鮮語的相關事業。1911年至1920年3月，朝鮮總督府完成了朝鮮歷史上最正規的詞典——《朝鮮語字典》的編輯工作。最終，朝鮮學者文世榮於1939年編輯出版了《朝鮮語字典》。

　　事實上，向朝鮮所有國民傳授韓文的工作，是從1910年日韓併合以後開始的。朝鮮各道（相當於中國的省）的方言口音有很大差異，所以，朝鮮總督府經過深思熟慮，確定以漢城話為標準語，計畫對朝鮮民眾進行朝鮮語普及教育。但在當時，朝鮮文字的拼寫法非常繁雜，尚未完成向近代韓文的體系化轉變。此外，當時的教科書也非常少，韓漢文混用歷史也非常短暫。所以，朝鮮總督府於1911年7月，將日韓兩國學者組織起來，組建了「諺文拼寫法研究會」，共同致力於研究、普及朝鮮語事業，並最終制定《普通學校用諺文拼寫法》，將其確定為教科書。

　　1911年8月，朝鮮語教育會誕生，並根據《朝鮮教育令》相關內容，規定在普通學校、高等普通學校、女子高等學校的課程中，設置固定的「朝鮮語及漢文」授課課時。當時的朝鮮總督府學務科長弓削幸太郎在其著作《朝鮮施政史》中指出：「日本人子弟學校也同樣設置了朝鮮語課程。」也就是說，在小學、中學、高中階段，無論朝鮮人還是日本人，朝鮮語都被確定為必修課程。日本排斥朝鮮語的措施，僅限於全面戰爭時期（1937-1945）。這是歷史的真相。

101. 朝鮮的「七大名品」

　　西方一位「毒舌」批評家曾指出：「我們現代人並沒有在過去的歷史中生活過；所以過去的歷史，不過是我們想像的幻境而已。」我們通

常以我們的想像、幻想,來填充百年前的那段歷史,並據此得出這樣一種結論:「朝鮮本來是一個山清水秀的國家,但由於日本帝國主義的踐踏,朝鮮變得慘不忍睹,生靈塗炭。」

但歷史的真相卻和我們的想像截然不同。我們不妨先來了解一下當時的外國人對朝鮮的評價。「不堪忍受!不堪忍受!清除污穢,頻換新鮮空氣,是必要的衛生習慣。可是自從安裝了馬桶以後,一推開鴿籠似的茅屋房門,就會看到馬桶和灶台連在一起的場景。於是,飲食的味道和糞便的臭氣混合在空氣中迎面撲來,直令人作嘔。」(《大韓每日新報》1909年4月16日)

事實上,在20世紀初外國人的文字記錄中,經常出現這樣一些內容:在東亞範圍內,除了日本以外,包括中國、臺灣的社會環境,也都充滿了「糞便的臭氣」。在西方人看來,這些地區的生活環境糟糕至極。在這一點上,朝鮮也不例外。英國的伊莎貝拉・露西・伯德・畢曉普(Isabella Lucy Bird Bishop)女士早在1894年便訪問過朝鮮半島。她在自己的著作《30年前的朝鮮》中這樣描寫當時的漢城:「一冬天堆積下來的垃圾、泥濘的道路……到處充斥著惡臭。」在她看來,朝鮮的髒、亂、差,簡直可以排在世界第一位。

「市民弓著腰生活在一層茅屋內。不。或許說他們蠢動於不潔的道路上似乎更為準確一些。說是道路,但最寬的地方,充其量也只夠兩匹馬並排前進;若是在狹窄的地方遇到一個背著大包袱的人,就無法通過了。道路兩旁是臭氣沖天的水溝,而路面早已被一群蓬頭垢面的半裸孩子,以及面目猙獰的狗佔領。」

即便是素以熱愛朝鮮人民著稱的哈爾伯特也忍無可忍,在其著作《朝鮮的滅亡》中這樣指出:「朝鮮人就連最初級的衛生常識都不具備。他們以為只要有一條可供天上落下來的雨水流走的排水溝,就完事大吉了,道路幾乎成為各種汙物的堆積場。」

　　當時，漢城市民已達20萬，因此處理他們每天的排泄物是一件非常困難的事情。街面上污穢不堪，幾乎令外國人不堪忍受。文明和非文明，也可根據衛生與不衛生加以區別。因此，在大街上隨地大小便或將排泄物隨便扔到屋外的做法，在文明國家是絕對不允許的。（《普通學校學徒用修身書》）

　　一個名叫細井肇（1886-1934）的日本記者、評論家曾在他的《漢城的風雲和名士》中，也進行了與伊莎貝拉‧露西‧伯德‧畢曉普類似的描述：「到韓國內地去旅行，就會看到道路上金色花朵（糞便）醒目而狼藉，幾乎無從落腳。這種不潔和惡臭簡直令人心驚肉跳……」

　　「在這個國家的京城（漢城），隨處可見人糞和牛馬的糞便，其沖天臭氣無情地刺激著人的視覺和嗅覺。」「流經京城市區的河水，與各家各戶排出的糞尿匯流一處，使河水渾濁黏稠，泛出黃褐色……」「每年一到夏天，便開始流行傳染病；患病的朝鮮人多達5000名……」

　　隨後，細井肇把漢城的糞便和煙袋、蝨子、妓女、老虎、豬、蒼蠅並稱為朝鮮的「七大名品」。他對1890年代漢城髒、亂、差的情況，做過近10頁的描述。

　　作為首都的漢城尚且如此，朝鮮其他地區就更不堪設想了。我們通常認為，朝鮮民族是一個講衛生的民族，所以喜歡穿白色的衣服。但實際上，當時是由於沒錢購買染布用的染料，所以才普遍選擇白衣的。上述內容也是有力的佐證。因此，說朝鮮民族是一個潔淨的民族，似乎也未必是一種妥當的說法。

　　朝鮮不潔的環境和衛生觀念的缺乏，也可以從當時的醫療史或病疫史中得到證明。1749年，僅一年時間內，朝鮮因病死亡人數便多達50萬。朝鮮王朝500年間，這樣死去的人又該有多少？一想到這個問題，不禁毛骨悚然。

　　給朝鮮帶來近代醫療制度和衛生知識的不是別人，而正是日本。誠

信女子大學朴基珠教授曾這樣指出：「隨著移居朝鮮的日本人數量增加，統監部調動員警力量，為強制改善漢城的居住環境，於1907年2月創設了漢城衛生會。日本人內部次官親自擔任衛生會會長，並由警視總監擔任執行委員長。第二年4月，衛生會公布了『除穢規則』，責令衛生會清除垃圾和糞便，並禁止在路上隨地大小便。漢城衛生會在清除糞便時，用帶柄的葫蘆瓢舀起糞尿裝進木桶，用馬車和背架等運輸工具，運送到指定地點集中處理。有一張當時的照片顯示，一個男子用背架背著一隻大木桶站在小公洞大街照相館旁，也不知背的是糞便還是水。每天動員的人員多達500名。由巡查負責監督他們在漢城各地清除糞便的工作。」（《朝鮮日報》2010年2月2日）

日本使朝鮮認識到了近代衛生制度。在設立朝鮮總督府以後，日本方面還在韓國設立了大韓醫院、京城帝國大學附屬醫院等，為朝鮮近代醫學、醫療事業做出了重要貢獻。

1910年，各城市開始實施嚴格的防疫、檢疫制度，致力於疫病預防事業。於是，霍亂、天花、黑死病等流行病終於在1918年至1920年間絕跡。進入1930年代以後，隨著近代醫療制度的確立，朝鮮方面切斷了由中國方面傳入的疫病傳播管道，因此與中國相比，朝鮮死於疫病的人數大大減少。

102. 對中國近代醫療衛生事業做出貢獻的日本「同仁會」

100多年前後，中國的不潔和非衛生環境基本上與朝鮮相仿，甚至比朝鮮還要惡劣。第三者——西方人的無數相關記錄、紀行文也對這種不光彩的事實多有描述。

「無論走到哪裡，到處塵土飛揚，遮天蔽日，以至於感到呼吸都有

些困難；隨時都有被幾乎赤身裸體的乞丐圍困的危險。」（H·施里曼《清國和日本》）面對這樣一種臭氣沖天的中國城鄉景觀，我們已經不再感到意外。

西方人把中國人歧視為「東亞病夫」。在他們的眼裡，中國人是一個「病弱的民族」，同時也是一個不潔的、不講衛生的民族。雪上加霜的是，自然災害（水旱）、內戰、傳染病這三者，時時在威脅著中國人的生命安全。

即使在進入20世紀以後，中國還沒有上下水道設施。儘管首都北京局部地區安裝了水道設施，但也由於經常遭到「水幫」的侵擾和破壞，而失去了應有的功能。所以，市民的飲水供應，也都需要武裝員警提供保護。市區有很多人都和家畜一起生活在同一屋簷下，因此到處都是堆積如山的糞便和垃圾。據稱，北京、上海這樣的大城市，後街也存在糞尿像河水一樣流淌的現象。

眾所周知，自19世紀末，西方基督教會開始在中國著手改善醫療環境事業。但日本人在改善中國醫療衛生事業方面的相關貢獻，卻鮮為人知。

事實上，日本持續進行了醫療研究、制度制定、醫療指導等相關工作。首先，日本方面從很早開始便接受中國留學生，進入日本的帝國大學或醫學專門學校，培養中國醫療衛生領域的人才。這些留學生學成歸國以後，按照日本的醫師制度，創建相關學校，率先投入醫療環境改善事業。

辛亥革命以後創建的杭州、蘇州、北京、西江、南洋、東南、光熙等醫學校，便是其產物。1895年，中日甲午戰爭結束以後，日本出現了希望中日結盟、東亞和平穩定的政治勢力。在這些有識之士中，有很多人投入到改善對華、對亞洲地區的醫療事業。1901年，以東亞同文會近衛篤麿會長為中心，並由岸田吟香、北里柴三郎等人參加的東亞同文醫會成立。

　　第二年，北里柴三郎發起組建了日本同仁會。成立同仁會的宗旨為：「在支那及其他東亞各國普及醫學、醫藥及與之相關的技術，以此來保障平民百姓的健康，救助病患；同時促進彼此間的親善，並進一步為這些國家文化建設做出貢獻。」

　　在這種宗旨下，同仁會創設了醫院、醫學院，而且向其提供最新醫療設施的同時，以培養醫療衛生領域的專業人才。同仁會開展了有關醫療衛生的調查事業，同時負責招收留學生，出版發行與醫學、醫療相關的圖書。第一任會長由東亞同文會副會長長岡護美擔任，第二任會長則由早稻田大學創始人（後任日本首相）大隈重信擔任。

　　當時，同仁會的主要事業內容便是創設醫院。但由於後來日俄戰爭爆發，這一事業被迫終止。不過，在此以前，同仁會還是向中國、朝鮮、泰國及南洋諸島派去了300多名醫師。日俄戰爭結束以後，同仁會的事業開始步入正常化，在朝鮮和滿洲各地開設醫院。不僅如此，同仁會還在日本國內創建了東京同仁會醫藥學校，專門培養中國留學生。

　　此後，同仁會把在滿洲地區的事業移交給南滿洲鐵道株式會社（在朝鮮的事業則移交給朝鮮總督府），制定針對中國民眾的治療方針。1914年，同仁會在北京創設日華同仁會醫院，並持續擴大經營。1915年，同仁會在濟南、青島創設同仁醫院；1923年在漢口也設立了同仁醫院。

　　漢口同仁醫院於1924年設立分院，專門接收中國患者。但由於長江洪災氾濫，以及北伐戰爭的影響，一度被迫中止經營。1927年，該院轉移到英國租界內，但因反日運動，再度關閉。1931年，這家醫院在長江洪澇災害期間，利用手中的診療設備，積極投入到防疫、治療工作。

　　總之，哪怕僅僅是為了維護日本先進醫學的體面，同仁會都始終努力確保醫療設備的完善，並竭盡全力，服務於中國醫療事業。也正因如此，同仁會所屬醫院在當時得到了廣大中國人的信賴。中日兩國之間這

種非侵略性的協作、和諧關係，也是值得我們重新審視的歷史內容。

103. 日本軍醫對朝鮮的記錄《雞林醫事》

19世紀末，一位日本軍醫出版了詳細記錄與朝鮮及朝鮮人相關內容的《雞林醫事》（陸軍文庫，1887）通過這本書，我們可以了解到當時有關朝鮮和朝鮮人的情況，因此它具有極其珍貴的史料價值。

當時，日本明治政府在知識、技術領域，尤其重視醫學、法學、軍事等領域。在這些領域中，又特別重視與東亞之間的關係。因為這些領域的知識都是一種實用知識，因此會給國家間的統治與被統治關係帶來重大影響。於是，從1880年開始，日本政府定期向臺灣、朝鮮、中國等地派遣陸軍醫療部門的精英，開展相關的調查活動。當時被派往朝鮮的人，正是大文豪森鷗外的同期校友——小池正直。

小池正直（1854-1913）在醫科大學畢業以後，於1883年1月，以陸軍軍醫本部在職人員身分，被外務省調用，派往朝鮮釜山工作。當時，在西方和日本勢力影響下，朝鮮處於風雲驟變的時期。小池正直在這樣的時代背景下，被政府部門派到朝鮮工作。身為日本軍醫精英人員，小池正直所看到的朝鮮，又是一種什麼樣的面貌呢？

在《雞林醫事》序言中，小池正直明確指出，醫學、醫療是在現實生活中具有實際效用的領域，而自己正是在這一領域的最前線，開拓一片處女地。意思是說，自己將通過醫學，啟蒙尚未開化的朝鮮。事實上，當時有關朝鮮的記錄，除了外國人寫的書以及李重煥的《朝鮮八道志》以外，很少有相關的著述。

在這種現實情況下，小池正直自信地認為，自己通過縝密的觀察所著的《雞林醫事》，將是一部相關領域的奇書。他這種自負本身也是一件有

趣的事情。事實上，這也是有史以來第一本由軍醫所寫的相關書籍。小池正直的著述，在客觀性、嚴謹性方面，比其他兵要地志或紀行文要優秀得多。他仔細的觀察、條理清晰的行文，超出了一般文人的水準。

還是先來了解一下《雞林醫事》的具體內容。《雞林醫事》共分上下兩篇；上篇包括朝鮮的地形、氣候、風土、人情、人品、人物、度量衡、舟輿、樂器及作品、紡織品、服裝、居住、飲食和朝鮮人的生活習慣等，共計14項內容；下篇包括醫院的位置或結構、備品、職員及事務、患者情況等4部分內容。

在此，選擇其中部分段落以饗讀者。

《風俗》：可以說，這個國家還沒有擺脫「蠻夷之域」的處境。第一，國民缺乏衛生觀念；第二，朝鮮人被當作牛馬；第三，朝鮮人不懂得珍惜光陰……嗚呼！這三大特徵如此明顯，難怪人們把朝鮮稱為「蠻夷之域」。

《人物》：我曾在前面提到朝鮮人的緩慢、魯鈍。他們的性情之中多有猜疑，而很少謙讓。另外，朝鮮人的言辭虛情假意……上流社會盛行收受賄賂，而下層階級大手大腳，僅把「酒食貪飽」視為無上的快樂。所以，即使刑罰嚴厲，小偷小摸的現象仍很普遍。由於缺乏深思熟慮之故，朝鮮鮮見大盜。男人的腕力和背負能力之強，著實令人驚歎。

作為朝鮮民族的後裔，筆者在閱讀此類令人臉紅的文字時，也不得不重新深思我們的國民性。

從中我們可以得知，當時的朝鮮人，體力相當不錯。這是一個比較有趣的現象。小池正直說，其原因在於朝鮮人的飲食。小池正直發現，日本自吸納了佛教思想以來，禁止國民肉食。與此相比，朝鮮人的飲食結構中，肉類食品佔有較大比重，所以體力普遍優秀。小池正直在朝鮮生活期間，對朝鮮人患者進行了體力、體格調查，並據此得出了一組統計資料。從他的統計資料中可以發現，朝鮮人在身高、胸圍、肺活量、

腕力等方面，遠遠優於日本人。

小池正直製作的統計表——體格表：

國別	人數	年齡	身高（cm）	胸圍（cm）	肺活量（CC）	腕力（左手）	腕力（右手）
朝鮮人	75	31.93	179.947	83.067	3373.469	170.667	162.547
日本人	2499	37.5	157.61	—	2800.18	—	—
日本步兵	409	23.2	157.61	81.79	3337.386	39.056	36.504
日本炮兵	265	22.11	166.74	85.67	3623.297	42.455	39.474
日本空軍	170	23.2	163.65	85.69	3802.438	42.031	39.474
日本滯重兵	75	23.2	163.05	82.72	3634.060	40.748	38.825
日本四種兵	919	23.1	162.88	83.94	3599.295	41.073	38.619

小池正直強調朝鮮人的體力非常優秀，並認為其水準為亞洲第一。另外，小池正直判定朝鮮人身材高大，體格強壯，且傾向於肥胖。但同時也強調，當務之急是改善衛生條件。

小池正直詳實的調查，真實地反映了當時朝鮮人的國民性、體格、體力、生活、風俗等各領域的面貌。這些內容，至今還具有極其重要的價值。即便如此，作為日本為侵略朝鮮而進行的先期調查，這份報告書同樣被用於日本的侵略活動。這一點也是不可否認的。

104. 日本在殖民地朝鮮建立的電信網

從100多年前開始，日本便對朝鮮實施了殖民統治。在19世紀末，日本向計畫建設國民國家的朝鮮提供了近代模式。在日本的侵蝕、侵略之下，朝鮮開始接納近代化思想。且不論這是否是朝鮮的幸運，總之，

朝鮮的近代化過程是在日本的殖民統治期間進行的。因此，必須在殖民主義這一近代史脈絡上去觀察、分析朝鮮的近代史。朝鮮的近代史是由日本和朝鮮人共同創造的，因此一旦歪曲或否定其中一方，也就會犯下否定自身的「愚行」。在民族主義的歷史敘述中，通常都會美化朝鮮的民族主義、獨立自主的近代性，而把日本的近代性視為「骯髒」的對象，並基於這種觀念極力回避相關歷史內容。這些人試圖把與自己的歷史息息相關的事物分離出來，以此來達到掩蓋歷史真相的目的。

但是，日本直接植入朝鮮的近代性，卻在經濟、文化產業、廣播、電信等領域展開的。這是不容否認的事實，否定這種歷史事實，也就是否定朝鮮（韓國）本身的過去。

在此，筆者將通過日本在殖民地朝鮮建設起來的帝國電信網路，對朝鮮的近代性做一番考察。

日本自1905年伊藤博文擔任朝鮮第一任統監以來，便開始對朝鮮實施「保護」政策，並著手原始通信設施的近代化事業。伊藤博文相信，通信設施的近代化及其迅速推廣，在經濟、文化生活領域將惠及朝鮮半島。這一點，可以從朝鮮總督府出版的《朝鮮通信事業沿革小史》（京城，1914）等資料中得到確認。

美國的學者曾經指出：被稱為「國家神經」的電信網，是把蒸汽、鋼鐵和殖民帝國捆綁在一起的權利網。從19世紀後半葉開始，日韓兩個國家就是通過電信網連接在一起的。

1876年，在為了簽署《江華島條約》而進行的會談期間，日本駐朝鮮公使井上馨向政府部門提議，應確保日本在包括朝鮮西海岸（包括釜山）地區鋪設電信網的權利。1884年，丹麥大北電信公司受日本的委託，鋪設史上第一條橫穿大韓海峽的海底電纜。通過此舉，日本獨佔了朝鮮25年的海外電信業務經營權。1888年，日本完成在朝鮮的電信網建設。（《海底電纜百年史》）

　　1894年至1895年，在中日甲午戰爭時期，日本接管了朝鮮所有的電信設施，重新架設了因農民起義運動而遭破壞的南部地區電信網。1904年5月30日，日本內閣會議制定《對韓方針》、《對韓設施綱領》，控制了朝鮮的資訊網路，並以此作為確保政治、軍事統治的前提。這些文件明確規定，在朝鮮半島建設日本陸軍、海軍基地，確保對朝鮮外交、財政、鐵路系統的統一管轄權。不僅如此，日本還試圖全面控制朝鮮的電信、電話、郵政體制。《朝鮮遞信事業》（107-109頁）相關內容表明，由於日本全面控制了朝鮮的電信系統，電報發報量由1884年的3800封，發展到1894年的100000封；1905年，有40000封電報在日韓兩國間傳遞，其中95%都是日文電報。

　　此後，1910年，日本為了控制朝鮮的電信業，從丹麥公司購買了價值1600萬日圓的設備，用於鋪設電纜；由於電信設備的更新，通信時間大大縮短。大韓民國遞信部出版的《電氣通信事業80年》相關內容表明，從京城（漢城）到東京，傳遞電信的時間從原來的平均4小時42分縮短到2小時30分鐘。

　　1919年「三一獨立運動」爆發以後，日本方面確立了緊急擴張警備通信網的政策，因此在3年期間，通信線路幾乎增加了2000公里。藉助員警部門對通信設施的監督，朝鮮的電信事業取得了長足的發展，朝鮮經濟也隨之得到發展。隨著城市化進程逐漸加速，電信業務也隨之增加。20世紀初電信技術的發展，又進一步加速了這一進程。1923年，陸軍部門將無線通信設備移交給朝鮮總督府，「京城（漢城）無線會社」也因此而成立，並打開了京城無線服務業務新局面。1927年初，「京城放送局」開始同時用日語和韓語對外廣播。這項業務在此後迅速發展。1924年，開通了朝鮮與滿洲（東北三省）地區間的長途電話業務。

　　在殖民地朝鮮，電信既是日本帝國主義統治朝鮮的工具，同時也是殖民地開發的工具。而這二者，都是以殖民地統治為基礎的。這項事業

對朝鮮的影響持續擴大，並在1927年以後，形成規模龐大的電信服務業。其中，廣播業務受到廣大朝鮮人民的熱烈歡迎。除此而外，電信業也成為居住在城市中的日本人和朝鮮精英階層新的通信工具。

出生於中國的美國學者楊大慶教授說，1945年8月15日日本宣布無條件投降以後，日本在朝鮮半島的電信建設仍作為殖民地近代遺產，在朝鮮發揮了重要作用。1950年，在朝鮮戰爭時期，美軍甚至把貫穿朝鮮半島的電信網路稱為「神的禮物」。其重要性由此可見一斑。

楊大慶教授這樣說明：「日本帝國主義的電信網在朝鮮和韓國擺脫了日本殖民統治，進入冷戰時期以後，仍然以出人意料的方式發揮了重要作用。」

105. 近代中國最早的日本記錄《日本日記》

鴉片戰爭（1840）以後，在近代史上，一位中國人最早訪問日本，並寫下了有關日本的記錄文章。現在，即使筆者在此提及他的姓名，恐怕也沒幾個人能想得起這麼一個人物。也就是說，他基本上已被歷史淡忘了。他正是筆者將要在這裡介紹給大家的中國近代知識份子羅森。1854年，羅森訪問日本，並寫下了具有重要史料、文學價值的近代最初的日本觀察記錄《日本日記》。

北京大學歷史系教授王曉秋（1942-）在其著作《近代中日關係史研究》中指出：「羅森才是近代中日文化交流的先驅者。」王曉秋先生通過日本學者的研究著作，了解到羅森這個人物並從日本學者那裡獲贈《日本日記》漢文抄本，從而開始著手研究這位中國近代知識份子。

1854年，美國的佩里提督率領黑船艦隊，強迫日本打開國門。羅森以漢文翻譯身分，見證了這一歷史過程。佩里提督的黑船艦隊，成為

拉開日本近代史序幕的主人公。事實上,收錄於《大日本古文書》中的
1854年日本開埠的相關史料中,就有一張題為《美利堅應接之圖》的
繪畫。在畫面中,除了美國官兵以外,還有一個了留著長辮子的圓臉男
人。這是一個身材矮小,頭戴一頂瓜皮帽,手執一把扇子的中國人,旁
邊注有「中國人羅森」等字樣。

　　此外,佩里提督打開日本國門事件的相關記錄、日記中,也有「這
次異船乘客中,還有一個被稱為廣東羅森的異人。」「羅森又稱向喬,
善詩文,工書畫。」等內容。那麼,這個羅森到底是由於什麼原因,和
佩里提督一同來到日本的呢?

　　羅森出生於廣東海南,在滯留於香港期間,曾與英美傳教士有過密
切的交往,因此能在一定程度上使用英語進行交流。當時,他的朋友、
美國傳教士威廉姆以佩里提督的翻譯官身分,隨同前往日本。1853
年,在第一次前往日本之時,威廉姆真切地認識到在與日本人進行交流
時,需要懂得漢文。於是,在1854年動身前往訪日之前,他聘請羅森
為佩里艦隊的漢文翻譯。

　　1854年1月,他們從香港出發,於2月11日抵達日本神戶,並於3月
31日簽署了《美日和親條約》(《神奈川條約》)。從此,日本正式
確認開放國門,翻開近代史第一頁。

　　羅森跟隨佩里提督一行,在日本一直滯留到當年6月末。其間,他
尋訪了日本各地,並於8月末經由琉球、福建、浙江等地,返回香港。
在日期間,羅森除了翻譯日美交涉文件以外,同時也投入到中日文化交
流活動中。除了日本官僚以外,羅森還以筆談的形式與日本文人、學
者、僧侶進行交流。他在日記中寫道:「在一個月期間,應日本人的請
求,題字五百多次。」現在,日本箱館市(今函館)資料館中,還收藏
著當時羅森題寫給日本人的扇面。

　　羅森向日本人介紹了當時中國的政治形勢,尤其是日本人普遍關心的

太平天國農民起義相關情況。王曉秋先生在其論著中認為，通過與日本人進行的筆談、書函、詩文等交流內容，可以了解到羅森對國際形勢有著自己獨到的見解，他的思維和視野，要比當時部分日本知識份子開明。

羅森回到香港以後，在香港英華書院發行的《遐邇貫珍》雜誌上連載發表《日本日記》。在《日本日記》中，羅森生動地描寫了琉球、橫濱、箱館等地的地理、人情、風俗、物產。他在日記中對日本的治安情況讚賞有加，並對日本尚文尚武的取士制度不吝溢美之詞。

對日本各地山川風景、街道景觀、物產貨幣、民俗風情等的描寫也非常精確而又豐富多彩。在北海道，他這樣寫道：「婦女為了躲避外地男子，深藏閨中，不以面目示人；此地民風淳樸，人民無淫言狎語之舉。」作為佩里提督的漢文翻譯，他在《日本日記》中以一個見證者的立場，對美日簽署開埠條約這一歷史現場做了詳實的描述。

《日本日記》還記錄了羅森滯留日本期間，與日本人開展的各種形式的交流活動。比如他與日本各界人士交涉、筆談、題字、贈詩等內容，也都有詳細記錄。書中收錄的羅森與日本友人之間的詩書往來內容，都成為近代初期中日兩國文化交流的珍貴史料。在羅森以前，也曾有中國人到訪過日本，但他們大都是商人或船員。當然，其中也不乏文人和畫家，但這些人並沒有留下相關文字記錄。

王曉秋教授這樣評價道：「在觀察日本的廣度和深度，以及在文學、史學價值方面，以往相關的日本記錄根本無法與羅森的《日本日記》相比。羅森的《日本日記》足可成為近代中國最具價值的日本訪問記。」

106. 通過美術培養國民感情

「美術」作為西方文明概念之一，這一單詞也是通過日本傳入中國的。100多年前，在日本和西方國家的影響下，中國的美術、美術教育開始得到發展。當時，美術是通過傳教士傳入中國的。中國近代美術領域諸多產物，如美術教育、美術出版社、印刷、展覽會、美術館、版畫、油畫、水彩畫、雕刻等，也都與日本和西方的影響息息相關。（《中國近現代美術史》）

以逼真的素描、寫生為代表的描寫方法，很早就成為西方「文明」的象徵，給中國畫壇帶來一股清新的空氣。早在16世紀末期，德國耶穌教傳教士利瑪竇便帶著西洋畫來到中國。這些寫實主義繪畫作品，對中國宮廷和民間繪畫產生了巨大影響。康熙時期，義大利畫家郎世寧在北京把西方繪畫和中國畫技法結合起來，形成一種新的繪畫風格，也對中國近代畫壇帶來巨大影響。

即使到了19世紀末，西洋畫、西洋美術對中國畫壇的衝擊依然如故。以明暗法、遠近法為主要特徵的西方繪畫技法，給中國的美術和美術教育帶來巨大衝擊，並導致中國在視覺藝術領域向西方傾斜。當中國的傳統繪畫遭遇西方繪畫時，很多中國畫家和文人在風起雲湧的時代面前，對中國傳統畫風產生了空虛感，有些人甚至還產生了危機意識。於是，當時主要的文人、畫家、知識份子，開始宣導可以真實反映時代的西方寫實主義畫風。

1910年代，中國教育界舉足輕重的人物蔡元培，強調以西方美術為參考，創造一種東西融合的畫風。根據「癸卯學制」●制定的《京師大學堂章程》中，也出現了有關美術教育的規定：一年級課程設置「圖

● 中國近代由國家頒布的第一個在全國範圍內推行的系統學制，清政府於1904年1月13日頒布。因這一年為癸卯年，故又稱「癸卯學制」。

畫、用器畫、射影圖法、圖法幾何」；二年級課程設置「圖畫、用器畫、射影圖法、陰影法、遠近法」；三年及課程設置「圖畫、用器畫、陰影法、遠近法、器械圖」。由此可以看出，教育課程的目的，是為了學生熟練掌握實物模型畫法。

中國最早開設近代美術課的學校，是成立於1902年的南京兩江優級師範學堂。當時，這所學校的美術系稱為「圖畫手工科」，下設「圖畫」及「手工」兩個專業。圖畫專業設置有素描、水彩畫、油畫、透視、圖案、中國畫等科目；手工專業則專門學習以紙張、黏土、石膏、竹子、漆、金屬等為創作材料的手工藝。手工專業課程主要是由日本教員講授的。

但美術教育正式在全國範圍內普及，卻是從1912年左右才開始的。在時任民國政府教育總長的蔡元培努力下，美術教育開始在全國範圍內得到普及。蔡元培在留學德國期間（1908-1911），曾深深陶醉於康德，因此深受其美術觀影響。他認為，純粹的美術教育，可以陶冶人的感情，使人格變得高尚。他希望通過美術教育，調整個人的品德，從整體上改變國民精神，因此把美術教育作為提高國民精神素質的重要手段。

事實上，在他之前，王國維就已經指出，美術活動對人的情感活動的影響具有哲學意義。1904年至1905年左右，王國維甚至指出，審美訓練可啟發人的感情，從而可以成為實現「德性教育」、「智性教育」目標的手段。

這種美術教育觀念的發展，也被蔡元培及魯迅等人所繼承。而把美術教育作為改造國民性的手段，也是魯迅的見解。1913年，魯迅發表《擬播布美術意見書》一文，集中闡述了他對美術教育的觀點，認為「美術之用」在於「表見文化」、「輔翼道德」和「救援經濟」。他進一步指出：「美術真諦，固在發揚真美，以娛人情」，主張將美術「傳諸人間，使與國人耳目接，以發美術之真諦，起國人之美感，更以冀美

術家之出世也」。

1912年，蔡元培在《小學校令》、《中學校令》中也規定了圖畫、唱歌、手工等美育課程；在擔任北京大學總長期間，更是開設了美學、美術史課程，並親自講課。（毛禮銳、沈灌群主編《中國教育通史》）

1912年，中國各地設立了很多美術教育機關，其中具有代表性的有浙江兩級師範學堂的「高師圖畫手工科」、上海圖畫美術院等。20世紀初，中國的美術教育表現為「圖畫」和「手工」並重的教學方式。從「美術」這一詞語的結構中我們可以得知，這門學問具有「美」和「術」相融合的特徵。

1910年，周湘在上海的法租界設立了「上海油畫院」，開始招收學員，並向其傳授西方油畫技法。當年8月，又創建了中國第一所美術學校——中西圖畫函授學堂。據傳，這所學校培養了一批專門繪製照相背景的畫工。

此後，著名畫家、美術教育家劉海粟等在上海成立「上海美術專門學校」，並開設風景畫、寫生畫等課程，以超越「手工」層次。另外，該校還聘請了「女裸模」，訓練學生的人體畫技法。這一舉措也是中國美術史上從未有過的事情。1918年，劉海粟等人舉辦了裸體畫畫展，但由於當時社會反應激烈，不得不中途撤展。美術教育在1920年代的新文化運動激流中，逐漸確定為一種改造國民和培養國民情感的手段。

107. 近代計量教育拉開序幕

百年前，西方人的中國遊記等相關資料表明，中國人對數字的概念非常模糊。他們在文章中指出，由於缺乏計量教育，中國人缺乏精確的概念。舉例來說，亞瑟‧史密斯在其所著的《中國人的性格》（1894）

中就指出，中國人甚至不能準確說出自己的年齡，而且也無法準確測量距離。由於存在這種「不精確性」，其數字和計量幾乎不足為信。

「世界碩學」辜鴻銘先生在其所著的《中國人的精神》（1915）中，對亞瑟‧史密斯的看法予以肯定。對於中國人缺乏準確性一事，辜鴻銘這樣說道：「那麼中國人缺少精確性的原因又何在呢？我說依然是因為他們過著一種心靈的生活。心靈是纖細而敏感的，它不像頭腦或智慧那樣僵硬、刻板……過著心靈生活的中國人，對抽象的科學沒有絲毫興趣，因為在這方面心靈和情感無計可施。事實上，每一件無須心靈與情感參與的事，諸如統計表一類的工作，都會引起中國人的反感。」

但是，數字觀念和計量意識薄弱的中國人，在19世紀與西方文明遭遇的過程中，開始逐漸認識到西方資本主義的力量。美國的華裔歷史學家黃仁宇在其著作《赫遜河畔談中國歷史》中這樣指出：「鴉片戰爭爆發當時，中國還處於無法通過數字管理社會的狀態，皇帝甚至還不知道自己的國家正在與英國交戰這一事實。使用多少兵力，如何調度人員，需要多少軍糧並如何調度……這些問題一概不知。」

通過鴉片戰爭，中國的知識份子真切地感受到西方科學技術的力量，並認為西方科學的根本在於數字。於是他們主張應該從普及算學教育開始學起。

1861年，馮桂芬提出自己的見解：「一切西學皆從算學出，西人十歲外無人不學算，今欲採西學，自不可不學算。」在他看來，數學是西方科學的基礎，而中國若想學習西方，就不能不從數學學起。

隨著算數教育的起步，計量教育終於拉來了序幕。但是，事實上，中國的近代計量教育並不是一件簡單的事情。1866年12月，總理衙門的恭親王奕訢提議，上海的同文館開設算學館，但據說當時有很多人對此提出反對意見。

從反對者的立場上看，算學算不上是一門正統的學問。由於中國正

統學問和西方學問之間的衝突，當時的中國社會對抗西方文明的現象時有發生。

然而，在開明人士的輿論宣傳下，中國人在與西方文明遭遇過程中，終於認識到數字和計量教育的必要性。梁啟超在比較中國和西方國家的文章中，通過大量數字，分析和觀察東西方之間的差異，據此指出中國的落後性：「中國的農業沒有農業專家。美國每年的農產品價值達3100兆，俄羅斯達2200兆，法國達1800兆之多。中國的工業沒有工業專家。美國每年開發出新的工業技術，向政府部門提出申報，獲得（專利）證書，數量達20200餘種。法國每年的專利有7300種，英國有6900種。可是在中國，看不到這種現象。中國的商業領域也沒有專家。英國的商業價值達2740兆，德國達到1296兆，法國達到1176兆。可是，中國僅為217兆……」

仁荷大學白光浚教授指出：「知識份子們通過數字，把抽象的事實、現象精確無誤地擺到了桌面上，而中國人也通過這些數字，準確地了解這些對象。」白光浚教授在其論著中說，計量教育是和商業學校、實業學校教育結合起來進行的。1906年，嚴復在上海「商部高等實業學校」針對實業教育的重要性發表了一場演講。他強調，近代西方實業教育有異於中國傳統教育；作為救國的一個環節，首先應該擺脫傳統教育的束縛，大力普及實業教育。

實業教育作為近代實用學的一部分，包括了數字教育和計量教育。1910年1月，清政府學部發布《簡易識字學塾章程》。章程主要是為了普及小學教育而制定的，其內容表明，教育重點在於識字和算數（珠算和筆算）；通過珠算和筆算，使學生準確掌握加減乘除等計算方法，並樹立數字和計量觀念。

原本無法準確說出自己的年齡，且距離概念模糊的中國人，通過這種數字、計量教育的普及，逐漸形成了精確的數字、計量概念。

近代數字、精確的計量意識，就這樣隨著近代西方文明一起逐漸滲透到中國社會，在這一過程中，中國終於開始步入近代社會。

108. 日本人經營的報紙《順天時報》

中國的出版業是歐洲進入中國以後，才開始出現的。但在100多年以前，日本人也在中國創辦了種類繁多的報紙，並於1890年初次在上海創辦了《上海周報》。

此後，一直到辛亥革命前夕，日本人先後在中國創辦、發行的報紙、雜誌共計達30餘種。其中，有半數是用中文編輯出版的漢文報，發行地區覆蓋上海、天津、北京、漢口、重慶、香港、青島、奉天（瀋陽）、長春等地，反映出日本侵佔中國的實際情況。

中下正治在其所著的《明治時期在中國的報人》一文中指出，在這些遍布中國各地的報刊雜誌中，「東亞同文會」的中島真雄創刊於1901年的《順天時報》是一份非常具有代表性的報紙。中島真雄所著的《對支回顧錄》相關內容表明，清政府一直以來禁止在北京經營報紙和雜誌，但由於義和團事件，清政府暫時遷移到西安。日本方面趁此之機，果斷地在北京創辦報紙。

日俄戰爭（1905）即將打響之際，報紙發起對俄主戰論攻勢，迅速擴大自己的影響力，並形成民國時期中國國內一股重要的傳媒力量。1905年，中島真雄把《順天時報》「轉讓」給日本駐北京公使館，以逃避清政府方面對個人經營報紙業務的制裁。這份報紙就這樣成為受日本「外務省」保護的對象。隨後，中島真雄來到瀋陽，創辦了《盛京時報》。

此後，先後由上野彥太郎、龜井隆良、渡邊哲信等人負責《順天時

報》的經營業務。在前面提到的《對支回顧錄》中，中島真雄得意洋洋地回憶說：「尤其在大正9年（1913），為了反對袁世凱的帝政，毅然抗拒各種壓力，義正詞嚴地譴責了袁的『非道』，在輿論界引起巨大迴響。這一點，中國人一定會記憶猶新的。」

第一個把魯迅介紹給日本的出版人丸山昏迷在其著作《北京》（1921）中，對《順天時報》做過這樣一番描述：「《順天時報》擁有很長的歷史，它並沒有像中國的其他報紙那樣受到禁止，也沒有受到沒收等各種牽制，因此受到中國人極大的信任。由於這種原因，發行量曾一度達到20000份。此後，隨著中國人創辦的報紙陸續出現，發行量開始減少。」「民國8年（1919）5月，排日運動此起彼伏之際，發行量急劇縮減到5、6000份。此後，發行量雖然有所增加，卻沒能輕易消除中國人對這份報紙的認識。在很多中國人看來，這是一份日本的機關報。」

曾經有這樣一段關於袁世凱和《順天時報》的趣聞：袁世凱也是《順天時報》的忠實讀者之一。因為在袁世凱看來，這份報紙發行量很大，因此通過《順天時報》可以了解到日本人的動態，另外，袁世凱一直夢想著有一天登上皇帝寶座，所以始終在密切關注日本人的態度。

為了能使父親如願以償，自己順勢成為「太子」，袁世凱的兒子袁克定摸透父親的心事，定期偽造《順天時報》，並命人將其交給袁世凱。文章多為鼓吹帝制，擁護袁世凱出任總統等等內容，使袁世凱一度心花怒放。

袁世凱的三女兒袁靜雪回憶說，有一天，袁世凱正在閱讀袁克定偽造的報紙，這時一個下人把用《順天時報》包著的點心遞給袁世凱。袁世凱就這樣偶然發現了兩份《順天時報》的差異。通過這段趣聞，我們至少可以了解到《順天時報》在民國時期的影響力。

再介紹另一份日本人經營的報紙。1912年3月，《周刊新支那》在

北京創刊，並從1913年9月開始同時發行《日刊新支那》（《周刊新支那》於1918年停刊）。此外，用日文編輯出版的第一份報紙是《新支那》。這份報紙由當時日本駐北京公使伊集院彥吉等人負責經營，社長為安藤萬吉，主筆則由藤原鐮兄擔任。

後來，和《順天時報》同一年創刊的日文報紙《天津日日新聞》於1923年8月在北京創辦了《北京新聞》。因此，北京當時共有兩份日文報紙。

報紙在當時起到了傳播新聞工作的作用，並成為了解抗戰爆發以前中國的實際情況和中日關係樣貌的珍貴資料。《順天時報》後來於1930年停刊，《北京周報》隨即填補了這項空白。

109. 科舉制度是如何退出歷史舞台的

1905年，科舉制度終於退出歷史舞台。延續了大約1400多年的科舉制度，也是以中國為首的朝鮮等漢字文化圈國家政治及教育領域的縮影。從隋朝（587）開始到清朝末年，科舉制度作為選拔任用官僚的考試制度，也是為天子從平民百姓中公平選拔、任用人才的制度。

隋文帝為了拒絕承認世襲貴族制度，從中央政府向地方委派高層官員，提出了這一奇思妙想——科舉。於是，中央政府在全國範圍內召集考生，統一進行考試，向考試合格者授予秀才、明經、進士稱號，並認定為有資格參與政府管理工作的人，根據需要予以任用。隋朝滅亡後，唐朝的帝王承襲了隋朝傳下來的人才選拔制度，並做了進一步的完善。由此，科舉制度逐漸完備起來。進入宋朝以後，常科的科目比唐代大為減少，但仍沿用了「科舉」這樣的稱謂，並一直延續到清朝末期。

因此，科舉應試者為了成為一名官吏，不惜付出寒窗苦讀的努力。

於是科舉成為中國（**此後也成為朝鮮**）男子的人生奮鬥目標之一，為了謀得一官半職，古代男人展開了激烈的競爭。這種科舉競爭，在孩子誕生以前就已經開始了。母親在日常生活中使用的銅鏡背面，經常鑄有「五子登科」紋飾；一旦生下男孩兒，就會有人送給他刻有「狀元及第」字樣的銅錢作為賀禮。

科舉制度在不同的歷史時期，分為縣試、府試、院試、歲試、科試、鄉試、舉人複試、會試、殿試、朝考等階段。在唐朝，考試的科目分常科和制科兩類。每年分期舉行的稱常科，由皇帝下詔臨時舉行的考試稱制科。宋代的科舉，大致和唐代一樣，有常科、制科和武舉。宋代「重文輕武」，所以也很重視科舉考試，但後期導致選官過冗、過濫。

日本著名東洋史學者宮崎市定（1901-1995）教授在其著作《科舉》（1963）中指出，清朝末期，秀才們懷揣著成為官吏的夢想，從全國各地雲集到位於南京的貢院（**可容納20000人**），其中也不乏白髮蒼蒼的老者。顯然，這些人從年輕時代開始，一次次遭遇落榜的打擊，卻始終沒有放棄努力。其中有些人為了在考場上作弊，甚至在內衣上密密麻麻地寫下70多萬字的四書五經及其注釋。日本東京的藤井有鄰館內，至今還收藏著相關遺物。能在一件內衣上寫下多達79多萬字的蠅頭小字，這本身也是一種奇蹟。考場都是彼此隔開的單間，如果僥倖不被發現，那麼這樣一件內衣將發揮巨大效力。現在，中國每年夏季舉行的大學入學考試，不禁使人聯想到這種淒慘的科舉。清朝中期吳敬梓的長篇小說《儒林外史》，便栩栩如生地刻畫了老年中舉的范進，真實地展示出他悲喜交織的二重結構，顯示出滑稽的現實背後隱藏著的悲劇內蘊。

宮崎市定教授說：「科舉制度是任何人都可以參加的一種開放制度，同時也是一種民主制度。」他同時主張，科舉制度一直是以極其公平的方式進行的，這一點也應予以正面評價。可是，科舉制度不僅打造了一代又一代盡忠於王朝的官僚，而且還催生出對此憤憤不平的一批

人。在歷代落第生中，出現了黃巢、李振、張元昊、朱金星、洪秀全等人，他們舉起反旗對抗朝廷，對當時的王朝構成極大的威脅。

科舉制度的弱點，首先在於它是一種排除了教育過程的官員選拔制。科舉制度在歷史發展過程中，意外地得到完善，成為專門用來選拔官員的考試制度。而歐洲是在1870年以後，才勉強出現了官員任用考試制度。

但事實上，中國的近代教育制度，明顯落後於歐美國家。歐洲在產業革命以後，隨著新文明的興起，其影響力開始波及到東亞。而日本在這一歷史時期，成功地順應了這一歷史潮流。維新政府於1872年發布學制，建立近代學校，開始著手進行近代教育。

與此相比，中國雖然也試圖採用新式教育，但由於科舉制度的存在，大大妨礙了新教育的普及。後來，嚴修（中國近代著名的教育家）提倡模仿日本，確立中國的近代教育制度，在這一點上，嚴修功不可沒。雖然身為科舉官吏出身，但在考察過日本以後，嚴修從中國在甲午戰爭中的失敗中，痛切地感受到近代教育的必要性，並認為廢科舉是「興學根本之途」。嚴修通過袁世凱和張之洞等人聯名上書，要求慈禧太后下令廢止科舉。在他的努力下，中國的科舉制度在1905年8月終於壽終正寢。

1904年，張之洞和張百熙提出《奏定學堂章程》，於是，在廢止科舉制度的同時，中國步入制定近代教育制度階段。科舉制度的崩潰，意味著新教育制度的開始，是一件具有重大歷史意義的大事。魯迅在其小說《孔乙己》中，辛辣地諷刺了科舉制度的危害，小說中的孔乙己也是孔子的代名詞。這篇小說向人們傳遞出「孔子死，中國生」這樣一種訊息，從中可看出魯迅不愧為新文化運動的主將。

但在筆者看來，科舉制度重文輕武的精神遺產，仍大量遺留在中國和朝鮮半島，過於重視考試分數等現象，或許也是科舉制度至今發揮影

響的結果。

110. 百年前的尊孔運動

　　認真回顧歷史，我們會發現百年前成立的民國，並沒有實現和平和統一的秩序。吸納了西方文明的知識份子，各自在鼓吹國民生活方式及思考方式的變革，並以西方近代價值標準評價中國的文化傳統。他們試圖從以孔教為首的文化遺產中，尋找中國衰退的原因。1917年開始的新文化運動，就是一場批判和否定孔子的運動，它被視為復興中國、實現改革的重要理念。

　　可是，在新文化運動發生之前，1912年秋，一場崇拜孔子的運動首先在上海興起，然後在北京政府的提倡下，很快在全國範圍內形成潮流。 要想了解百年前發生的這場崇拜孔子的運動，首先需要了解一下這場運動的發起人陳煥章。1880年出生於廣東的陳煥章，從15歲起進入廣州「萬木草堂」，師從康有為，並於1903年鄉試中中舉。1907年，陳煥章踏上留學美國的道路，進入哥倫比亞大學經濟系學習，並於1911年獲得該校哲學博士學位。陳煥章的博士畢業論文即為《孔門理財學》，是到西方國家留學的中國學生第一個以孔子為課題的論文。

　　辛亥革命以後，由蔡元培擔任民國政府教育總長的教育部，下令取消了小學校讀經課程。因為在蔡元培先生看來，「忠君與共和政體不合，尊孔與自由思想相違。」 獨尊孔子和儒教的傳統在中國延續了千百年，但由於這項政令，儒教失去了原來的地位。於是，康有為等尊孔尊儒者提出強烈的反對意見。在此期間回到國內的陳煥章，匆忙發表了《論孔教是一宗教》、《論中國之今日當昌明孔教》等尊孔文章。

　　緊隨其後，陳煥章等人於1912年秋，在上海發起成立 「全國孔教

總會」，康有為任會長，陳煥章任總幹事，在各地設分會，創辦《孔教會雜誌》，並制定了非常細緻的《孔教公會章程》。章程確定採用孔子紀元法，還設計了黑、白、紅三色教旗。孔教會還特設「教會籍」，規定入會者登記教會籍需要交納一定的資金：16歲以下交銀5分，16歲以上則交銀1角。

有趣的是，剛就任民國大總統不久的袁世凱，對孔教會運動表現出大力支持、聲援的姿態。袁世凱還發表了一系列要求尊孔的文章、公告、公文。1913年6月22日，袁世凱正式發布「尊孔祀孔令」，於是陳煥章急忙離滬進京以配合袁世凱尊孔。

深通權謀之道的袁非常明白傳統的「禮治」有利於實現自己的獨裁專斷，而現代的「法治」則是獨裁的障礙，所以在1913年10月10日正式就任大總統的《在任正式大總統宣言》中明確提出治國要以「德治」：「道德為體而法律為用」，以禮義為主，法律為輔。陳煥章還和多位孔教會代表一起，向負責制定憲法的參議院、眾議院提交了要求將孔教定為國教的《請定孔教為國教書》。（雷頤《尊孔背後的歷史隱喻》）

但主張國會立憲制的國民黨議會大多數成員對尊孔提案投了反對票。「辛亥革命後，受教育總長蔡元培之邀北上擔任北京大學代校長的馬相伯則指出了陳煥章背後的斂財目的。因為陳煥章等規定入孔教會者無論男女老幼必須交『會費』，一旦定孔教為國教，入會者將不計其數……所以馬相伯的結論是：『好貪心，好貪心！原來請定國教，只為金錢計耳！』」（雷頤）

對此，陳煥章做出強烈反應，代表孔教會發表了告全國同胞書，並危言聳聽：只有尊孔教為國教，國家才有出路。副總統黎元洪也加入鼓吹孔教的行列，聲稱：「孔道一昌，邪說斯息。」於是，各地「民政長自然『群起響應』，紛紛致電參眾兩院，責罵反對派議員，要求盡快通過有利於袁集大權的條款和陳煥章等定孔教為國教的申請。

　　『辮帥』張勳最為積極，不僅立即通電支持，還就任孔教會曲阜總會事務所名譽所長。但國民黨議員不為所動，所以這部憲法草案仍然於袁不利，袁世凱乾脆下令解散國民黨、取消國民黨議員的資格，這樣一來，憲法起草委員會已不足法定人數，遂於11月10日自行解散，所定憲法草案也隨之流產。11月26日，袁世凱再向全國發出尊孔告令。由於尊孔擁袁有功，陳煥章終於得到回報，被袁世凱聘為總統府顧問。」（雷頤）

　　1916年，袁世凱的皇帝夢化為泡影，在萬眾唾罵聲中死去。此後，陳煥章又東奔西走，上書參議院，再次提出憲法應該確定「孔教為國教」的主張。1917年，陳煥章又組織「各省公民尊孔會」，藉助張勳、康有為之力，再次強烈要求「定孔教為國教列入憲法」。隨後，張勳於7月1日上演了一場復辟劇。然而，還未等孔教會發揮力量，張勳的復辟便在僅僅維持了12天以後草草收場。

　　1921年，素以「毒舌」聞名於世的辜鴻銘，在邀請新文化運動主將胡適一起吃飯的時候，嘲笑陳煥章發起的尊孔運動：「監生拜孔子，孔子嚇一跳。」對此，胡適續了兩句：「孔教拜孔子，孔子要上吊。」

　　但不管怎麼說，孔子都是以儒教文明為主的中國的傳統之寶，即使是經過了百年以後的今天，孔子的思想依然活在儒教文化圈裡，成為重要的精神遺產。這一點是不可否認的。

111. 和紳士遊覽團同期進行的日本留學

　　在近代史上，朝鮮政府第一次向日本派遣留學生是在1881年左右。這說明朝鮮向日本派遣留學生，比清王朝提前了15年（清政府初次派遣留日學生是在1896年）。

　　當時，朝鮮政府部門為了考察日本的各種制度，派出了紳士遊覽

團，而留學生則是隨同他們一同前往日本的。第一批隨同紳士遊覽團前往日本留學的人員有俞吉濬、柳定秀、尹致昊等人。要想了解留學日本的相關情況，首先需要了解一下紳士遊覽團。朝鮮與日本簽署《江華島條約》以後被迫開埠，並根據條約相關規定，決定從1881年5月至8月，向日本派遣政府考察團。這就是我們所說的紳士遊覽團。

　　紳士遊覽團的目的，是考察和了解日本明治維新以後的開化政策的實施情況，獲得相關的知識和政治資訊。紳士遊覽團由魚允中、洪英植、朴定陽等62位朝鮮各界精英組成。他們在滯留日本期間，對日本的政治、經濟、文化、教育、產業等諸領域相關設施進行了詳細考察。此外，他們也會見了日本政府部門三條實美太政大臣（日本律令制度下的最高官位，位居太政官四大長官之首）以下的政界要人。與此同時，朝鮮政府部門派遣以金允植為領選使的使團（一行69名中包括38名留學生）前往中國，學習製造近代新式機械的相關知識。但由於他們對實用技術敬而遠之，據說並沒有多大的實際效果。（姜在彥《朝鮮近代史》）

　　我們再來了解一下紳士遊覽團的成員構成。鄭玉子在其所著的《紳士遊覽團》（《歷史學報》1965年第27期）一文中稱，遊覽團成員中包括近代開化派人物，其中就有魚允中、洪英植等人。隨魚允中一同前往日本的俞吉濬、柳定秀、尹致昊以及金亮漢等40多人，作為留學生留在了日本。這些遊覽團成員後來都在向朝鮮介紹、傳播近代知識、引進近代技術，開展民族獨立運動方面做出了重要貢獻。他們在日本的所見所聞，都以《見聞事件》等各種形式記錄下來，並在歸國後整理成冊，集中向高宗（國王）彙報。

　　《韓國近代學校教育一百年歷史研究（1）》中說，總計達14種33卷的考察記錄表明，他們的觀察周密細緻，而這些記錄資料，在朝鮮制定近代化政策過程中，成為極其重要的參考資料。

　　其中，《日本各國條約》、《日本司法省視察記》各有7卷，《日本

外務省視察記》、《日本陸軍操典》各有4卷，《日本內務省視察記》、
《日本稅務視察記》各有3卷。這些資料成為紳士遊覽團考察日本的主要
成果。當時年僅33歲的魚允中在紳士遊覽團中主要負責對日本大藏省、
財務制度等相關領域進行調查。《中東記》中說，魚允中獲得了有關日
本財閥巨頭澀澤榮一以及資本主義經濟的各種知識。此外，在李東仁的
介紹下，魚允中也拜見了福澤諭吉，並為福澤諭吉的博學與真知灼見所
嘆服。於是，魚允中將柳定秀交給福澤諭吉，使其在他的監護下在慶應
義塾留學，而安排尹致昊在同人社學習語言學。這三人成為朝鮮近代史
上第一批海外留學生，並成為在朝鮮近代上做出卓越貢獻的人物。

　　魚允中在日本期間，頻繁接觸日本政界要人，同時也經常會見清政府
駐日公使館的黃遵憲。在與黃遵憲交談過程中，魚允中逐漸認識到圍繞著
朝鮮半島的國際形勢，並意識到朝鮮應該對俄羅斯保持警惕，同時需要與
中日兩國結成共盟關係。魚允中深刻認識到朝鮮的獨立，乃是國家大計。
黃遵憲在其著作《朝鮮策略》中，也曾提到中日韓三國結盟一事。

　　另一方面，正如在前面提到過的那樣，金允植率領的「領選使」使
團並沒能獲得比日本遊覽團更大的成果。金允植曾與李鴻章、馬建忠進
行過會談。但金允植在日記中記錄說，對於他們冷淡的態度，他深感
失望。在與他們二人的會談中，金允植認識到他們雖然支持朝鮮開埠，
但仍把朝鮮視為清王朝的屬國。因此，金允植主張朝鮮還是得和日本親
善，與其結成隸屬關係以奠定改革的基礎。在回到國內以後，金允植把
自己的意見如實上奏給國王。此後，朝鮮先後與美國、英國、德國建
交，並向日本開放仁川港。這一系列政策的背後，金允植所起到的作用
不容小覷。

　　魚允中回到國內以後於1882年2月2日，向高宗獻上了一卷對日本
大藏省的考察記錄《日本大藏省職制事務章程》。

　　和1871年日本的岩倉使團對歐美國家的訪問考察一樣，朝鮮的紳士

遊覽團通過對日本進行詳細的考察，試圖學習和了解日本式的西方新知識、新文明。這次出訪，也向世界釋放出朝鮮積極進取的信號。正如岩倉使團中包括日本留學生一樣，紳士遊覽團中的俞吉濬等人也是以留學生身分出訪日本的，這對朝鮮日後的留學生政策產生了重大影響。

1881年6月10日，日本的《郵編報知》刊登了一篇題為《朝鮮兩秀才留學慶應義塾》的報導，介紹了有關俞吉濬、柳定秀在慶應私塾留學的事實。報導稱，「迄今為止，慶應義塾接收了不少日本女子和外國人所生的外國兒童，但接收純粹的外國留學生，此二人還是開天闢地頭一回。」

朝鮮政府最初派出留學生，是為了讓他們學習西方思想、語言以及新技術和新知識。可以說，這表明朝鮮社會正在出現開化思想，是一個具有劃時代意義的重大事件。

派遣以金玉均為首的開化派人物到日本留學的政策，後來由於甲申政變而遭受挫折，但沒過多久，很快重新掀起到日本留學的浪潮。培養出大量知識精英的留學運動，在後來一直持續到解放以前。

112. 修信使對日本的體驗

在紳士遊覽團以前，朝鮮政府已經向日本派遣過修信使。在近代史上，紳士遊覽團事實上是沿著修信使的足跡前往日本的，因此了解這些修信使對日本的體驗具有重要的意義。縱觀朝鮮王朝500年歷史，朝鮮政府部門先後向日本派出12次通信使。第11次派遣的使團「癸未使行」，是朝鮮英祖為了慶賀日本新的將軍就任而於1763年派往日本的。此後，朝鮮一度中斷向日本派遣修信使。在19世紀末（1870），朝鮮人對日本的認識依然停留在110多年以前（1763）的水準上，仍然把日本人視為蠻夷。

　　西方文明波及到朝鮮以後，由於在1876年和日本簽署《江華島條約》，朝鮮在日本的強壓下被迫開埠。於是，日本政府為了完善日朝關係，進一步促進兩國間的交流，希望朝鮮方面首先派遣統治階層到日本訪問，以考察日本明治維新以後的近代體制——「文明開化」的社會現實。在日本方面看來，這是最有效的措施。（《近代日鮮關係研究》）

　　當時，在簽署《江華島條約》以後，日本外務權大丞野村靖在日本政府的指示下，會見朝鮮「接見大官」申櫶和副官尹滋承，提議朝鮮方面向日本派遣修信使。日本方面為了消除朝鮮對日抵觸情緒，通過這種文化交流活動，改變朝鮮統治階層及貴族階層對日本的傳統看法。日本方面希望通過向他們展示明治維新以後的社會現實，使他們認識到日本在近代化過程中積累的成績，從而奠定日本進入朝鮮的基礎。

　　於是，高宗決定向日本派遣修信使。曾經中斷了一個多世紀的對日交流，終於重新啟動。1876年4月，第一次修信使以金綺秀為團長。這個由76名成員組成的修信使從漢城出發，並在下關登陸日本，然後路經神戶、橫濱等地，於5月7日抵達東京。據說，金綺秀當時對日本的了解，可能僅限於1763年左右朝鮮最後一批通信使的考察記錄內容。（李承遠《走向世界的朝鮮知識份子》）可是，平生頭一次坐上蒸氣船的金綺秀的眼中所看到的日本，與自己心中的印象截然相反。

　　金綺秀一行按照日本人制定的行程，到日本軍隊的練兵場參觀步兵、騎兵、炮兵的聯合軍事演習。隨後他們相繼參觀訪問日本的海軍學校、近衛步兵營、陸軍炮兵大本營、書籍館、開成學校、元老院議事堂等。

　　日本方面為了使朝鮮代表團充分認識維新政變運動，向他們展示了士官學校、軍工廠等軍事設施，以及近代產業設施、政府機關、教育設施。通過這些展示，日本向朝鮮炫耀它的近代化成果。

　　金綺秀有生以來第一次看到蒸汽機車，不禁為之大吃一驚。在他看來，這雖然是一種「奇技淫巧」，但也應「利用厚生」，並主張認真學

習。金綺秀也為火車、電信等「奇技淫巧」驚詫不已，眼前的近代化繁榮景象，使他眼花撩亂，無所適從。

修信使一行回到國內以後，他們向高宗提交了《見聞事件》、《日東遊記》等考察記錄。在這些資料中，他們詳細記錄了日本在引入近代文明以後取得的令人矚目的成就，以及日本富國強兵的成果。然而，這次修信使僅是第一次禮節性的訪問，因此並未能實現充分考察日本的目的。

另一方面，日本的代理公使花房義質，於1877年12月向朝鮮的禮曹判書趙寧夏發來了關於派遣留學生的書函。花房義質在書函中強調，日本經過明治維新以後，在科學技術、軍事工業等領域領先於朝鮮，因此建議正在圖謀「利用厚生、富國強兵」的朝鮮向日本派遣少壯子弟去學習相關知識。但據說，朝鮮政府對此沒有做出任何反應。

1880年8月，以金弘集為團長的第二次修信使被派往日本。由58名成員組成的使團，再次訪問日本，對日本進行考察。金弘集等人希望能和日本方面洽談朝鮮的外交課題，以及無關稅條約條款的修正問題、糧食危機問題等，但由於日本方面的推脫，未能取得相應的成果。

然而，在這次訪問過程中，金弘集會見日本政界要人以及清政府駐日外交官，並從他們那裡吸收了大量有關國際形勢的知識和資訊。歸國以後，金弘集向國王提交了《修信使日記》。在這份報告書中，金宏集稱自己在滯留日本期間曾與清政府駐日公使何如璋及參贊官黃遵憲會談，他們向他建議，朝鮮應該採取「親中國、結日本、連美國」的政策，以圖自強。

何如璋和黃遵憲主張，為了阻止俄羅斯南侵，朝鮮應該與中國、日本和美國結為同盟。這是一種具有前瞻性的觀點。金弘集回國時，也帶回黃遵憲含有這種前瞻思想的著作《朝鮮策略》，並將其進獻給高宗。

可是，朝鮮的儒生把金弘集視為賣國賊，群起而攻之。無奈之下，金弘集被迫辭職下野，然後躲到鄉下暫避風頭。朝鮮的近代改革暫時遭

遇挫折。但是，在開化派和高宗的努力下，朝鮮政府部門還是在一定程度上促進了改革。其結果，於1880年12月至1881年2月之間，將政府部門改編為「統理機務衙門」。統理機務衙門下設12個司，金弘集被任命為這一機構中的通商司，而曾與他一同訪問日本的開化派僧侶李東仁被任命為語學司的參謀官。

統理機務衙門是朝鮮政府進行近代改革的第一步。這些修信使對日本的訪問，通過日本這一透鏡，體驗並認識到了西方文明。在朝鮮近代史上，日本是一個絕對意義上的「他者」，同時也是朝鮮「想要模仿的他者」。至今為止，這種矛盾的民族感情依然沒有褪色。

113. 日本是如何聘用外國專家的？

日本文化的特徵之一便是其「柔性」。日本沒有中國文化那種僵硬的原則或原理框架，因此在某些人看來，日本文化或許沒有什麼「節操」可言。然而，適應所有事物的「柔性」文化，正是促使提前實現日本近代化的原因之一。

近代史即將開始之際，日本與西方文明遭遇時，並沒有像中國那樣表現出強烈的衝突和排斥，而是柔和地予以採納，並「以其治人之道，還治其人之身」。明治時期，從日本聘請、雇用外國專家這件事上，我們也能很好地感受到日本文化的「柔性」特點。

日本在促進近代化過程中，早在幕府末期及幕府時期就已經有過聘請外國專家的經驗。明治政府時期日本還處於初創期，因此為了實現富國強兵的政治理想，就需要聘請在近代化方面具有豐富經驗的西方人才、專家。在日本政府看來，直接向這些專業人員學習，是實現近代化的最佳捷徑。

在日本近代史上，甚至出現了「お雇い外國人」的專門用語，用來指稱外國專家。當時，日本人簡稱這些外國人為「お雇いさん」。

從1872年（明治5年）開始，日本明治政府聘請歐美的外國專家、知識份子、技術人員為日本近代化的指導者、教師。這些來自英國、美國、德國、法國、荷蘭等國的外國專家，一度活躍於日本政治、法制、軍事、外交、經濟、產業、教育、學術等各個領域。

這些外國專家在日本建築、民法及刑法、憲法、陸軍建設、近代海軍建設、近代外交、貨幣制度的制定、銀行業建設、殖產興業領域、教育、學制改革、生物學領域、哲學及美學領域做出的貢獻尤其令世人矚目。其中，有些人懷著對日本文化的無限熱愛在日本定居，而有些人即使是在回國以後也沒有忘記日本，並繼續向日本的近代化建設提供幫助。

其中，莫爾斯還出版了自己在日本滯留期間，對日本近代化過程的詳細記錄《在日本的每一天》。這本書在了解日本當時的風俗、生活、文化方面具有重要的史料價值，因此至今受到世人的高度評價。

我們不妨看一下日本明治政府對這些外國專家的統計表：

明治政府對所聘外國專家進行的統計（單位：人）						
職務\年份	學術教師	技術	事務	職工	雜	計
1872	102	127	43	46	51	369
1873	127	204	72	35	69	507
1874	151	213	68	27	65	524
1875	144	205	69	36	73	527
1876	129	170	60	26	84	469
1877	109	146	55	13	58	381

1878	101	118	51	7	44	321
1879	84	111	35	9	22	261
1880	76	103	40	6	12	237
1881	52	62	29	8	15	166
1882	53	51	43	6	4	157
1883	44	29	46	8	5	132
1884	52	40	44	8	7	151
1885	61	38	49	-	7	155
根據第四、五、六屆《日本帝國統計年鑒》制定						

　　日本明治政府對這些外國人的待遇非常優厚。日本政府部門不僅為其支付往返旅費，還給他們修建了豪華住宅，讓他們無償居住。尤其值得一提的是，日本政府向他們支付了高額工資。關於當時支付的工資也有具體的統計資料。從整體水準上講，日本向這些外國專家支付的工資，超過了日本政府部門大臣級別官員的工資水準。當時，日本政府大臣的工資介於500至800日圓左右。而這些外國專家的工資，大都在800日圓、1045日圓、1250日圓、2000日圓的水準。

　　這些外國專家對日本的近代化政策，提出了眾多寶貴意見，並以領導者的身分為日本近代化進程作出重要貢獻。他們的付出，大大加快了日本近代化進程的速度。他們對日本近代化的主要貢獻有：

　　①在明治初期，歐美的文明、生活方式有計畫地被引入日本，促進了日本近代化、西方化的進程；

　　②通過這些外國專家的學術、技術方面的指導，日本避免了來自外國人的優越性所帶來的恥辱感，強化了日本人的自立意識，成為加速實

現近代化的動力;

　③以這些外國專家為媒介,日本在短期內吸收了先進國家在漫長歲月裡積累下來的技術及相關領域的最新成果,成為近代日本的出發點。
（梅溪昇）

114. 清政府是如何聘用外國專家的？

　　日本的明治時期,有一部分時間是和清末的洋務運動時期相重疊的。19世紀中期和末期,在西方文明的衝擊下,中日韓三國都形成了富國強兵的觀念,並開始引進西方先進的技術文明。

　　如果說日本是在明治維新以後實施了「殖產興業」政策,那麼清政府則是以「堅船利炮」為中心,開展了洋務運動。

　　清末時期的中國政府在引入西方技術過程中,也聘用了大量外國人才。這些外國人才大致上可分為兩大類。

　　第一類:受聘於軍事產業、民間工業和近代海軍的專家、技術人員和知識份子。眾所周知,清政府由曾國藩、李鴻章、左宗棠率先發力,引入西方技術,清政府最尖端的近代企業,主要是一些軍工廠和造船企業。

　　在鎮壓太平天國運動時,中國方面初次見識西方的槍炮和蒸汽戰艦,由此深刻認識到武器改良的重要性。尤其是在兩次的鴉片戰爭中被西方列強擊敗以後,清政府痛切地認識到西方式兵器製造和創建兵工廠的迫切性。

　　李鴻章於1863年在蘇州創建洋炮局時,曾邀請英國的馬格里（Macartney Halliday 1833-1906）為總管。馬格里出生於蘇格蘭,在鴉片戰爭期間曾擔任英國第99聯隊軍醫。他在工作期間學習了中文,此後成為李鴻章實際上的私人秘書。

　　馬格里非常關注清軍的近代化建設。他發現清政府進口彈藥的費用過高，於是向李鴻章建議，政府部門應該自行營運兵工廠。於是，蘇州洋炮局這一清王朝最初的近代國營軍工企業應運而生。

　　1865年，李鴻章晉升為兩廣總督以後，將蘇州洋炮局遷往南京，並改稱為金陵機器局。在李鴻章的命令下，馬格里出訪歐洲，在採購設備的同時，招聘了數名歐洲技師。回到中國以後，馬格里一直在金陵機器局工作，直到1875年被解除職務。

　　曾歷任兩廣、兩江總督的劉坤一，也非常重視聘用外國專家一事。繼馬格里之後，他又聘請了一位德國專家。

　　《籌辦夷務始末》（同治時期）卷25中稱，當時對這些西方專家的待遇非常優厚，遠勝於中國同等水準的人才。蘇州洋炮局當時聘用了4、5名外國專家，給他們的工資，多則300塊大洋，少則100多塊。而聘用的5、60位本國人才，最高工資為30塊大洋，最少則僅為7、8塊大洋。

　　左宗棠在1866年創建福建船政局時，也聘用了他的法國朋友日意格（Prosper Marie Giquel，1835-1886）。日意格能說一口流利的中文，與左宗棠關係甚篤，因此對自己的職責非常負責。法國人德克碑（Paul-Alexandre Neveue d' Aigwebelle，1831-1875）也獲得左宗棠的信任，加盟福建船政局。福建船政局創建兩年以後，成立了附屬的水師學堂。但由於德克碑與日意格意見不合，於1870年先行離去。但日意格在這裡一直工作到1874年聘用期滿。其間，日意格忠於職守，認真執行自己的總監督工作。在福建船政局工作的7年間，日意格負責創建了造船所，先後建造15艘蒸汽船。1880年日意格和馬格里陪同清政府駐英法公使（郭嵩燾），以調解者身分，在協調清政府和俄羅斯的友好關係方面發揮了重要作用。

　　德國的德璀琳（Detring Gustav Von 1842-1913）與李鴻章私人關係密切。但他並沒有具體指導李鴻章麾下的產業，而是以其參謀或聯絡官

身分開展了各項活動。

第二類：受聘於洋務教育機關和譯書館的西方專家。這部分外國專家也不在少數。統計資料表明，京師同文館曾先後聘用54名外國人，負責向中國學生講授外語、化學、醫學、天文學等課程。其中，以美國長老會傳教士為首的多位外國人擔任了總教習一職。

上海方言館也聘請了大量西方人，使其負責向中國學生講授相關知識。江南製造局翻譯館的59名翻譯官中，就有9位是外國學者。

于桂芬教授在其相關論著中稱，清政府和日本在同一時期聘用外國專家一事上也表現出不同的差異。日本方面針對這件事沒有出現爭論，也沒有產生衝突。但在清政府內部，就聘用外國專家一事，曾有過極為激烈的爭論和衝突。在保守派官僚看來，「師事夷人」是一種非常嚴重的政治罪行。他們認為，把外國人（二夷）奉為先生，簡直是不成體統，因此極力反對。（《翁同龢日記》）洋務派領袖就是在這種反對聲浪中，艱難地促進聘用外國專家事業的。

事實上，中日兩國針對聘用外國專家這件事所表現出來的不同差異，同時也很好地反映了中日兩國對吸納外國文明的不同態度。清政府在整個近代化過程中始終猶豫不決，而且也遭到了保守派的強烈反對。與此相比，日本方面則比較順利地達成共識，因此得以在近代化道路上快馬加鞭。

115. 被發明的傳統

我們在日常生活中經常使用的「傳統」一詞，並不像其所指的內容那樣有著悠久的歷史。事實上，這是百年前日本在翻譯西歐近代用語「文化的繼承性」（tradition）一詞過程中，用日語漢字的形式將其創

造出來的。後來，這一詞語也傳播到了中國和朝鮮半島。

因此，傳統這一觀念產生的歷史非常短暫，也不過僅有100多年的歷史而已。所謂傳統，實際上是某一民族、社會、團體通過悠久的歷史，形成並傳承下來的信仰、風俗、制度、思想、學問、藝術等歷史存在感的總稱。傳統表現為人類的行為、語言、思維及習慣，尤其專指以此為核心的精神狀態。

西歐近代詞語「tradition」指的是對王侯的血統或限定於某一人物的譜系的繼承。而在殖民地，它被賦予這樣一層新的含義：在與異民族接觸，或各國通過形成近代國民國家的過程，所表現出來的「文化的繼承性」。

換言之，「傳統」具有與「近代」對立的含義，是從對立、對稱於「近代」的意義上被「發明」出來的概念；作為文化民族主義發展的一個環節，傳統也是形成本民族、本民族文化的歷史自信感、優越感的過程。

最早提出「傳統的發明」（invention of tradition）這一概念的，是以英國劍橋大學主辦的《新左派評論（New left Review）》雜誌為中心的《文化研究》（cultural studies）。

一提到「傳統」，我們大多很容易產生這是從遙遠的過去繼承下來的錯覺。但《文化研究》的成果闡明，這是在進入近代以後，人們在談及民族的獨特性、身分時打造（即創造）出來的，其中多含有風俗、習慣等含義。（鈴木貞美）

我們不妨舉例說明一下。作為蘇格蘭高地民族服裝而廣為人知的蘇格蘭褶襇短裙（kilt），即男性作為正裝穿著的服裝，事實上是在19世紀由倫敦的一家裁縫店製作出來的。

此外，原為英國殖民地的非洲部族社會，也重新制定了儀禮制度和服裝等規範。在近代都市生活中，5月1日是人盡皆知的國際勞動節（May Day）。而這個節日，也是近代的產物。1886年5月1日，以美

國芝加哥為中心,舉行了約有35萬人參加的大規模罷工和示威遊行活動,示威者要求改善勞動條件,實行8小時工作制。1889年7月,由恩格斯領導的第二國際在巴黎舉行代表大會。會議通過決議,規定1890年5月1日國際勞動者舉行遊行,並決定把5月1日這一天確定為國際勞動節。

在東亞國家中,最早著手「傳統」的「發明」的國家就是日本。日本自明治時代中期起,便向西方學習,開始有計畫地從制度上促進「傳統」的形成與發展。這一時期,日本制定了帝國憲法及教育法,而「國語」、「日本文學」的概念也於1890年前後新鮮出爐。

鈴木貞美教授在其著作《日本的文化民族主義》中稱,日本對「傳統」的發明,使日本國民對其身分、階層或地域產生了自豪感,並促使國民將其作為一種傳統繼承下去。這是一種創造國民文化的過程。「更準確一點講,文化諸要素被以『傳統』重組(reorganization),並被賦予新的含義。」

所以,在明治時代,按照日本具有悠久歷史的神道樣式,重新打造出結婚儀式、新年參拜神社等生活習慣。

與日本有所不同的是,中國或朝鮮則以厚重的尚古思想為原點,對思想體系和儒學進行重組。在這一過程中,形成士大夫階層的學術思想、價值觀,並在漫長歲月裡得到保存。由於擁有這種「傳統」,中國將西方知識視為一種實學而加以輕視,這種態度也成為促進近代化進程的障礙。

然而在日本,武士階層形成學術思想內部的多樣性,並在進入江戶時代以後,形成對抗中國文化的日本獨特的「國學」。在西方世界的衝擊下,日本開始吸納以荷蘭醫學為中心的學問。進入19世紀中期以後,英國的學術思想經過上海流入日本。針對西方式的「傳統的發明」,日本沒有堅固的壁壘。因此,日本得以比中國或朝鮮更輕易地著

手促進「傳統的發明」。

日本早於中國或朝鮮吸納近代「傳統」的觀念，因此在近代「國語」、文學、宗教、歷史等所有文化領域，開展了「傳統的發明」活動。

從這種意義上講，近代化過程是一個吸納西方近代文化的過程，同時也是「發明」本國文化、傳統文化的過程。

事實上，認真說來，在已經進入21世紀的今天，在這個全球化時代，試圖固守本國文化身分的地域化運動也在如火如荼地展開。這也是「傳統」被發明、被重組的途徑。民國時期中國宣導的新生活運動，或近年頻繁出現的各種理念（如「五講四美」等），也可被視為一種中國傳統文化的「發明」。如果這樣打造出來的傳統，有助於本國國民對文化身分產生自豪感，有助於弘揚國威，那也將成為良好的「傳統」。

116. 教養文化之花——女學生

「女學生」在今天是一個司空見慣的單詞。但在100多年前，「女學生」在東亞地區，卻是一個具有特殊含義的象徵。當時，這一稱謂與「有教養的女性」、「賢妻良母」、「摩登（近代）」、「浪漫」等直接聯繫在一起，是近代女性羨慕的一朵鮮花。

下面，筆者將通過近代日本女學生，向大家介紹一下近代日本對女性進行的教育，及其相關的文化。近代以前，東亞地區由於受到儒教傳統文化的影響，一直都不重視女性教育事業。日本在西方文明衝擊下，率先著手女性教育事業，並在社會普及開來。這一舉措，也成為中國和朝鮮女性教育的榜樣。

「女學生」這個單詞在出現初期，其本身也具有不同於現在的涵義。被作為對稱於「男學生」而創造出來的「女學生」這一單詞，象徵

著「女性教育」，也意味著「女學生文化」這一新的文化樣式的誕生。

　　1870年，私立紫園女學校（現在的女子學院、費利斯女子大學等）成立；1872年，以東京女學校（此後成為東京女子高等師範學校附屬高等女子學校）為首，京都也出現了公立女學校和女子師範學校。

　　除此而外，也大量出現了傳授日本傳統教養知識的女學校，以及以東京、橫濱、神戶等開埠地區為中心創建的紫園女學校等私立學校。但是，這些以各種形式創建的女子學校，僅僅意味著它們是一所「對女子進行教育」的學校而已；「女學校」並不一定是中等教育的正式名稱，而且當時也不存在統一的課程。

　　1899年，日本的女子小學升學率已經達到了60%，而女子高中升學率也開始逐步上升。基於這種現實，日本政府於1899年頒布了《高等女學校令》，此後終於出現相當於男子中學的女子中等教育機構——「女子高等學校」。女子高等學校專門傳授「女性所需的高等普通教育」，是一個被制度化了的中等教育機構。

　　根據相關法令，日本各道、府、縣（相當於中國的省）有義務設立不少於一所的女子學校。於是女子升學率隨之大幅增加。從此以後，「女學生」變成一個極為普遍的現象。從1910年左右開始，隨著女學生人數的不斷增加，開始形成「女學生文化」。經過1920年至1930年的發展時期，「女學生文化」終於開始凸顯出來。（稻垣《女學校和女學生》）

　　女學生文化首先在女學生的生活方式、著裝方式上體現出來。隨著文明開化進程的發展，日本人的生活方式也出現了變化，因此女學生也需要便於步行和坐姿的服裝。經過了一段時間的曲折以後，華族女學校（現在的學習院女子學校）正式成立，並採用了短裙式的女學生裝。這款服裝是學監下田歌子在日本傳統服裝基礎上，加入近代元素設計而成，是專門為本校女學生準備的。1899年，《高等女學校令》頒布當

年，女子高等師範學校（現在的御茶水女子學校）採納了這款設計，一時成為流行。在數年間，這款服裝在日本全境得到了普及。1910年代至1920年代，女學生裝配上一雙皮鞋成為靚麗女生的象徵。由於這款女學生裝的顏色是紅褐色的，所以人們習慣上稱其為「紅褐色女短裙」。除此以外，也有人在這一稱謂前面冠上日本古代女文人「紫式部」的名字，稱其為「紫式部紅褐色女短裙」。

「隨著一陣清脆的車鈴，一個身材頎長，穿著紅褐色女短裙的學生出現在視野。一束長長的秀髮垂在她的腦後，潔白的髮帶、服裝上的箭矢紋樣、長長的衣袖在風中飛揚……這是一個氣質優雅的18歲少女。」（小杉天外，《魔風戀風》，1903年）

用一條白色髮帶束髮的髮式，身著箭矢紋樣的服裝，這就是當時女學生的象徵。此後，相繼出現了運動裝、學生制服等。而進入昭和時代以後，洋裝成為日本學校的校服。高等女子學校的教育理念為「賢妻良母」和「教養」，設置的課程在國語、外國語、歷史、數學等普通教育課目基礎上增加了「家務」、「裁縫」等針對女生專設的課目。此外，有些注重近代西方教育模式的學校還設置了修身、音樂等課目，以培養學生的藝術、實用技術修養。

稻垣教授在其論著中稱，隨著1910年代高等女子學校的普及，「女學生文化」開始形成並得到發展，並以城市女學校及女學生家庭為中心，開始吸收校風或時髦的教養文化，向世人展示了女學生高水準的「教養」。

處於青春期的女學生在學校或宿舍追求的教養文化，和時代流行文化、大眾文化結合在一起，形成日本獨特的「女學生文化」。「女學生文化」有如下幾方面的特徵：

①「女學生文化」是一種包含近代知識和流行元素的西方文化的「流行教養文化」，是一種包括近代學術或教養、西方音樂藝術的教養

主義文化。當時,這些獲得了教養的女學生都成為讀書女性的代表,她們立志於從事人文、藝術事業的傾向非常明顯;

②「女學生文化」是一個包括傳統茶道、畫道、琴藝等內容的情趣世界;

③在1920年代至1930年代,「女學生文化」成為具有重大影響的大眾流行文化。通過雜誌、文學書籍,衍生出文學少女、女學生時裝、髮式等具有大眾文化特徵的女學生文化,並迅速成為時代潮流。這種教養文化,逐漸成為日本的傳統,形成女性富有魅力的柔順、優美的氣質。

日本近代女學生文化的影響,在1920年代也波及到了日本統治下的朝鮮。在1920年代至1930年代,朝鮮也開始出現摩登女郎。她們開始擺脫男尊女卑的傳統束縛,成長為一代新女性。

117. 中日韓三國近代教育的時差

啟蒙並培養國民的國民意識,是近代教育的主要任務之一。教育情況可以象徵性地體現出中日韓三國近代化的成功,因此也能很好地體現這些國家近代化進程的品質和速度。

教育的時差不僅體現出中日韓三國近代教育發展的樣貌,同時也原原本本地體現出這些國家國民素質的差異。

在東亞地區,日本顯然在近代教育方面處於領先地位。1868年,明治新政府成立初期,日本政府把教育視為吸納西方文明、實現近代化的階梯。明治時期,日本政府在教育領域採取了一系列新的改革,其中最值得一提的便是首先確立了全國統一的新學制。1872年8月,明治政府根據學制調查委員會制定的《學制》等規章,打破一直以來的傳統教育體制,確立了近代教育制度。在這一教育體制下,在全國設立了8所

大學，256所中學，以及53760所小學。此外，政府部門規定，無論貴族還是工農商等普通百姓以及婦女，都擁有平等接受義務國民教育的權利，以此來提高國民素質。

因此，到了1900年，日本少年兒童的就學率達到了81.48%，而到了1907年，這一數字進一步上升到97.38%，實現了全民教育的目標。

根據殖產興業的需要，日本政府部門同時也致力於發展技術人才教育。1890年代，政府部門出台了《實業補習學校規則》、《實業學校令》等一系列相關法規，促使所有學校重視技術及實務教育。1906年，各種實用技術學校多達2746所。日本政府還鼓勵青年學生到國外留學。從1870年開始，政府部門便出台了《海外留學生規則》等制度，在這一政策鼓勵下，無數日本青年學生前往歐洲留學，去學習西方先進的近代文化。（《近代史資料・國家主義運動》）

清政府也實施近代教育，努力培養西方式近代化所需的人才，並成立了以西方學校為榜樣的新式學堂。1862年至1898年，清政府設立了34所洋務學堂。其中，外國語學堂有7所，軍事學堂有15所，科學技術學堂有12所。

然而，與日本不同的是，清政府推行的教育，僅限於軍事及與軍事相關的產業領域，所以和近代西方式的教育之間存在很大的差距。而且由於保守勢力的反對，清政府推行的新式教育並沒有獲得明顯效果。但是，在1895年，在甲午戰爭失敗以後，中國的有識之士開始以明治政府為榜樣，開展維新變法運動。他們為了向國民進行思想啟蒙教育，創建了近代學堂。

1895年至1899年間，這樣誕生的近代學堂多達101所。在課程設置、課程內容、教學方法等方面，這些學校也比洋務時期的學堂更具近代性。然而，這些學堂多為民營，而且由於維新運動後來遭遇失敗，新學堂也失去了原有的活力。

1903年，清政府借鑒日本的明治教育制度，頒布了《奏定學堂章程》，由此誕生了近代最初的學制。此後，清政府於1905年徹底廢止科舉制度，通過打破傳統教育體系，開始確立近代學校教育的理念和相關規章制度。

在比較中日兩國近代教育發展過程時，我們可以發現這樣一個事實：日本明治政府根據1872年頒布的全國教育法、近代學制等相關法規，設置了歐美式的近代科學、人文學、外國語等課程。這種學校近代教育體制，從小學一直貫徹到大學。

與此相對照的是，清政府於1903年才頒布《奏定學堂章程》。從時間上看，比日本明治政府晚了30多年。在留學生事業方面，日本於1870年最初頒布《留學生規則》，從政策上鼓勵青年學生到外國留學。自此，日本政府部門持續向國外派遣留學生，並在培養西方式人才方面獲得成功。

然而，清政府於1872年派出第一批少年留學生以後，未能將留學事業制度化。直到1905年廢止科舉制度以後，清政府才開始重新向日本派遣留學生，並將其制度化。

朝鮮是從成立同文館（1883）以及育英公院（1886）時，才開始正式引入近代教育的。私立學校的成立與普及，在很大程度上得益於基督教的力量。1885年以後，漢城地區相繼出現了培材學堂、梨花學堂、儆新學堂等基督教系統的私立學校。

1894年，甲午改革以後，開化派設立學務衙門，開始著手制定新的學制。於是，在1895年相繼頒布了《漢城師範學校官制》、《外國語學校官制》、《成均館官制》、《小學令》等。事實上，朝鮮出台這些法規，比日本頒布學制令晚了23年，但比清政府提前了7年。

在1899年的大韓帝國時期，朝鮮教育部門頒布了《中學校官制》、《醫學校官制》、《商工學校官制》等。但除了就業情況比較看好的外

國語學校、師範學校以外，公立學校的營運情況並不樂觀。（《代案教科書‧韓國近現代史》）

韓國近代教育體制是從1905年在日本的保護政策下，以及在1910年日韓併合以後，才開始得到廣泛普及。

比較結果表明，日本的近代教育品質最好，普及程度最高，教育水準也是最領先的。

作為成功實現近代化的階梯，日本的近代教育發揮了名副其實的作用。日本的近代教育模式之所以能成為近代中國和朝鮮的典範，當然是自有其原因的。

118. 近代道德教育——修身

2011年3月11日本東部地區發生大地震、海嘯時期，日本民眾表現出驚人的國民素質、公共秩序觀念和道德水準。這一事實給世界帶來的震撼，絲毫也不亞於海嘯本身。日本人在這次自然災害面前表現出來的國民素質、道德水準，受到國際社會高度讚揚。這雖然與日本文化（生活方式）不無關聯，但更為重要的是，日本在100多年的近代教育過程中致力於培養公眾道德，並在全國範圍內將其普及開來，因此形成了厚重的文化積澱。

日本國民高度的道德水準和良好的國民素質（也可被稱之為民道），絕非是在一朝一夕之間形成的。近代化初期，明治政府在促進近代教育過程中，不僅致力於進行近代知識、學問的傳播，同時也致力於培養近代國民的道德教育。

日本的道德教育最初被稱為「修身」。這裡所說的修身，來自於《大學》的「修身齊家治國平天下」語句，意味著通過相應修行，鍛鍊

自己的身心、端正自己的行為。日本從明治時期開始，致力於培養國民道德與涵養。但在第二次世界大戰期間，日本政府取消了這一政策。

1872年，教育部門根據明治政府制定的《學制》，設置了「修身」課，所謂日本近代教育中的道德教育。在這一時期，修身課還處於初級階段，因此僅停留於「口授修身」層面，而沒有出現正式的教科書。也就是說，當時的教員是通過口授的形式向學生傳授修身知識的。

在歐美化過程中，日本人希望能保存自己的精神。在這種危機意識的作用下，日本政府部門立足於儒學精神，在學校教育中設置了修身課。1879年，隨著《教育令》的頒布，修身課成為小學生六大必修課目之一。在這一年，根據《教學聖旨》的相關規定，日本政府出於對歐美化政策的憂慮，確定了以日本傳統儒教道德觀念為基礎的教育方針。從此，學校教育從側重於智育，轉變為側重德育的方針。

但是，日本開明的官僚和社會精英對政府部門的這種教育政策提出了反對意見。比如說，伊藤博文在其所著的《教育議》中明確指出，「導致日本風俗混亂的，不是由於歐美化，而是社會結構急劇變化的產物。」以此來強調「科學的知識教育」的重要性。於是，圍繞著道德教育問題，各方展開了激烈的爭論。1880年，日本政府頒布新的《改正教育令》，依然堅持以儒教主義為中心的教育方針。於是，在小學教學內容排序上，修身教育被排在了第一位。於是，出現了各種以仁義忠孝等為基礎的修身教科書。這些教科書中收錄了大量有關東方道德觀念的格言。

1885年，森有禮成為日本第一任文務大臣，隨後對學校制度進行改革，在學校實施了國家主義教育。在道德教育方面，則對學生進行了近代道德教育。不傾向於儒教文化思想的自由主義倫理開始抬頭，出現了各種道德教育理論，最終爆發「德育爭論」。

為了收拾「德育爭論」的混亂局面，日本政府於1890年頒布《教育

敕語》，明確提出了培養日本國民德行的教育方法。這份教育敕語中提出了日本人的「12德目」。於是，相關部門根據這項規定，編輯出版了「德目主義」教科書。20世紀初期，以模範人物為中心編輯而成的「人物主義」教科書開始相繼出現。

日本的教科書審核制度始於1886年。但是，當時對修身課教科書並沒有進行審核。到了1893年，經過相關部門審核的修身課教科書開始出現。1894年起，校方正式採用經相關部門審核的修身課教科書。日本小學從二年級開始設置了修身課，具體內容包括家庭、努力、友情、孝道、公益、正直等25項「德目」。這些課程充分利用日本人耳熟能詳的歷史人物及現代偉人、著名人士的言論和故事，用通俗易懂的語言將其編輯成引人入勝的小故事。

下面，我們不妨具體了解一下這25項「德目」的具體內容：①家庭教育②對父母盡孝③家族、家庭④勤勞、努力⑤認真學習⑥創意性⑦公益、服務⑧進取心⑨博愛、慈善⑩素質、簡約（11）責任感（12）友情（13）信用、誠實（14）師生關係（15）反省（16）正直（17）節制；自我克制（18）謝恩（19）健康、養生（20）武士（21）愛國心（22）人物、人格（23）公眾道德（24）國旗和國家（25）國際協作。

筆者曾瀏覽過當時一所小學的修身教科書《尋常小學修身書》，其中包含著深厚的儒教文化思想及人格培養、近代倫理等內容，並加入日本和西方歷史偉人的故事；教科書內容簡單明瞭，卻又能很好地用來進行道德教育。

當然，其中也不乏帶有忠於天皇、軍國主義色彩的內容，但如果排除這部分內容，整體上仍不失為是一本非常優秀的德育教科書。筆者認為，這本教科書中包含著至今仍需要強調的道德教育內容。

日本國民的整體道德素質，就是從100多年前開始，通過這種「修身」教育，逐漸培養起來的。有趣的是，在近代史上，清政府或民國

初期的道德教科書，幾乎是原封不動地照搬了日本的「修身」教科書內容。在這一點上，朝鮮也不例外。1945年，駐日盟軍總司令部認定日本的修身課含有軍國主義色彩，並下令予以取締。1950年代，作為「修身」課的延續，日本開始對學生進行「道德」教育。

筆者認為，如果從日本百年前的修身課教科書中抽取精華部分，無疑將有助於中韓兩國的道德教育事業。

119. 近代日本的中國書畫藏品

在日本，以中國書畫作品為首的中國美術藏品非常豐富，以至於經常讓筆者感到驚歎不已。據說，如果將散存於日本各地的中國美術作品集中起來，足已構成一個規模龐大的美術館。對此，日本朝日新聞社國際部次長野島剛先生曾經指出：它們「成為系統網羅中國藏品的一大分支，並且足以比肩北京或台北故宮博物院，以及上海博物館。」

通常，中國方面認為，日本人掠奪了中國珍貴的美術作品和古董。但事實是否確實如此呢？日本是如何掠奪，並且又怎麼能將大量中國美術品運往日本的呢？事實上，這些作品也可以成為中國反省近代中國的戰亂以及和中國人自身的一個歷史現象。

京都大學名譽教授曾布川寬先生認為，中國美術藏品自1900年以後，經1930年代大量集結到日本。1911年，清政府因辛亥革命的爆發而土崩瓦解。清政府的內府、親王、高層官員將自己珍藏的書畫、古董等投放到市場上，其中有大部分流失到了海外。

辛亥革命爆發前夕（1910），京都大學權威的東洋史學家內藤湖南與他的同事狩野直喜訪問北京，並在調查敦煌文獻過程中見到了大量中國書畫及美術作品。內藤湖南在清政府官員端方家裡初次與這些藏品

遭遇。內藤湖南後來回憶說，「令人歎為觀止的傑作源源不斷。」內藤湖南具有很高的藝術造詣，立刻認識到這些藏品的價值所在。他說，他「不能不為這些藏品而心旌搖動」。

回國以後，內藤湖南立刻向橫濱朝日新聞社老闆上野理一轉述了自己在中國的見聞。從此以後，上野理一傾心於中國美術品，於是內藤湖南將他從羅振玉手裡借來的王羲之《集王呈教書》宋朝拓本讓給了上野理一。這成為上野理一的第一件藏品。

1911年，武昌武裝革命起義爆發，端方作為鎮壓革命起義的首領被派往四川，結果端方戰死疆場。於是，端方的藏品開始外流。而了解到當時形勢的學者羅振玉，和自己的弟子王國維一起攜家帶口逃往日本，並在日本生活了8年之久。當然，他們帶去了自己的大量藏品。

在革命引起的戰亂中，大量中國書畫作品被賣到了日本。當時，日本大阪的出版社博文堂成為一大窗口。清政府垮台以後，在混亂中，宮廷、王族、高層官員的藏品（文物、美術作品）像洪水一樣流入市場，隨即流向海外。隨著清政府土崩瓦解，這些前朝官員為了換取現金，擅自將珍貴文物賣給了外國人。所以，我們也不能一概強調日本完全掠奪了中國文物。從客觀的立場上看，反而是清政府王公貴族和高層官員為了個人的安全和金錢目的，違法銷售了這些文物。在這個過程中，幾乎不存在現在我們所說的愛國主義或民族主義。

基於這樣一種書畫及古董行情，日本方面甚至出現了「山中商會」這樣一個怪異的畫商。作為當時的政治家犬養木堂具有很高的中國書畫作品修養，於是他的好友原田莊左衛門開設了進口管道，並委託內藤湖南、羅振玉等專家代為鑒定作品真偽。

於是，在政界及財界要人當中，逐漸形成了中國書畫作品愛好階層。這些人包括上野理一、阿布房次郎、黑川幸七、藤井善助、小船為次郎等東京知名人士，他們開始大量收購中國古代美術作品。在此期間，日本形

成了足以構成中國藏品市場的學者、收藏家、畫商等行業網路。

以這種方式流入日本的藏品中並沒有多少傳世名作。1917年，內藤湖南在訪問北京期間，正值北京相關部門為天津災區募捐而舉辦「京師書畫展覽會」。景賢捐出的藏品多為他從已經戰死的端方那裡得來的，其中包括了大量書畫珍品。於是，經內藤湖南之手，景賢手中將近三分之二的北宋以前著名書畫作品流向日本。

內藤湖南無形當中成為日本關西地區民間中國書畫作品收藏活動的領軍人物。從此，日本關西地區的收藏家，開始致力於收藏中國書畫作品，並將其視為東洋美術的一部分。住友春翠以收藏中國古代青銅器而著稱於世，同時也收藏有大量宋朝、明朝時期的美術珍品。除此以外，住友寬一、橋本末吉等人則以收藏明清時代藏品為主。他們集中收藏的是「明末三和尚」石溪、石濤、漸江三人的作品。

另有，有部分人則專門收藏近代中國書畫作品，其代表人物有原田觀峰、須磨彌吉郎、林宗毅等人。他們的手中藏有大量齊白石、劉海粟、高劍父及吳昌碩等中國近代書畫名家的作品。

在1970年代，中國正值文革期間，當時也有大量解放以後的書畫名家青年時期的作品流失到日本。當然，這些作品最終也都流到了日本藏家手裡。

從客觀角度上講，日本對中國美術藏品的收藏，對這些文化遺產起到了保護作用。筆者認為，我們似乎應該重新評估這些喜歡中國文化與藝術品的日本人的收藏行為。

120. 韓文開始得到普及

現在，韓國人使用的韓文（又稱國文、韓國語、朝鮮語），在大眾

群體得到普及的歷史非常短暫。韓文的普及，基本上是和百年前日本殖民統治朝鮮同步進行的，這一點大大出乎大多數人的意料。

直到朝鮮朝末期，崇尚漢文的傳統在朝鮮仍佔據著絕對的優勢；只有貴族階層使用的漢文、漢字是高貴的，與此相反，「諺文」（韓文）作為平民百姓、女人使用的語言，一直以來都受到人們的歧視。世宗25年（1443），朝鮮半島出現了獨立的文字——訓民正音（韓文），但在此以後的五百年間韓文仍未能在全國普及。也就是說，創造於15世紀的韓文，到了20世紀初才開始得到普及。

以前，朝鮮只是在詩歌、小說等大眾文學領域混用韓文和漢字。但國家、政府的官方語言、正式公文，使用的都是漢字和漢文。國王昭告庶民的「傳教」文，都是用漢字書寫的。為了便於不懂漢文的庶民理解，政府部門專門將其翻譯成「諺文」（韓文）張貼，這是當時的慣例。

1880年，朝鮮開化派知識份子在日本看到日語「國漢混用」的語言形式，開始主張朝鮮也應採用「諺文」。在他們看來，朝鮮不使用自己國家的「國文」而使用中國的文字，這顯然令他們難以接受。於是，從1894年甲午改革時期開始，相關部門規定，國家頒布法令以及國王「傳教」等所有公文，都要混用韓文和漢文。於是，一直以來僅對漢文恭敬有加的官吏和儒教先賢們，也開始混用韓文和漢文。

朝鮮開始研究韓文的歷史並不很長。朝鮮最初研究韓文，並將其研究成果編輯成冊的人是李鳳雲（生卒年不詳）。作為朝鮮的國語語法學者，李鳳雲在1897年出版了他的著作《國文正理》。該書全文用韓文書寫，並且明確提出了空格法、標點符號、拼寫法等，同時也明確規定過去、現在、未來等時態的表達方法，以及命令、禁止、提問、回答等語式的近代語法概念。

這一近代語法意義上的提案，成為寶貴的經驗和遺產，促進了後世朝鮮人研究、整理朝鮮語法的工作。

李鳳雲在該書序言中這樣寫道：「朝鮮人只懂得崇尚他國語言，而完全不懂的我國語言的魅力所在。這實在是一件令人痛心的事情。蒙受這種羞辱令我悲憤不已。再則，即便是從自主獨立的意義上講，我們也不應該以他國語言為主。」顯然，李鳳雲主張在提倡自主獨立的同時，尊重和使用本國語言。李鳳雲還與日本人境益太郎一起，合著了日語學習類圖書《單語連語日話朝雋》。除此而外，人們只知道李鳳雲是漢城人，其餘資料一概不詳。

事實上，在李鳳雲之前，政治家俞吉濬早在1895年就已經在他的《西遊見聞》中提出了「言文一致」的主張，並將其應用到自己的創作實踐中。在這一點上，應該說他的理論主張和實踐活動具有重大意義。該書作為朝鮮歷史上最初混用韓漢文的文體，成為實踐「言文一致」理論的先驅者。

在韓文使用、普及運動過程中，《獨立新聞》和《帝國新聞》這兩份報紙，產生了大眾性的影響。這兩份報紙都是純韓文報紙，因此一度遭到漢字社會的拒絕。此後創刊的《皇城新聞》和《大韓每日新聞》採用了韓漢文混用的方式，以此來消解漢字社會的抵觸與不滿。

俞吉濬還編輯出版了《朝鮮文典》這一韓國歷史上第一本體系化語法書。1896年由學部修編局編輯出版的《國民小學讀本》、《萬國地志》等，都採用了韓漢文混用的方式。

此後，政府部門採取措施，要求統一使用韓文書寫公文。1907年，學部設立了韓文研究所。一直在韓文運動中心地帶開展活動的周時經、池錫永加入韓文研究所，研究討論韓文的起源、音值的沿革、擠喉音的標記、拼寫法等，並提交了統一提案。1905年，池錫永出版了《新訂國文》；1908年，周時經出版《朝鮮語文法》；同一年，崔廣玉出版了《大韓典文》。

評論認為，韓文運動也成為此後興起的新文學運動的基礎。韓文就

是這樣在百年前逐漸得到普及的。

121. 東亞同文書院

100多年前，日本曾在中國設立了一所著名的學校。這所設立於上海的學校，就是東亞同文學校。

中日甲午戰爭以後，西方列強圍繞著中國開展了侵略活動。受此形勢影響，一直在籌畫海外擴張的日本東亞會和同文會結成同盟，以「保全支那」、「助成支那及朝鮮的改善」為綱領，於1898年創設了東亞同文會。近衛篤麿公爵擔任第一任會長職務。當時，東亞同文會的目的在於促進日本與中國和朝鮮結成文化同盟，因此制定了設立學校、交換留學生、發行報刊雜誌等一系列計畫。但由於近衛篤麿公爵的死亡，同文會的營運逐漸變得消極起來，因此東亞同文會的事業重點轉向了以東亞同文書院為主的教育活動。

1900年，南京同文書院成立；1901年，該校轉移到上海，並於8月被東亞同文書院合併，正式成立上海東亞同文書院。此後，由於日本在1945年戰敗，該校最終關閉。

日清貿易研究所和南京同文書院是東亞同文書院的前身。最初，該校以私塾學院形式開始，後來在1921年根據《專門學校令》相關規定，升級為4年制專科學校（日本外務省管轄）。1939年，根據《大學令》相關規定，該校成為一所大學，並改稱為東亞同文書院大學。

東亞同文書院大學在解體以前，畢業生及在校生共有4711名（其中有中國人48名）。這所學校的畢業生，在戰前都在日本政府與中國相關的部門擔任要職，並在中日開戰以後，繼續在與中國相關領域發揮重要作用。

《創立東亞同文書院要領》中，對創建書院的宗旨進行如下概括：「講授中外實學，培養中日英才；致力於中國的富強；鞏固日中協作基礎。以此來保全中國，圖謀東亞永久的安全策略，並致力於世界和平事業。」在《創立東亞同文書院要領》中，明確規定了東亞同文會的宗旨——日中結盟、保全中國的方針。

另外，該校教育綱要也具體明示如下：「以德教為基礎，根據聖經賢傳予以實施。以智育為基礎，重點向中國學生傳授日本的文章、西方的百科實用學；主要向日本學生傳授中英文章及中外制度法令、工商實務知識。通過使學生通達強立，成長為對國家、當世有用的人才。」

《東亞同文書院大學》（1982）及《對支回顧錄》（1936）等相關資料表明，書院的教育以儒教思想為基礎，重視道德教育，為此還專門設置了倫理課。

第一任院長根津一也是書院實際的創建者之一。在20年間，他一直擔任了該書院院長一職，直到1923年。書院的教育方針，使學生的人格中充滿儒教道德色彩。書院畢業生之間先後輩序列關係極其嚴格，都具有很強的互幫互助意識。據說這是在寄宿生活過程中，在根津一院長的感化下逐漸形成的校風。

著名評論家竹內好曾這樣評價書院獨特的「辦校精神」：「具有接近於無視功利或一種傳教色彩。」該院學生擁有比日本國內的學生更強的自豪感，而且他們畢業後的事業方向幾乎已被限定。他們雖然也是中國市場的開拓者，但在日俄戰爭以後，隨著大量資金的流通，他們在軍界或實業界成為最高領導者的道路中斷，因此通常在外交領域出任領事或總領事。但由於「書院精神」的影響，對於這種暗淡的就業前景的不滿情緒，得到了有效控制。

書院的課程設置，因商務科和政治科等專業差異，多少有些區別，但除了重視中文和中國相關知識教育以外，其餘課程和日本國內的其他

同類專科學校沒有很大差異。書院唯一與眾不同的特點，是為學生們安排的中國調查旅行。校方利用臨畢業前的暑假，以幾人為一組組成旅行小組，開展為期幾個月的調查旅行活動。而他們調查的主要是一些經濟情況。校方負責把學生的調查報告影本轉交給外務省、農商務省、參謀本部等機關。此外，這些報告書也被用來編撰《支那經濟全書》、《支那省別全志》。這些圖書都可被視為根津一主編的《清國通商總覽》（1892）的延續。

事實上，從1907年開始，日本外務省便向該校提供30000日圓的活動經費，以支持該校學生的「清國調查旅行」。於是，書院方面從第五期學生開始安排相應的調查旅行活動。從軍事角度上講，這些學生的調查活動，也屬於一種諜報活動。

有人認為東亞同文書院是一所「民間商務學校」，還有人認為這是「日本帝國主義為了侵略中國而培養人才」的教育機構。而在筆者看來，同文書院兼具這兩種性質。

122. 為朝鮮的禿山穿上綠衣

現在，在普通韓國人看來，近代朝鮮遍地禿山的慘狀，應該完全歸因於日本帝國主義時期亂砍亂伐、掠奪資源的殖民政策。但只要與當時的歷史事實進行比較，我們就會得知這種想法的片面性。

一提到禿山，在東西方國家中，朝鮮和西班牙是最為著名的。100多年以前，幾乎所有在朝鮮末期訪問過朝鮮半島的西方人，都沒有忘記在他們的紀行文字中，對朝鮮令人觸目驚心的禿山做一番描述。從1895年開始，到1896年2月末為止，一直在朝鮮半島徒步旅行的Ｐ・Ｍ・加洛特蓋維奇，在其所著的《朝鮮旅行記》中，對朝鮮勞動者

極其貧困的生活現狀，和幾乎赤身裸體勞動的場面進行了描述，並生動地描寫了朝鮮當時的森林荒廢、燃料不足的自然、社會環境。

「無論走到哪裡，到處都是禿山和裸露的土地，甚至連野草也都被人們割去燒火。舉目四望，滿目荒涼。」「山地乾枯，所以去年出現了大量餓死者。」「這裡遍地貧瘠，山野都是禿山，幾乎看不到草木。」「朝鮮人對日益貧瘠的土地抱怨連連。山上樹木全無，只能用稻草燒火。」

在他之前，著名的英國旅行家伊莎貝拉・露西・伯德・畢曉普女士便已經於1894年來訪朝鮮。她寫道：「漢城雖然群山環繞，偶爾也能看到幾棵松樹，但山基本上都是光禿禿的。」1889年，曾到訪過朝鮮咸鏡北道地區的一個俄羅斯人也曾這樣記述道：「這裡的森林遭到徹底的破壞，因此交通極為不便，即使是砍下樹木也無法搬運下山。懸崖峭壁上勉強還有些樹木。」

熱愛朝鮮的哈爾伯特博士也在他的著作《朝鮮滅亡史》中這樣說道：「在朝鮮半島，無論走到哪裡都能看到禿山，而這種風景，與布滿闊葉植物的日本形成鮮明對照。」

事實上，在朝鮮時期，森林的荒漠化已經開始了。原來，鴨綠江和圖們江一帶與中國接壤的邊境地區，是一片足以被稱為東亞森林寶庫的森林地帶。但就連這些地區的森林也一片荒涼，很多地方都只剩下老齡樹木，成為名副其實的「過熟林」（overmature forest）。其中的針葉樹木由於嚴重的病蟲害，正逐漸枯死。

除了平安北道的部分地區以外，朝鮮半島「就連日常燒柴也極其缺乏，耕地附近的山岳受到人類活動的影響，在100「町步」（朝鮮舊時丈量面積單位。1町步等於3000坪，約等於9917.4㎡）範圍內，僅有一些枯木孤零零地站在那裡。」

那麼，朝鮮半島森林生態系統遭到如此嚴重破壞的原因何在呢？評

論家黃文雄先生在其論著中指出，其中存在地質學原因和人為因素。但最為重要的原因在於亂砍亂伐、缺乏相應的森林保護政策，以及戰亂的影響。除此而外，很多「火田民」❶的存在也是重要原因之一。

1928年，「火田民」人數多達120萬名，這與當時的朝鮮總人口數字（2千萬）相比，是一個不小的數目。「火田民」不在一個地方定居，他們是一群遊動的農民經常燒荒開田，在那裡種植馬鈴薯、燕麥、穀子、玉米等農作物。此外，他們也在開出的荒地上種植用來煉製鴉片的罌粟，並用它們換取現金。他們所到之處，森林依次消失，逐漸變成荒山。

據說，黃海道地區的「火田民」在燒荒開田以後，甚至還要把樹根挖出來燒炭。如此燒出來的木炭，在當時被稱為「根炭」，並被以高價賣給漢城市富裕階層。但是，朝鮮也因此而蒙受了森林消失的巨大損失。

1910年日韓併合以後，朝鮮總督府為了恢復遭到破壞的森林和水系，付出艱苦卓絕的努力。日本專家主張，要想把朝鮮作為日本國土的一部分，永久進行統治，首先就需要治山治水，給朝鮮的荒山披上綠衣。

朝鮮總督府第一任總督寺內正毅認為，有效的方法應該是通過治山，最終實現治水的目的。看到朝鮮滿目瘡痍的山川，寺內正毅還隨口吟出這樣的詩句：「胸中索畫無他策，欲使韓山草木生。」寺內正毅的經濟統治政策，可以歸納為「治山治水」這四個字。

日本政府部門從1915年開始，對朝鮮半島進行治水調查。相關部門採取具體措施，對朝鮮的氣象、水位、流量、計畫修築水利設施地區進行了實測調查。這是一項為期10年的治水計畫，日本國會為此專門通過了一項5千萬日圓的財政預算案。事實上，這項治水計畫一直實施到

❶ 殖民統治時期朝鮮貧苦農民中的一個階層。在殖民主義、封建統治壓迫下無法生存的一些貧苦農民，逃亡到邊遠山區，焚燒一小塊山林草地，墾荒謀生，故名。

1928年，前後長達14年之久。朝鮮的林地面積約為1588萬「町步」，佔全部國土面積的71%左右。其中，成林面積僅為1/3（548萬町步）。另外，其中的67%都位於交通不便的鴨綠江、圖們江地區，因此即便砍伐了木材，也無法運輸出來。在這種現實情況下，日本沒有運輸木材的能力。所以，認為日本掠奪了朝鮮木材的說法，與事實不符。

朝鮮總督府設置了營林署，著手在朝鮮荒山上植樹造林，並出台了森林保護令、培養幼林、民營林等相關法律法規。於是，到了1924年左右，國有林面積達到了國土面積的60%。但到了1939年，國有林面積僅佔國土面積的33%，逐漸擴大了民營林在國土面積中所佔的比例。另外，朝鮮總督府為了培養朝鮮人的愛林意識，從1911年開始發起紀念植樹運動。在日本統治朝鮮的30年時間裡，根據這項運動，總計植樹5億9千萬棵。由於日本採取的一系列措施，朝鮮通過植樹造林，基本上實現了治山治水的目的。

123. 近代舊中國是一窮二白的嗎？

一直以來，與中國現代人特有的「黑暗史觀」並行的、固陋的認識模式，使中國人無條件地認為，舊社會（中華人民共和國以前）是「一窮二白」的。

筆者早年在中國一直接受的是這樣一種教育，即，在縱向上比較今天的新中國和過去的舊中國，並將舊社會視為「黑暗」的、「反動」的。在這種認識下，舊中國從經濟層面上是「一窮二白」的。「憶苦思甜」這個新的詞語幾乎成為一個成語。也就是說，在比較今天的幸福生活和過去舊社會的苦難過程中，獲得了極大的對比效果。

那麼，舊社會──近代中國是否真的就像我們所說的那樣，是一個

「一窮二白」的社會呢？

在重讀歷史過程中發現的事實，足以用來掃除這種觀念性的口號。到處都能發現各種可用來證明這一觀點的歷史資料。筆者在這裡，首先例舉如下一些資料和歷史事實。

洋務運動催生的中國最早的機械造船廠──馬尾造船廠引進了西方的造船技術，於1864年成功建造出中國近代史上第一艘千噸級輪船。

1871年，中國生產出第一輛的蒸汽火車。

1889年，中國第一艘鐵甲軍艦誕生。

另外，1907年，馬尾造船廠辭退了外國技師，可以憑自己的力量造出木、鐵結構的船舶，成為東亞地區規模最大的造船基地。

1919年，中國製造出第一架雙翼水上飛機。

著名的漢陽兵工廠、是張之洞於1890年6月創建的。在首先建立冶煉廠以後，中國政府隨後建立了能生產槍炮的兵工廠。並從1895年夏天開始，小規模生產88式手槍，而到了1896年，生產規模擴大到1300支的年產量。兵工廠的生產能力持續提高，到了1901年，每年可以生產手槍2500支，步槍316支。

1904年，漢陽兵工廠更名為湖北兵工廠。當時，每日可生產步槍50支，子彈12000發。1907年，年步槍生產量擴大到了9000支。

中國的教科書一直在強調，「舊中國一窮二白，因此就連火柴和鐵釘都得從西方進口。」但這並非是全部事實。

早在1879年，廣東省佛山縣就出現了中國人自己經營的巧明火柴廠。辛亥革命以後，中國各地的火柴廠超過了100多家。其中，最為著名的是1902年上海設立的劉鴻生的「鴻生火柴公司」。

水泥工廠方面，1906年周學熙創建的「啟新洋灰公司」最為著名。由於該廠能生產出優質水泥，他們當時一直在向中國全國重大建築工程提供水泥產品。淮河鐵路橋樑、淮河大橋、京漢鐵路，以及威海、廈

門、青島、煙台等碼頭建設和北京圖書館、燕京大學、上海郵政局等著名建築工程，都爭先恐後地選購啟新洋灰公司的產品。一直到抗日戰爭爆發，啟新水泥公司壟斷了中國水泥市場長達14年之久。其銷售量佔全國水泥總銷量的92%。

觀察造船、蒸汽火車、汽車、飛機等各種機械製造領域，中國是一窮二白的這種說法也是毫無根據的。上海江南造船廠在1918年接受美國訂單，製造了四艘萬噸級貨輪。美國政府部門對其優良的品質極為滿意。

下面再進一步詳細羅列一下中國當時的生產資料。

1862年，安慶軍械所生產出中國最早的蒸汽機械。

1976年，江南製造局生產出中國第一台車床。

1868年，江南製造局生產出中國第一艘近代軍艦。

1906年，福州船政局生產出中國第一艘大型軍艦。

有人認為，舊中國還沒有挖出石油。但近代史資料表明，1896年中國就誕生了延長油礦，並被稱為「中國石油工業之母」。1907年4月2日，油礦開始採掘石油，達到1.5噸的日生產量。中國沒有石油的說法即刻就被推翻。

從1898年開始，中國從美國進口「NEWHOMO」牌縫紉機。因此，到了1910年，縫紉機大量進口到中國的上海、廣州、天津等口岸城市。而1928年，上海出現了第一台國產縫紉機，這就是建國以後，在上海大量生產、銷售「巨龍」牌縫紉機。

以上資料都是從「自由中國論壇」上摘取的。事實勝於雄辯，這些簡單的經濟資料表明，近代中國絕非像現代人觀念中的那樣，我們反而能從中得出「當時，中國具有很強的的經濟能力」的判斷。也就是說，舊中國或許可以稱得上是「一窮」，但絕不是「二白」。

124. 東亞鐵路、航路的網路

　　進入21世紀的今天，因急速發展的網際網路技術，整個世界已經形成了一個巨大的網路。網際網路技術正在發揮遠遠超過活字、印刷術的作用，將全人類連為一體，這是人類歷史上前所未有的一場文明革命。

　　網際網路資訊技術原本屬於美國極其秘密的軍事情報產業，但如今，這項技術已經轉變為民用技術得到普及。曾經有段時間，有人甚至把網際網路視為美國的一項陰謀。無論如何從否定層面上評價網際網路技術，都無法抹殺它的偉大貢獻。網際網路已經把所有資訊、人類、物品連接在一起，其革命性的技術給人類社會帶來了翻天覆地的變化，並成為人類社會生活的必須並成為人類生活本身。

　　百年前，日本在東亞範圍內實施了它的殖民地政策，並通過鐵路、航路網路的建設，將東亞連為一體。我們完全可以把日本的這種行為視為「進行經濟侵略的一種手段」。在這一點上，日本的近代化建設難辭其咎。但是，如果我們拋開狹隘的民族主義觀念，從另一個視角觀察這段歷史，我們將會發現，日本雖然確實存在「為了本國利益而採取的手段」之嫌，卻也著實在東亞建起了能把人類、物品、資訊、知識連接起來的龐大網路。這一點似乎也應予以公正評價。

　　通過鐵路、航路、公路建設，日本構建了東亞的網路系統。拋開狹隘的民族主義觀念，重新回顧這段歷史，那麼我們可以說，日本雖然對殖民地朝鮮、臺灣、滿洲等地進行了掠奪，但從客觀上，在近代設施、產業、教育、文化、市場的建設方面作出了貢獻。

　　首先讓我們來了解一下朝鮮當時鐵路的情況，日本在朝鮮半島鋪設了京釜線（漢城至釜山路線）、京義線（漢城至新義州路線），並將這兩條鐵路線連為一體。這一舉動，也將滿洲鐵路和朝鮮鐵路連為一體，形成了統一的運輸體系。

　　日本的殖民政策有別於西方的殖民政策，它首選的是本地化政策。即，日本政府部門的政策目標是提升本地的水準，使其與日本本土水準一致。所以，日本在朝鮮、臺灣等殖民地投入巨額資金和人力，促進當地的近代化建設。

　　1910年10月，朝鮮總督府開始鋪設從龍山到元山的「京元鐵路」（漢城至元山路線），並於1914年8月竣工。當初建設京釜線和京義線過程就遇到了很多麻煩，當時朝鮮義兵頻繁發動襲擊。而在建設京元線期間，日本政府部門不得不在施工現場布置武裝憲兵以確保施工進度。當時，日本的工程技術人員，要穿著朝鮮傳統服裝工作，以避免遭到義兵偷襲。

　　「湖南線」（大田至木浦路線）鐵路始建於1910年，並於1914年竣工。這條鐵路線全長261公里，裡里和榮山浦原來都屬於偏僻的小山村，但由於鐵路的貫通，變成了繁華的城市。韓國民間史學家李離和先生考證認為，平壤－鎮南浦、羅南－清津－會寧等各地也都建成了支線鐵路或輕便鐵路（輕軌鐵路）。此外，連接馬山和新義州的支線鐵路也鋪設完成。

　　將韓國的釜山和日本下關連接起來的「關釜線」也從1905年開始通航。從此，日本和釜山、漢城、新義州、安東州（今丹東）都連為一體，形成了及鐵路、航路於一身的龐大交通運輸網路。

　　朝鮮的鐵路形成了縱橫的巨大網路，其全長為1609公里（1915）。此後，日本政府又鋪設了「戌鏡線」（元山至鍾城路線）。這條鐵路從元山出發，經由會寧，直抵鍾城郡，全長超過了629公里。這條始建於1914年，並於1930年竣工的鐵路，在會寧跨過圖們江，直通滿洲吉林地區。

　　五大幹線京釜線、京義線、湖南線、京元線、戌鏡線像蛛網一樣形成一個龐大的網路系統。李離和先生認為，「由此朝鮮的各個角落都建起了

輸送體系，從而形成將滿洲和朝鮮半島以及日本連在一起的輸送網路。」

但事實上，這個網路形成的意義並不局限於運輸。由於這一鐵路、航路網路的建成，日本不僅可以在本土和個別統治地區之間自由來往，同時也可以自由前往臺灣、朝鮮半島以及中國東北地區。

在殖民侵略初期，日本方面發布政府令，通過政府補助的形式，促使臺灣總督府和朝鮮總督府建設通往日本其他殖民地（中國、東南亞）的航線。（凱撒保彥）

臺灣總督府在此政府令下，開建了以基隆、高雄港為起點，通往日本橫濱、大阪、神戶、宇品（廣島）的航線，以及通往韓國釜山、仁川、津南浦等朝鮮半島城市的航線，同時也開闢了通往中國大連、天津、青島、上海、福州、廈門、廣州、香港等線路。通過這些海上線路，把中國城市、海南島，以及菲律賓的馬尼拉連接起來。

此外，日本也以青島、大連為起點，建成了連接煙台、仁川等地的「輔助航線」。南滿洲鐵道株式會社又投資開闢了從大連通往上海、香港、廣州的定期航線。

作為曾經領導東亞的先進國家，日本並沒有局限於把本土和它的殖民地連接起來，而是在充分考慮整個東亞地理環境的基礎上，確保了日本和中國或其他東南亞國家之間的連接。

百年前，日本構建起來的東亞鐵路、航路網路，已經超越日本的利益，在資訊、人員、物品交流領域形成了可視的網路，其意義也應予以正面評價。

125. 日本是如何掠奪朝鮮文化遺產的？

2011年5月，曾收藏於日本宮內廳的朝鮮世界文化遺產《朝鮮王室儀

軌》（81部，167冊）終於返回韓國，成為一時的熱門話題。韓國國立文化財研究所於2010年1月發布的資料表明，現存於日本的韓國文物多達61409件。這些文物被收藏於日本宮內廳、東京和京都的國立博物館、國立公文書館、內閣文庫、東京大學、早稻田大學等57處大規模文化設施中，以及東京的增上寺、京都的知恩寺等145處寺院裡。除此之外，48位日本個人收藏家手中也藏有大量韓國書籍類、佛像類及陶瓷類文物。

　　林容子稱，現在已被確認的在日本的韓國文物就多達29000件；事實上，僅個人收藏品就接近30萬件；這一切，雖然並非全是日本從朝鮮掠奪的或者是非法流入日本的，但收藏於個人手中的文物數量遠遠超過了出現在公眾視野的、現藏於日本博物館、美術館、的韓國文物。也就是說，尚不為人知的部分遠遠多於浮出水面那一部分。（《從一個藝術品經紀人角度考察在日朝鮮文物問題》）

　　日本在帝國化過程中，將朝鮮變稱它的殖民地。在1875年武力攻佔江華島期間，日本就已經開始了對朝鮮文物的掠奪。2002年公布的史料表明，在1876年「雲揚號事件」及簽署《日朝修好條約》（又稱《江華島條約》）期間，「雲揚號」軍艦艦長井上良馨提交的報告書中，就已經涉及到了掠奪朝鮮文物的內容。報告稱，日本當時從朝鮮掠奪的書籍為「兵書類及其他」。此後的記錄資料中稱，帝室博物館（現東京國立博物館）收藏有與「雲揚號事件」相關的書籍56卷。據稱，這正是日本在「江華島事件」中從朝鮮掠奪的文物。在此之前的「丙寅洋擾」（西元1866年，法蘭西帝國武裝侵入朝鮮王朝的歷史事件。）期間，法國從朝鮮王室的文書庫——奎章閣別院——江華島外奎章閣中掠奪了大量書籍資料。「雲揚號」的戰利品中有大量朝鮮珍貴圖書，這絕非是一個偶然，而是日本學習歐美「文明」國家，掠奪文物的一次實踐活動。

　　進入1880年代初期，日本政府為了建構西歐化政策等「文明國」

體制，明令禁止博物館、圖書館等機構掠奪文物。但進入1880年代後半期，隨著振興日本固有文化、保護日本傳統文化等政策的實施，於1889年開始促進帝國博物館的建設事業。文部官僚出身的九鬼隆（1852-1931）認為，日本應該把戰爭視為絕好的機會，通過戰爭成為亞洲的中心。在這種「大亞洲主義」思想影響下，他認為收集、掠奪清王朝及朝鮮的文物也是一種文明化的道路。像九鬼隆這種身居美術行政機構最高管理地位的人，提倡以軍隊為主導掠奪清王朝和朝鮮的文物，這絕不是一件簡單的事情。

在中日甲午戰爭時期，日軍在大鳥圭介公使指揮下，於1894年7月23日攻入景福宮，掠奪了朝鮮王宮的文物。朝鮮的民族知識份子黃玹在其名著《梅泉野錄》中這樣記述道：「（日軍）將宮中的財貨、寶物、歷代帝王的珍器或法器、宗廟的酒器等盡數收入他們的行李中，運往仁川港，然後帶回日本。國家數百年的積蓄，一日之間化為烏有。」

日本方面在學術調查的美名下，暗中掠奪朝鮮的珍貴文物，這是一個需要特別強調的「掠奪手段」。當然，日本於1900年代至1920年代在朝鮮進行的學術調查，以及對朝鮮文物的修復、保存、公開展示等活動，也在東亞文化遺產研究領域做出了先驅者的貢獻。這也是不容否認的。東京帝國大學建築學系助教關野貞（1867-1935）對朝鮮古蹟的調查（1902-1904）活動，在日韓併合以後變成每年的例行公事。這些調查活動，在朝鮮的考古學發掘方法上留下了輝煌成績，但由於動員了報社社長、實業家等非專業人士，所以這些人也把發掘出來的朝鮮文物歸為己有。當時，日本的個人收藏愛好者人數多達27名。其中，著名實業家小倉武之於1982年逝世以後，將1018件個人藏品捐贈給了東京國立博物館。

當時居住在朝鮮半島的日本人抱著一夜暴富的夢想，到處進行盜掘活動，甚至在日朝兩國形成規模龐大的朝鮮文物市場。此外，缺乏文物保護意識的部分朝鮮人，也為了牟取私利，為日本人的盜掘活動提供積

極的幫助。東京帝國大學人類學教授八木奘三郎，在朝鮮對石器時代遺蹟進行了調查。1909年，鳥居龍藏收集的石器非常有名，因此在日本掀起了石器收藏熱，於是日本的收藏家和朝鮮人一起大肆盜掘，並形成石器加工、銷售的產業鏈條。

1909年，和田雄治前往朝鮮對「瞻星台」進行調查。他不僅是一個氣象觀測研究者，同時也是一個美術愛好者。1911年，和田雄治在江原道進行調查期間，發現了一座巨大的白玉佛，於是經過一番協商，在支付了一定數量的祭祀費以後，便將這尊玉佛收入自己的囊中。然後他將這尊白玉佛「無償捐獻」給了東京帝室博物館。和田雄治僅僅付出九牛一毛的代價，便將這件「國寶級的文物」買回了日本。韓國的專欄作家李龜烈先生指出：「和田雄治為了自己的前途，向日本政府部門進獻白玉佛像，完全是一種獻媚行為。」（《失去的朝鮮文化》）

很多日本古董收藏家，就是這樣在擔任殖民地朝鮮的文化指導者期間，貪得無厭地對朝鮮的文物進行巧取豪奪。

1910年，在日本的強迫下，朝鮮在日韓併合文件上簽字，從此，日本通過設立於朝鮮的總督府對朝鮮進行殖民統治。在日韓併合時，總督府從大韓帝國政府、宮內部、韓國統監部得到的圖書就多達11萬卷，這些文物當然就變成了日本的文化財產。朝鮮總督府為了實施它的同化政策，通過博覽會、物產共振會等形式，對外展示、宣傳它的統治成果，並將大量文物集中到漢城，在此基礎上成立了美術館、總督府博物館等。

這是掠奪還是合法獲得？朝鮮歷史文化的象徵物——朝鮮的文物作為日本展示其同化政策優越性的裝置大量流失到日本。現在，韓國方面正在興起一場追索朝鮮文物的運動。筆者對其未來充滿期待。

大地叢書介紹

作　　者：張社生 著
定　　價：280 元

　　1840年後的晚清，在中國人的記憶裡，恥辱之跡遍地，而李鴻章卻成了聞名世界的風雲人物。

李鴻章一生操辦洋務，半輩子和洋人打交道，洋人說到大清國總繞不開他。1896年李鴻章歐美八國行，《紐約時報》日夜跟蹤，天天見報，可說是世界級明星的待遇。庚子事變，李鴻章以一人當十一國，更是成為各國報紙頭條。

　　本書作者張社生先生因為投身於他所熱衷的歷史紀錄片，多年來在麻省理工學院、康乃爾大學、美國國會圖書館收集到千餘幅封存100多年有關晚清的陳年老照片、銅版畫，還有《紐約時報》、《倫敦新聞圖片報》、《哈珀周刊》等西洋老報刊上的「時聞」，這些「時聞」一般以細節見長，比較寫實，報導以「白描手法」為多，作者從中選取500幅圖片，其中300幅為首次發表，引用60多段「時聞」報導，均為首次披露的絕版史料，編撰了「絕版晚清系列」叢書，以輕鬆詼諧的筆調，為我們呈現出李鴻章的另一半面影。

作　　者：張社生 著
定　　價：280 元

　　袁世凱究竟是怎樣的人？歷來眾說紛紜。袁世凱其實一身的矛盾：生就一副莊稼漢的面孔，卻有「國之能人」的肚腸，人不足五尺卻是中國近代第一個「職業軍人」，倡言改革卻一妻九妾，相信風水和宿命，一生辦國事無數，卻留下「竊國」之名。

　　比之國人的臉譜化，當年西人的報刊雜誌卻對袁世凱有幾乎全然不同的描述和評價，且關注熱度經年不衰。光1900年至1916年的《紐約時報》就有超過500篇的時文涉及到袁世凱，讀來讓人有另一人之感。

《絕版袁世凱》之所以稱絕蓋出於三：

一曰「史料絕」。大量有關袁世凱的圖片史料包括口述回憶，或者來自於100年前西人報刊，或者由其親人，身邊人提供。其中不少為首次公開發表。

二曰「文風絕」。作者秉承《絕版李鴻章》的風格，以輕鬆詼諧的筆調講述一個「沉重的袁世凱」

三曰「親歷」。作者三下河南，造訪袁世凱出生地項城，最後歸宿地安陽，首次完整還原業已消失的「項城袁寨」和「安陽洹上村」並繪製了復原圖。

全書對袁世凱的刻劃描繪細節逼真，入木三分，令讀者如聞其聲，如見其人。

大地叢書介紹

作者：關河五十州
定價：300元

　　本書從道光皇帝登基開始寫起，到太平天國運動失敗，通過作者詼諧、幽默的手法娓娓道來。從平定張格爾叛亂、鴉片戰爭、到太平天國、第二次鴉片戰爭等重大的歷史事件——呈現眼前，相關的歷史人物紛紛登場，事件的前因後果，和人物的相互牽扯，各自特點，在歷史風雲巨變之中的無奈掙扎。在輕鬆閱讀之餘，又覺可悲可歎，不忍卒睹。晚清這一段內憂外患的困境史，清末一些不被真正了解的人物以及事件，得到極為生動而真實的體現。揭示了東西方文化對立給中國近代歷史帶來的衝擊與悲劇性命

【作者簡介】

關河五十州

　　關河五十州，原名趙勁，江蘇常州人，精研中國近代史。本書是作者繼《一寸河山一寸血》之後，耗時五年最新力作，精雕細琢，復原歷史的真實血肉，解除面具，讓史實說話，是一部關於晚清歷史最具有可讀性、最具有現場感的書。

大地叢書介紹

作者：果遲
定價：320 元

作者：果遲
定價：250 元

作者：果遲
定價：250 元

作者：果遲
定價：280 元

作者：果遲
定價：280 元

100年前的中日韓. 1. 文明. 風物篇：東亞近代文
明新發現 / 金文學著. -- 一版. -- 臺北市：大地,
2017.04
　　面：　公分. --（History：93）
　　ISBN 978-986-402-198-7（平裝）

　1.文化史　2.近代史　3.東亞

730.3　　　　　　　　　　　　　106002311

100年前的中日韓(1)文明‧風物篇
——東亞近代文明新發現

作　　　者	金文學
發 行 人	吳錫清
主　　　編	陳玟玟
出 版 者	大地出版社
社　　　址	114台北市內湖區瑞光路358巷38弄36號4樓之2
劃撥帳號	50031946（戶名：大地出版社有限公司）
電　　　話	02-26277749
傳　　　真	02-26270895
E - m a i l	vastplai@ms45.hinet.net
網　　　址	www.vastplain.com.tw
美術設計	普林特斯資訊股份有限公司
印 刷 者	普林特斯資訊股份有限公司
一版一刷	2017年04月

HISTORY 093

大地

定　　價：280元

Printed in Taiwan